教育部职业教育与成人教育司推荐教材
国家旅游局人事劳动教育司推荐教材
高等职业教育旅游服务与管理专业教学用书

LÜYOU SHEJIAO LIYI

旅游社交礼仪

（第4版）

陈刚平　周晓梅　主　编
　　　　翟向坤　副主编

北京·旅游教育出版社

出版说明

为配合职业教育体制改革,受国家旅游局人事劳动教育司委托,我社组织业内专家,根据高等职业教育要求和旅游行业的特点,精心编写出版了这套旅游高等职业教育系列教材。这套系列教材自 2000 年 7 月出版以来,以其准确的定位和科学的编排受到广大师生的普遍好评,成为业内影响最广、备受欢迎的专业化教材。

此次再版,在充分听取广大读者意见的基础上,根据国家最新的职业教育改革精神,征求了教育部旅游职业教育教学指导委员会有关专家委员的意见,并在杜江等业内专家主持下,确定了修订原则和修订方案,目的是在保持原教材特色的基础上,进一步完善该系列教材,使其更加贴近教学实际。

新版高职教材在保持原教材优势的基础上,以方便教师教学和学生学习为宗旨,增设了引言、学习目标、案例分享、特别提示、拓展知识等模块,目的是在教师和学生之间搭建一个互动的平台,使教师能够更好地和学生沟通。文中示例、公式一律突出显示,目的是让读者花最少的时间掌握最有用的信息。与原版教材相比,本版教材主要具有以下显著特征:

精简优化了内容。在初版中,有些教材花大量篇幅介绍某些工种的岗位职责及主要任务,既占课时,又不便于教师教学。再版时,将这部分内容置于附录中,既便于教师灵活运用,又有利于学生分清主次。同时,针对旅游学科实践性强的特点,修订后的教材特别注意增补了一些案例,目的是强化案例教学的作用。在案例的处理上,有些案例有评析,可以帮助学生进一步掌握每章重点;有些案例没有评析,既给教师布置作业留下了余地,也可供学生自学使用。

更新增补了资料。根据旅游业最新发展情况,此次修订增补了最新行业法规,更新了旧的材料和数据,使本版教材能充分反映行业的最新发展和业内最新的研究成果。

权威专家严格把关。本版教材的作者均为业内专家,有着丰富的教学经验及旅游企业的管理经验,能将教材中的"学"与"用"这两个方面很好地统一起来。在此基础上,经杜江等业内权威专家把关和专业编辑审读加工,确保了本版教材的权威性和专业性。

贴近教学的全新编排。增引言,帮助读者更好地理解各章内容;拟学习目标,帮助学生与教师更好地沟通;补特别提示、拓展知识、案例分享、思考与练习,让学生尽快消化所学知识;改目录风格,人性化的设计,面面俱到,全书内容一览无余。

作为全国唯一的旅游教育专业出版社,有着丰富的旅游教育专业教材的编辑出版经验和庞大的专业作者队伍,我们将不负众望,力求把最专业权威的教材奉献给广大读者,为发展我国旅游教育事业做出更大贡献。

旅游教育出版社

第四版前言

随着旅游业的蓬勃发展和中国旅游业与世界旅游业的不断接轨，旅游职业教育正在呈现出越来越多的变化。为了适应这种不断发展的新形势，我们深感旅游职业教育应紧跟市场的步伐，及时跟进和掌握市场变化的新动态，并根据市场对旅游人才的需求、旅游企业对员工素质的要求进行职业教育计划的调整。

旅游职业教育，这个在多种职业教育中脱颖而出的朝阳行业，其最大特点是这个行业对市场的变化最敏感，接受新信息的速度最快也最直接，及时调整目标市场对教育的要求也最迫切、最强烈。伴随着入境游和出境游客源比例的逐渐缩小，未来出境游还将持续出现高速增长的态势。我们必须有强烈的意识，中国出境游的领队素质要跟上这种飞速发展的节奏。富裕起来的中国旅游者的旅游意识还不太强烈，很多人对丰富多彩的世界各国的民俗、民风还不熟悉、不了解，以及这些年来国民素质教育中对礼仪意识教育的脱节所造成的国民素质有所欠缺，国民的礼仪意识不足。由此带来的一系列不守秩序，不懂规矩，甚至不讲节操，不顾民族尊严的行为，这些在世界范围内所造成的负面影响，已经影响到了中国的国际形象。我们深刻地意识到作为一个旅游教育工作者的责任。

基于这种考虑，以湖北大学职业技术学院（湖北省旅游学校）教师为主编，组织几名长期从事旅游礼貌礼节、国际社交礼仪、外事接待礼仪的教师，开始对这本针对旅游高等职业技术应用型人才培养的《旅游社交礼仪》教材进行修订。

在修订过程中，我们再一次突出强调了这本教材的实用性、指导性和知识性三方面的紧密结合，并以实用性和指导性为重点，以期能让教师很好地指导学生将行业必要的礼貌规范熟练地运用到实际的工作当中，重点强调了旅游行业的员工素质的"四重"，即：①重形象（仪容、仪表、仪态、姿势等的重要性）；②重语言（沟通意识在行业工作中的重要性，语言表达能力的重要性，掌握一门以上外语的重要性）；③重综合素质（对所学知识广泛运用到实际工作中的重要性）；④重动手能力（旅游行业从业人员对所有学习的内容都要通过实际的对客服务过程中体现出来）。同时，考虑到旅游接待与服务工作的延伸性及与其他相关服务行业的相互渗透性，我们对出入境礼仪规范及客源国的礼仪习俗与规范做了一些强调和更改。

这本教材的编写人员都是长期从事一线专业教学的教师,所以在教材中穿插的许多教学案例都是直接从旅游行业的实际工作中收集的,具有一定的典型性。同时编写人员曾到美国、德国、英国等发达国家接受过系统的专业培训和交流,对西方的礼仪习俗和礼貌规范都比较熟悉和了解。

本教材由湖北大学职业技术学院(湖北省旅游学校)的陈刚平副教授和武汉职业技术学院的周晓梅副教授担任主编,由中国劳动关系学院的翟向坤老师担任副主编。在编写过程中,我们参考了许多有关专家、学者的论著,吸取了一些有启发性的观点和有价值的资料。限于篇幅有限,我们无法一一列举,在此谨向各位前辈表示衷心的谢意。

目 录

第一章	旅游社交礼仪概述	1
第一节	礼仪的起源与发展	1
第二节	旅游社交礼仪的特征与原则	8
第三节	旅游服务人员礼仪修养的意义、准则及培养途径	12

第二章	旅游接待人员礼仪行为规范	18
第一节	称呼与介绍	18
第二节	会客与访客	24
第三节	沟通与交流礼节	33
第四节	接待中的礼节	47

第三章	仪容、仪表、仪态	54
第一节	仪容、仪表	54
第二节	仪态	57
第三节	服饰	64
第四节	美容与化妆	69

第四章	宴请活动礼仪	79
第一节	宴请的形式	79
第二节	宴会的组织	84
第三节	出席宴会的礼仪要求	87
第四节	宴会菜点知识及中西餐饮食规范	91

第五章　旅游从业人员的语言修养 …………………………… 98
第一节　旅游从业人员语言修养的基本要求 ……………… 99
第二节　旅游从业人员语言的职业特点 …………………… 104
第三节　旅游从业人员语言规范 …………………………… 109

第六章　旅游接待与服务礼仪 ………………………………… 115
第一节　旅游饭店的接待与服务礼仪 ……………………… 115
第二节　导游服务礼仪 ……………………………………… 124
第三节　旅游商务活动礼仪 ………………………………… 133

第七章　我国少数民族礼仪 …………………………………… 142
第一节　我国主要少数民族的习俗与礼仪 ………………… 142
第二节　少数民族节日 ……………………………………… 149
第三节　少数民族禁忌 ……………………………………… 154

第八章　我国主要客源国和地区的风俗与礼节 ……………… 160
第一节　亚洲国家和地区 …………………………………… 160
第二节　美洲国家 …………………………………………… 175
第三节　欧洲国家 …………………………………………… 186
第四节　大洋洲国家 ………………………………………… 200
第五节　非洲国家和拉丁美洲国家 ………………………… 203

第九章　宗教礼仪常识 ………………………………………… 208
第一节　佛教礼仪 …………………………………………… 208
第二节　基督教礼仪 ………………………………………… 211
第三节　伊斯兰教礼仪 ……………………………………… 212
第四节　道教礼仪 …………………………………………… 214

第十章　一些常见的国际礼宾活动 …………………………… 219
第一节　迎送、会见与会谈、签字仪式 …………………… 219
第二节　开幕式、授勋、授奖 ……………………………… 227
第三节　礼宾次序及国旗悬挂 ……………………………… 228

第十一章　出入境礼节及规范 …………………………………………… 234
　　第一节　出境手续的办理及途径 ………………………………… 234
　　第二节　出国访问的一般要求 …………………………………… 243
　　第三节　与外国人交往注意事项 ………………………………… 246

参考文献 ………………………………………………………………… 252

第一章 旅游社交礼仪概述

引 言

随着时代与社会经济的飞速发展,礼仪现已渗透到人们社会生活的各个领域,且占据着越来越重要的位置。礼仪作为一种社会文化现象,从宏观方面讲,它反映出一个民族的文明程度和一个国家的国民素质。而具体到人们的社会生活,礼仪更是无处不在,无论是人际间的沟通与交往,还是企业的整体形象宣传;无论是企业产品品牌的推介,还是员工素质高低的衡量,都离不开礼仪、礼节、礼貌这类媒介。

学习礼仪知识、研究不同礼仪文化和礼仪现象、提高个人的道德修养、净化社会风气、按照礼仪规范规定和约束个人的行为等都需对礼仪的形成与发展追根溯源。本章将系统介绍我国礼仪的起源与发展过程及旅游社交礼仪的基本知识。

学习目标

1. 了解礼仪在我国的起源与发展过程。
2. 了解礼仪的基本内涵与基本原则。
3. 理解讲究礼仪在旅游服务工作中的意义,树立良好的服务意识。
4. 理解并掌握旅游社交礼仪的基本原则。

第一节 礼仪的起源与发展

中国是世界上具有辉煌历史的礼仪大国,享有足资骄傲的礼仪遗存,已成为世界文化中的瑰宝之一。五千年的文明历史使我们当之无愧享有"礼仪之邦"之美誉。而中华民族是人类文明的发祥地之一,文化传统源远流长。中华民族的成长历史,是由礼仪这支笔书写和造就的。自古以来,礼仪不仅形成了一系列思想和规范,而且重礼、守礼、讲礼、遵礼已经内化为人们的一种自觉意识而贯穿于社会交往的各个方面。

一、中国礼仪的起源与发展

(一)中国礼仪的起源

礼究竟起源于何时,对此,人们一直在进行种种论述和探讨。归纳起来大体上有五种起源说:一是天神生礼仪;二是礼为天地人的统一体;三是礼产生于人的自然本性;四是礼为人性和环境矛盾的产物;五是礼生于理,起源于俗。

1. 在理论上,礼的产生,是人类为了协调主客观矛盾的需要

首先,礼的产生是为了维护自然的"人伦秩序"的需要。人类为了生存和发展,必须与大自然抗争,不得不以群居形式相互依存,人类的群居性使人际间相互依赖,又相互制约。在群体生活中,男女有别,老少有异,既是一种天然的人伦秩序,又是一种需要被所有成员共同认定、保证和维护的社会秩序。人类面临的内部关系必须得到妥善处理。因此,人们逐步积累和自然约定出一系列"人伦秩序",这就是最初的礼。

其次,起源于人类寻求满足自身欲望与实现欲望的条件之间动态平衡的需要。人对欲望的追求是人的本能,人们在追寻实现欲望的过程中,人际间难免会发生矛盾和冲突,为了使其得到避免,就需要为"止欲制乱"而制礼。

2. 在具体仪式上,礼产生于原始宗教的祭祀活动

原始宗教的祭祀活动都是最早、也是最简单的以祭天、敬神为主要内容的"礼"。这些祭祀活动在历史发展中逐步完善了相应的规范和制度,正式形成祭祀礼仪。随着人类对自然与社会各种关系认识的逐步深入,仅以祭祀天、地、鬼、神、祖先为礼,已经不能满足人类日益发展的精神需要和调节日益复杂的现实关系。于是,人们将事神致福活动中的一系列行为,从内容和形式扩展到各种人际交往活动,从最初的祭祀之礼扩展到社会诸领域的各种各样的礼仪。

(二)中国礼仪的发展

礼仪在其传承沿袭的过程中不断发生着变革。从历史发展的角度来看,礼仪演变过程可以划分为五个阶段。

1. 礼仪的起源时期:夏朝以前(公元前21世纪前)

按照历史研究的最新估计,人类在原始社会形态下的历史至少有一百万年,而礼仪起源于原始社会中晚期(约旧石器时代)。整个原始社会是礼仪的萌芽时期,礼仪较为简单和虔诚,还不具有阶级性。内容包括:制定了明确血缘关系的婚嫁礼仪;区别部族内部尊卑等级的礼制;为祭天敬神而确定的一些祭典仪式;制定一些在人们的相互交往中表示礼节和表示恭敬的动作。

2. 礼仪的形成时期：夏、商、西周三代（公元前21世纪—公元前771年）

礼仪的正式形成，应当始于奴隶社会。由于社会生产力的发展，原始社会逐步解体，人类进入奴隶社会，统治阶级为了巩固自己的统治地位，把原始的宗教礼仪发展成为符合奴隶社会政治需要的礼制，礼被打上了阶级的烙印。在这个阶段，中国第一次形成了比较完整的国家礼仪与制度。古代的礼制典籍亦多撰修于这一时期，如周代的《周礼》《仪礼》《礼记》（简称"三礼"）就是我国最早的礼仪学专著。在汉以后2 000多年的历史中，它们一直是国家制定礼仪制度的经典著作，被称为礼经，对后世治国安邦、施政教化、规范人们的行为、培养人们的人格，起到了不可估量的作用。

3. 礼仪的变革时期：春秋战国时期（公元前771—公元前221年）

这一时期，学术界形成了百家争鸣的局面，以孔子、孟子、荀子为代表的诸子百家对礼教给予了研究和发展，对礼仪的起源、本质和功能进行了系统阐述，第一次在理论上全面而深刻地论述了社会等级秩序划分及其意义。

孔子对礼仪非常重视，把"礼"看成是治国、安邦、平定天下的基础。他认为，"不学礼，无以立"；"质胜文则野，文胜质则史。文质彬彬，然后君子"。他要求人们用礼的规范来约束自己的行为，要做到"非礼勿视，非礼勿听，非礼勿言，非礼勿动"。倡导"仁者爱人"，强调人与人之间要有同情心，要相互关心，彼此尊重。

孟子把礼解释为对尊长和宾客严肃而有礼貌，即"恭敬之心，礼也"，并把"礼"看作是人的善性的发端之一。

荀子把"礼"作为人生哲学思想的核心，把"礼"看作是做人的根本目的和最高理想，"礼者，人道之极也"。他认为"礼"既是目标、理想，又是行为过程。"人无礼则不生，事无礼则不成，国无礼则不宁。"

管仲把"礼"看作是人生的指导思想和维持国家的第一支柱，认为礼关系到国家的生死存亡。

4. 强化时期：秦汉到清末（公元前221—公元前1911年）

封建社会的礼仪，标志着它已进入到一个强化的时期。在我国长达2 000多年的封建社会里，尽管在不同的朝代礼仪文化具有不同的社会政治、经济、文化特征，但却有一个共同点，就是一直为统治阶级所利用，礼仪是维护封建社会等级秩序的工具。这一时期的礼仪，其重要特点是尊君抑臣、尊夫抑妇、尊父抑子、尊神抑人。在漫长的历史演变过程中，礼仪逐渐变成为妨碍人类个性自由发展、阻碍人类平等交往，窒息思想自由的精神枷锁。

纵观封建社会的礼仪，内容大致包括涉及国家政治的礼制和家庭伦理两类。

这一时期的礼仪构成中华传统礼仪的主体。

5. 现代礼仪的发展

辛亥革命以后,受西方资产阶级"自由、平等、民主、博爱"等思想的影响,中国的传统礼仪规范、制度受到强烈的冲击。五四运动对腐朽、落后的礼教进行了清算,符合时代要求的礼仪得到继承、完善、流传,那些繁文缛节逐渐被抛弃,同时接受了一些国际上通用的礼仪形式。新的礼仪标准、价值观念得到推广和传播。新中国成立后,逐渐确立以平等相处、友好往来、相互帮助、团结友爱为主要原则的具有中国特色的新型社会关系和人际关系。改革开放以来,随着中国与世界的交往日趋频繁,西方一些先进的礼仪、礼节陆续传入我国,同我国的传统礼仪一道融入社会生活的各个方面,构成了社会主义礼仪的基本框架。许多礼仪从内容到形式都在不断变革,现代礼仪的发展进入了全新的发展时期。大量的礼仪书籍相继出版,各行各业的礼仪规范纷纷出台,礼仪讲座、礼仪培训日趋红火。人们学习礼仪知识的热情空前高涨。讲文明、讲礼貌蔚然成风。今后,随着社会的进步、科技的发展和国际交往的增多,礼仪必将得到新的完善和发展。

 特别提示

东、西方礼仪有差异

东方礼仪,主要指中国、日本、朝鲜、泰国、新加坡等为代表的亚洲国家所体现的具有东方民族特点的礼仪文化。西方礼仪,主要指流传于欧洲、北美各国的礼仪文化。

1. 在对待血缘亲情方面

东方人非常重视家族和血缘关系,"血浓于水"的传统观念根深蒂固,人际关系中最稳定的是血缘关系。

西方人独立意识强,相比较而言,不是很重视家庭血缘关系,而更看重利益关系。他们将责任、义务分得很清楚,责任必须尽到,义务则完全取决于实际能力,绝不勉为其难。处处强调个人拥有的自由,追求个人利益。

2. 在表达形式方面

西方礼仪强调实用,表达率直、坦诚。东方人以"让"为礼,凡事都要礼让三分,与西方人相比,常显得谦逊和含蓄。

在面对他人夸奖所采取的态度方面,东、西方人不相同。面对他人的夸奖,中国人常常会说"过奖了""惭愧""我还差得很远"等字眼,表示自己的谦虚;而西方人面对别人真诚的赞美或赞扬,往往会用"谢谢"来表示接受对方的美意。

3. 在礼品馈赠方面

在中国，人际交往特别讲究礼数，重视礼尚往来，往往将礼作为人际交往的媒介和桥梁。东方人送礼的名目繁多，除了重要节日互相拜访需要送礼外，平时的婚、丧、嫁、娶、生日、提职、加薪都可以作为送礼的理由。

西方礼仪强调交际务实，在讲究礼貌的基础上力求简洁便利，反对繁文缛节、过分客套造作。西方人一般不轻易给别人送礼，除非相互之间建立了较为稳固的人际关系。在送礼形式上也比东方人简单得多。一般情况下，他们既不送过于贵重的礼品，也不送廉价的物品，但却非常重视礼品的包装，特别讲究礼品的文化格调与艺术品位。

同时在送礼和接受礼品时，东西方也存在着差异。西方人送礼时，总是向受礼人直截了当地说明："这是我精心为你挑选的礼物，希望你喜欢"，或者说"这是最好的礼物"之类的话；西方人一般不推辞别人的礼物，接受礼物时先对送礼者表示感谢，接过礼物后总是当面拆看礼物，并对礼物赞扬一番。而东方人则不同，中国人及日本人在送礼时也费尽心机、精心挑选，但在受礼人面前却总是谦虚而恭敬地说"微薄之礼不成敬意，请笑纳"之类的话。东方人在受礼时，通常会客气地推辞一番。接过礼品后，一般不当面拆看礼物，唯恐对方因礼物过轻或不尽如人意而难堪，或显得自己重利轻义，有失礼貌。

4. 在对待"老"的态度方面

东、西方礼仪在对待人的身份地位和年龄上也有许多观念与表达上的差异。东方礼仪一般是老者、尊者优先，凡事讲究论资排辈。

西方礼仪崇尚自由平等，在礼仪中，等级的强调没有东方礼仪那么突出，而且西方人独立意识强，不愿老，不服老，特别忌讳"老"。

5. 在时间观念方面

西方人时间观念强，做事讲究效率。出门常带记事本，记录日程和安排，有约必须提前到达，至少要准时，且不应随意改动。西方人不仅惜时如金，而且常将交往方是否遵守时间当作判断其工作是否负责、是否值得与其合作的重要依据。在他们看来这直接反映了一个人的形象和素质。

遵守时间秩序，养成了西方人严谨的工作作风，办起事来井井有条。西方人工作时间和业余时间区别分明，休假时间不打电话谈论工作，甚至在休假期间断绝非生活范畴的交往。相对来讲，中国人使用时间比较随意，时间观念比较淡漠。包括改变原定的时间和先后顺序，中国人开会迟到，老师上课拖堂，开会作报告任意延长时间是经常的事。这在西方人看来是不可思议的，他们认为不尊重别人拥有的时间是最大的不敬。

6. 在对待隐私权方面

西方礼仪,处处强调个人拥有的自由(在不违反法律的前提下),将个人的尊严看得神圣不可侵犯。在西方,冒犯对方"私人的"所有权利,是非常失礼的行为。因为西方人尊重别人的隐私权,同样也要求别人尊重他们的隐私权。

东方人非常注重共性拥有,强调群体,强调人际关系的和谐,邻里间的相互关心,嘘寒问暖,是一种富于人情味的表现。

二、礼的相关概念与内涵

(一)礼、礼貌、礼节与礼仪

1. 礼

从"礼"(禮)字的造字结构我们可见,礼的本意为敬奉神明,后引申为表示敬意的通称。礼的含义比较丰富,它既可以指表示敬意和隆重而举行的仪式,也可泛指社会交往中的礼貌礼节,是人们在长期的生活实践中约定俗成、共同认可的行为规范。还特指奴隶社会、封建社会等级森严的社会规范和道德规范。在《中国礼仪大辞典》中,礼定义为特定的民族、人群或国家基于客观历史传统而形成的价值观念、道德规范,以及与之相适应的典章制度和行为方式。礼的本质是"诚",有敬重、友好、谦恭、关心、体贴之意。"礼"是人际间乃至国际交往中,相互表示尊重、亲善和友好的行为。

2. 礼貌

礼貌,是指人们在交往过程中相互表示敬意和友好的行为准则与精神风貌,是一个人在待人接物时的外在表现。它通过仪表及言谈举止来表示对交往对象的尊重。它反映出时代的风尚与道德水准,体现出人们的文化层次和文明程度。

3. 礼节

礼节,是指人们在日常生活中,特别是在交际场合中,相互表示问候、致意、祝愿、慰问,以及给予必要的协助与照料的惯用形式。礼节,是礼貌的具体表现,具有形式化的特点,主要指日常生活中的个体礼貌行为。

4. 礼仪

礼仪,包括"礼"和"仪"两部分。"礼",即礼貌、礼节;"仪"即"仪表""仪态""仪式""仪容",是对礼节、仪式的统称。

礼仪,是指人们在各种社会的具体交往中,为了相互尊重,在仪表、仪态、仪式、仪容、言谈举止等方面约定俗成的、共同认可的规范和程序。

从广义的角度看,它泛指人们在社会交往中的行为规范和交际艺术。狭义通常是指在较大或隆重的正式场合,为表示敬意、尊重、重视等所举行的合乎社交规范和道德规范的仪式。

(二) 礼、礼貌、礼节、礼仪之间的关系

礼,是一种社会道德规范,是人们社会交际中的行为准则。礼、礼貌、礼节、礼仪都属于礼的范畴,显示礼貌时表示尊重的言行规范,显示礼节时表示尊重的惯用形式和具体要求,礼仪是由一系列具体表示礼貌的礼节所构成的完整过程。"礼貌""礼节""礼仪"三者尽管名称不同,但都是人们在相互交往中表示尊敬、友好的行为,其本质都是尊重人、关心人。三者相辅相成,密不可分。有礼貌而不懂礼节,往往容易失礼;谙熟礼节却流于形式,充其量只是客套。礼貌是礼仪的基础,礼节是礼仪的基本组成部分。礼是仪的本质,而仪则是礼的外在表现。礼仪在层次上要高于礼貌礼节,其内涵更深、更广,它是由一系列具体的礼貌礼节所构成;礼节只是一种具体的做法,而礼仪则是一个表示礼貌的系统、完整的过程。

三、礼仪的功能

随着社会经济的不断发展,礼仪已渗透到人们日常生活的方方面面,发挥着重要作用。现代礼仪的功能是多方面的。

(一) 教育功能

礼仪是人类社会进步的产物,是传统文化的重要组成部分。礼仪蕴含着丰富的文化内涵,体现着社会的要求与时代精神。礼仪通过评价、劝阻、示范等教育形式纠正人们不正确的行为习惯,指导人们按礼仪规范的要求去协调人际关系,维护社会正常生活。让国民都来接受礼仪教育,可以从整体上提高国民的综合素质。

(二) 创造功能

礼仪讲究和谐,重视内在美和外在美的统一。礼仪在行为美学方面指导着人们不断地充实和完善自我,并潜移默化地熏陶着人们的心灵。人们的谈吐变得越来越文明,人们的装饰打扮变得越来越富有个性,举止仪态越来越优雅,并符合大众的审美原则,体现出时代的特色和精神风貌。

(三) 协调功能

在人际交往中,不论体现的是何种关系,维系人与人之间沟通与交往的礼仪,都承担着十分重要的"润滑剂"作用。礼仪的原则和规范,约束着人们的动机,指导着人们立身处世的行为方式。如果交往双方都能够按照礼仪的规范约束各自的言行,不仅可以避免某些不必要的感情对立与矛盾冲突,还有助于建立和加强人际间相互尊重、友好合作的新型关系,使人际关系更加和谐,社会秩序更加有序。

(四) 沟通功能

礼仪行为是一种信息性很强的行为,每一种礼仪行为都表达一种甚至多种信

息。在人际交往中,交往双方只有按照礼仪的要求,才能更有效地向交往对象表达自己的尊敬、敬佩、善意和友好,人际交往才可以顺利进行和延续。热情的问候、友善的目光、亲切的微笑、文雅的谈吐、得体的举止等,不仅能唤起人们的沟通欲望,彼此建立起好感和信任,而且可以促成交流的成功和范围的扩大,进而有助于事业的发展。

(五) 维护功能

礼仪作为社会行为规范,对人们的行为有很强的约束力。在维护社会秩序方面,礼仪起着法律所起不到的作用。社会的发展与稳定,家庭的和谐与安宁,邻里的和谐,同事之间的信任与合作,都依赖于人们共同遵守礼仪的规范与要求。社会上讲礼仪的人越多,社会便会越和谐稳定。

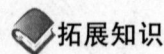 拓展知识

礼仪——多角度解释

1. 从个人修养角度看,礼仪,是一个人的内在修养和素质的外在表现。也就是说,礼仪即教养,素质体现出对交往礼节的认知和应用。

2. 从道德角度看,礼仪,是为人处世的行为规范或标准做法、行为准则。

3. 从交际角度看,礼仪,是人际交往中使用的一种艺术,也可以说是一种交际方式。

4. 从民俗角度看,礼仪,是在人际交往中必须遵守的律己敬人的习惯形式,也可以说是在人际交往中约定俗成的待人以尊重、友好的习惯做法。简言之,礼仪是待人接物的一种惯例。

5. 从传播角度看,礼仪是一种在人际交往中进行相互沟通的技巧。

6. 从审美角度看,礼仪是一种形式美,是人的心灵美的必然外化。

第二节　旅游社交礼仪的特征与原则

当今旅游业已被确立为我国国民经济的支柱产业,在此环境下,旅游服务礼仪自然被旅游行业从业人员普遍应用,学礼、知礼、用礼已成为旅游行业提供优质服务的必要保证。

一、旅游社交礼仪的概念

旅游社交礼仪,是在旅游接待服务过程中,对旅游者表示尊重和友好的一系列

行为规范,是社交礼仪在旅游接待服务过程中的具体运用。旅游社交礼仪,以礼仪为基础和内容,它与礼仪有共同的基本原则:尊重、友好、真诚。

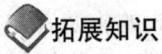 拓展知识

理解旅游社交礼仪的内涵需要准确把握以下几点:

(一)旅游社交礼仪的主体是旅游组织,客体是社会公众

旅游服务人员代表组织处理内外公众的关系,是从事旅游交际活动的现实主体。他们的言行举止、仪容、仪表均需遵循礼仪的要求。社会公众作为主体作用的对象,成为旅游服务人员礼仪的作用对象,同时又以自己的礼仪反作用于旅游服务人员的礼仪,参与公关礼仪的往来授受,他们的礼仪亦具有公关礼仪的意蕴。

(二)旅游社交礼仪的目的是构建组织内外部和谐的关系,塑造组织的美好形象

组织形象,是公众对组织行为的整体评价和看法,是组织行为及其文化在公众心目中的投射。组织形象的建立与维护,离不开公关礼仪的滋润与培育。实际上,公关礼仪不仅是促成组织形象定位与升华的有效手段,而且本身即是一种目的化的组织形象,讲求公关礼仪即是注重组织形象。

(三)旅游社交礼仪的手段是传播与沟通

各种传播与沟通的形式,都是公关礼仪必须借助的手段或有效形式。旅游社交礼仪主要是依靠旅游服务人员的言行等方式来沟通组织与公众的关系,塑造和提高组织的美好形象的。

二、旅游社交礼仪的特征

礼仪体现的是人际间的一种互动关系,它必须符合特定历史条件下的道德规范和传统的文化习惯。旅游社交礼仪,指导着人们的一言一行,小到举手投足,大到待人接物。同时,它伴随着旅游活动的发展,也在不断地吐故纳新,促进自身的发展。一般来说,旅游社交礼仪有以下几个特征。

(一)共同性

旅游社交礼仪的共同性是指它的一些规范要求,是人们在旅游接待过程中应该共同遵守的。尽管旅游业涉及的"六大要素"有接待程序和接待规范上的差异,但都是在旅游接待活动中调节客人与业者相互间最一般关系的行为规范,礼仪基本内涵是一致的。"宾客至上"、把"尊贵让给客人"应该是旅游行业各个部门共同的行为准则,是旅游行业全体成员应共同遵守的人际和社交的准则。

(二)灵活性

旅游社交礼仪的规范是具体的,但不是死板的教条,它是灵活的、可变的。旅游服务人员应该在不同的场合下,根据交往对象的不同特点,灵活地处理各种情况。同时旅游服务人员要特别注意了解来自不同国家、地区、民族的旅游者在文化背景、习俗方面的差异,充分尊重他们的礼俗禁忌,更加体贴周到地接待好每一位客人。

(三)广泛性

现代旅游包含行、吃、住、游、购、娱六大环节,是综合性强、跨度大的服务性行业,其接待与服务工作涵盖面广。旅游的六大环节都需要按照一定的礼仪规范做好服务与接待工作,旅游社交礼仪贯穿整个旅游活动的全过程,任何一个环节工作出现差错,都会影响旅游业的整体形象。因此,只有提高全行业的礼仪素养,每个环节都严格按照旅游社交礼仪的各种规范接待宾客,并注意各行业(部门)间的协调与衔接,才能适应旅游者的消费需求。

(四)实用性

旅游社交礼仪直接服务于旅游行业,是礼仪在旅游活动中的具体应用,具有很强的实用性和针对性。不同的旅游服务门类,各有其特点,接待程序、操作规范也不相同。因此,不同的服务门类、不同的部门,甚至不同的岗位,都有自己针对性很强的礼仪规范。如酒店、旅行社,都有自己一整套礼仪规范;在交通服务方面,飞机、火车、轮船和汽车的接待服务礼仪也各有区别。

三、旅游社交礼仪应遵循的基本原则

礼仪作为社交中行为规范的准则,是由人们共同完善、共同认可的。在人际交往与沟通过程中,在旅游接待与服务工作中,人们应当自觉学习和遵守旅游社交礼仪,按章办事。

(一)尊重

现代旅游业强调"宾客至上",要求把宾客放在首位,一切为宾客着想,主动热情地去满足宾客的各种合理需求和愿望。而在宾客所有的需求和愿望中,求尊重的需求是最强烈和最敏感的,同时也是正常的、合理的和起码的要求,是宾客的权利。

(二)一视同仁

服务工作中的"一视同仁",是指所有的客人都应该受到尊重,在这一点上绝不能厚此薄彼。具体运用礼仪时,可以因人而异,根据不同的交往对象,采取不同的礼仪形式,但是在对客人表示恭敬和尊重态度上一定要一视同仁。

（三）热情

能否积极主动解决客人的各种要求、满足客人的各种心理需求,是衡量旅游服务质量的一个重要标准。因此,旅游活动中的礼仪行为应该是积极主动的。

（四）适度

现代礼仪强调人际间的交往与沟通一定要把握适度性,注意社交距离,控制感情尺度,应牢记过犹不及的道理。因此,礼仪行为要特别注意在不同情况下,礼仪程度、礼仪方式的区别,坚持因时、因地、因人的合宜原则。

（五）宽容

礼仪的宽容原则,是指不过分计较对方礼仪上的差错过失。在旅游服务运用礼仪时,既要严于律己,更要宽以待人,要多理解他人、体谅他人,切不可求全责备、斤斤计较,甚至咄咄逼人。面对宾客提出的过分的、甚至是失礼的要求,我们工作人员应冷静而耐心地解释,绝不要穷追不放,把宾客逼至窘境。否则,会使宾客产生逆反心理,形成对抗,引起纠纷。当客人有过错时,我们要"得理也让人",学会宽容对方,让宾客体面地下台阶,保全客人的面子。在客人对我们提出批评意见时,本着"有则改之,无则加勉"的态度,认真倾听。

（六）自律

礼仪的最高境界是自律,即在没有任何监督的情况下,仍能自觉地按照礼仪规范约束自己的行为。旅游服务人员不仅要了解和掌握具体的礼仪规范,而且要在内心树立起一种道德信念和行为修养,从而获得内在的力量。在对客人服务中从自我约束入手,时时检查自己的行为是否符合礼仪规范,在工作中严格按照礼仪规范接待和服务宾客,而且做到有没有上级主管在场一个样,客前客后一个样,把礼仪规范变成自觉行为和内在素质。

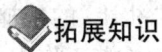拓展知识

服务业职业道德规范

- 爱岗敬业,忠于职守
- 热情服务,礼待宾客
- 诚实守信,老少无欺
- 清正廉洁,一心奉公
- 先做正人,再做正事

第三节　旅游服务人员礼仪修养的意义、准则及培养途径

特别提示

修养：指一个人在道德、学识、技艺等方面通过刻苦学习、自我磨炼和不断熏陶，从而逐渐使自己具有某些素质和能力或者达到一定的境界。

礼仪修养：指人们按照一定的礼仪规范要求自己，结合自己的实际情况，在礼仪品质、意识等方面进行的自我锻炼和自我修养。

一、旅游服务人员社交礼仪修养的意义

（一）礼仪修养反映一个国家的形象

来自五湖四海的旅游者，不可能有较长时间来了解某一地区或者国家，他们往往通过与其接触的旅游服务人员来判断、评价一个国家或一个地区的文明程度和精神风貌。旅游服务人员良好的礼仪修养会产生积极的宣传效果，能为其所在的企业、城市、国家树立良好形象，赢得荣誉。

（二）礼仪修养是解决旅游服务纠纷的润滑剂

旅游服务接待工作接触面广，不同国家、不同民族，甚至不同个人的信仰与生活习惯都不相同，在旅游服务过程中，发生一些纠纷是不可避免的。要处理好纠纷，需要旅游工作人员有较高的礼仪修养水平。无论纠纷是物质性服务引起的，还是精神性的服务引起的，也不管是我方的原因，还是旅游者的问题，处理纠纷的第一原则是有理、有节地进行处理。不管发生什么情况，都要发扬"礼让"的精神，以平息事态，不允许有任何与旅游者争吵、打斗的不礼貌言行。因为旅游工作人员的不礼貌行为只会激化矛盾，使事态进一步恶化。

（三）礼仪修养可以改善企业内部的经营环境

一个旅游企业往往由多个分工不同的部门组成，每个部门之间都存在着相互协作、相互支持的关系。要想建立良好的内部和外部环境，提高自身的知名度和美誉度，就需要企业人员之间、部门与部门之间都能够相互支援、相互体谅，遇事都能够从对方的角度着想，在沟通方面注意礼仪和分寸。这样，不仅可以调节旅游职工之间、部门之间的关系，形成相互尊重、团结协作的风气，而且可以减少工作内耗，提高工作效率。

(四)礼仪修养是旅游优质服务的关键

在旅游活动中,旅游者除了物质需求外,更重要的是精神上的满足。研究表明,在旅游企业硬件设施相同的情况下,影响旅游服务质量的主要因素是服务意识和服务态度。旅游服务人员"宾客至上"的服务意识,热情友好、真诚和蔼的服务态度,优雅的举止,得体的言谈,会对旅游者的心理满意程度产生十分积极的效果,直接使客人在感官上、精神上产生受尊重感和亲切感,给客人留下美好的印象。

(五)礼仪修养利于员工的个人发展

礼仪修养,反映出一个人的学识、修养、品格、风度,是一个人人格的外在体现。人格是人类社会地位和作用的统一,是一个人做人的价值和品格的总和,因而礼仪修养是个体人生发展的重要内容,不仅能够促进个体人生的发展,而且能够提升个体的人生价值。

礼仪也是现代社会的通行证。我们要顺利地步入社会、走向世界,求得个人发展,就必须有良好的礼仪修养,做一个有教养、有礼貌、受欢迎的现代人。

二、旅游服务人员社交礼仪修养的基本准则

礼仪作为行为的规范、处事的准则,反映人们共同的利益。每个人都有责任、义务去维护它,共同遵守它。在旅游社交中应该自觉遵守下列准则:

(一)遵守公德

公德,即公共道德,是指一个社会的公民为了维护整个社会生活的正常秩序而共同遵循的最简单、最起码的公共生活准则。公德,是日常生活中的道德,是人们普遍应该做到,又不难做到的最低限度的行为要求,是道德体系中的最低层次,是文明公民应该具备的最基本的品质。其内容包括尊重妇女、尊老爱幼、爱护公物、遵守公共秩序、救死扶伤,等等。社会公德是礼仪的基础,是形成礼仪的前提,礼仪的内容基本涵盖社会公德的全部。遵守公德,表现出人际间的互相尊重及对社会的责任感。所以,遵守公德是文明公民应该具备的品质,也是礼仪修养的基本要求。

(二)遵时守信

遵时,就是要遵守规定的时间和约定的时间,不得违时,不可失约。守信,就是要讲信用,对自己的承诺认真负责。遵时、守信,是建立和维护良好社会关系状态的基本前提。

在旅游接待服务中,与宾客约定的时间或做出的承诺,一般不要轻易变更,因发生人为不可抗拒的因素不得已改动时,应及早打招呼,做好说明解释工作,尽量避免给对方造成麻烦或令人产生误会。凡是需要承诺的事情,要量力而行,不要因为顾及面子答应不能做到的事情,一旦失约,不仅会对别人造成损失,也会给自己

的形象和所在部门的声誉造成损失。

(三) 真诚友善

以诚待人,是礼仪的本质特征。在人际交往中礼仪不是虚伪的客套,而是表达对人的尊重和友好,需要诚心待人,表里如一。"尊重还是贬低"是人际交往中最敏感的问题。从善良的愿望出发,以诚相待,才能赢得别人的依赖和尊重,保证交往顺利与成功。

(四) 谦虚随和

谦虚随和的人,待人处事自然大方。这样的人,待人态度亲切,善于听取他人的意见,有事能与他人商量,表现出虚怀若谷的胸襟,容易同他人建立亲近的关系。社会生活中常可以见到越是博学多识、修养越好的人,越是平易近人,也更能得到人们的敬重;相反,若是自视高明,目中无人,或夸夸其谈,妄自尊大,卖弄学问,这种自以为是的言行,往往会被人视为傲慢无理,对其敬而远之。但是谦虚也要适度。

(五) 理解宽容

理解,就是懂得别人的思想感情,意识到和理解别人的立场、观点和态度,能够根据具体的情况体谅别人、尊重别人,心领神会地理解别人心灵深处的喜、怒、哀、乐。在人际交往和旅游服务接待工作中,最怕的就是互相缺乏理解,甚至产生误解。缺乏理解就无法沟通感情,产生误解则往往容易导致失礼,在交往者之间产生妨碍交流思想的隔膜,甚至会使关系僵化。宽容就是大度、宽宏大量、能容人,尤其在非原则问题上,能够原谅别人的过失。如果你谅解了他人的过失,不仅可以化解矛盾,还能赢得他人的敬重,有利于大局的发展。

(六) 热情有度

热情会使人感到亲切、温暖,从而拉近他人与你的感情距离,愿意与你接近、交往。但热情过分,会使人感到虚情假意,或别有用心,因而有所戒备,无意中筑起一道心理防线。

(七) 注意小节

细节体现教养,细节展示素质,从小节可以看出一个人的修养水平。在注重礼仪的社会交往场合,不注意小节的人是不受欢迎的。作为旅游服务人员,注意小节,彬彬有礼,是最起码的交往行为修养。

(八) 风度高雅

风度是一个人的内在素质、修养及其外在行为的总和,是人们在社会生活中逐步形成的,是人们对于人的形态、举止、谈吐、装扮的一种衡量尺度。

风度不是单指人的某一个方面,而是指人的全部生活姿态所提供给人们的综合印象。风度不是表面上的穿着打扮,也不是简单地模仿别人的行为举止。风度是一个人深层次的精神状态、个性气质、品质修养、文化品位、生活情调的外在表现,它是以内在的气质为基础。

三、提高礼仪修养的途径

(一)加强道德修养

道德品质:也称品德或德行,它是社会道德现象在个人身上的具体体现,是指一定的社会的道德原则和规范在个人思想行动中所表现出的某种比较稳定的特征与倾向。道德品质的修养与礼仪行为的养成有密切的联系,二者是相辅相成的、统一的过程。礼仪行为从广义上说就是一种道德行为,处处渗透和体现一种道德精神。一个人想要在礼仪方面达到较高的造诣,离开了道德品质方面的修养是不可能的;一个人要形成一种高尚的道德品质,就应该从日常礼仪规范这一基础的层次做起。

(二)提高文化素质

礼仪学是一门综合性的专门学科,它和公共关系学、传播学、美学、民俗学、社会学等许多学科都有密切关系,一个人只有具备广博的文化知识,才能深刻理解礼仪的原则和规范。只有具备较高的文化层次,才能更加自如地在不同场合具体运用礼仪。因此要提高自己的礼仪修养,必须有意识地广泛涉猎多种科学文化知识,使自己具备见多识广的综合知识素养,提高文学、艺术欣赏能力,提高审美能力。这样,就会有意无意地按照美的规律来认识生活和改造周围的环境,同时,在人际交往中,自己的言行也更具美感。

(三)自觉学习礼仪知识,接受礼貌教育

世界各国的礼仪风俗千差万别,我国各个民族的礼节习俗也多种多样。在涉外工作和旅游服务工作中,如对其他国家或某一具体活动的礼仪知识不了解,只凭以往的经验办事,轻则闹笑话,重则影响工作效果,甚至造成误解。我国几千年的文明,在各个历史阶段都有浩繁的有关礼仪的知识,我们应该注意收集、学习和领会各种礼仪知识,以便在实践中运用,久而久之,不但自己在礼仪方面博闻多识,而且在礼仪修养的实践上也能提升到新的高度。

(四)积极参加礼仪实践

实践是动机和效果由此及彼的桥梁。学习礼仪知识,停留在仅仅从理论上弄清礼仪的含义和内容,而不在实践中运用是远远不够的。在提高礼仪修养时,要以积极的态度,坚持理论联系实际,将自己学到的礼仪知识积极运用于社会实践的各个方面。积极投身到实践之中,在文明气氛较浓的环境里去接受熏陶,对增强自身的文明意识、培养礼貌的行为、涤荡各种粗俗不雅的不良习惯、提高礼仪修养水平,是大有好处的。要在旅游职业岗位上时时处处自觉从大处着眼、小处着手,以礼仪规范要求自己的言谈举止,在社交场所多听、多看、多学,通过各种人际交往的接触强化,不断提高自己的礼仪修养。

（五）养成良好的行为习惯

礼仪是人们交际活动中的一种行为模式。这种行为模式只有通过长期的自觉练习，变成自身一种自觉的动作，形成习惯，才能在交际活动中更好地发挥作用。礼仪修养，实际上就是人自觉用正确的思想战胜不正确的思想，用良好的行为习惯纠正不良行为习惯的过程。检验一个人的礼仪修养如何，很重要的一条标准就是看他是否已把交际礼仪规范变成自身个性中的稳定成分，是否能在各种交际场合自然而然地遵循交际礼仪要求。

拓展知识

服务人员的基本素质

■ 思想政治素质
■ 知识文化素质
■ 专业技能素质
■ 个性修养

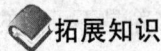

中国游客怎么了

随着中国普通百姓经济收入的不断提高，百姓选择到境外旅游的人也越来越多，出境游的人数比例已远远超过了入境游的比例，这种现象一方面反映了高速发展的中国经济使得越来越多的中国人走上了富裕的道路，普通中国人已经具备了足够的经济能力遨游世界，同时，走出国门的中国人在世界各国由于不懂习俗、不讲规矩、缺乏最基本的礼仪、礼貌修养，使得中国公民的国际形象严重受损。这种现象，一方面反映了改革开放三十年我国的国民素质教育严重缺乏所带来的恶果，同时也反映了我们的旅游教育对旅游者的旅游意识教育与境外游规范教育已经严重滞后于旅游行业的发展速度。以下两个案例值得我们深思。

案例一：不久前，从苏黎世飞北京的一架航班上有两名中国乘客喝了酒，在飞机上因口角发生纠纷，进而大打出手，甚至还打了来劝架的乘务长，导致飞机被迫返航。这类事件在世界航空史上闻所未闻，该事件在世界各大媒体被曝光后，引起全球一片哗然，引发的是对中国公民国民素质的质疑，在网上也引发了热议，不少网友直斥"丢人都丢上天了"。

案例二：今年2月，黄渤在太平洋岛国帕劳度假时，在其微博中晒出了中国游客随手乱扔垃圾的照片，并感慨地说："那日帕劳潜水，正为上帝的奇作美景唏嘘不已,突看见水面漂浮一烟盒,心中暗骂哪来的无德之人,这么干净的水怎丢得下手。突然看见烟盒上两个大字'中华',臊得我上去一把捏在手里,像做贼一样生怕被别人看见,一直带回岸边。朋友啊,去别人家做客咱得客气点,这俩字的脸丢不起啊!"

两个事件反映出来的问题:

(1)中国公民的礼节、礼貌修养教育,尤其是公德意识教育迫在眉睫。

(2)我们的旅行社应当针对不同的旅游客源国印制能对游客有指导和约束功能的某某国出游指南,将当地的民风、民俗、宗教、禁忌和忌讳等内容附上。

(3)领队在出发前应对团员做专门的出国注意事项,及旅游意识教育。

(4)带团领队应当对各国的不同文化、礼仪习俗、宗教信仰、禁忌忌讳等有相当程度的熟悉和了解。

(5)走出国门,举手投足,一言一行,个人颜面事小,国格尊严事大。

本章小结

1. 礼貌、礼仪的起源和发展标志着人类的文明和进步,而人类的文明和进步也不断促进礼仪的发展。

2. 人类道德意识的觉醒来自于人们对于公德意识的广泛认同。而公德意识是否健全则是衡量一个人道德修养的重要依据。

3. 东西方文明的差异因地域、文化背景、生活习俗等不同所造成,但对于关乎道德范畴的礼仪规范却是殊途同归。

4. 礼貌修养是一个人最重要的修养,它和受教育程度既有联系又不完全取决于受教育程度,因此,高学历并不代表高素质,每个公民都需要接受礼貌礼节的教育和熏陶。

5. 礼貌修养的教育,实质就是国民素质教育。

思考与练习

1. 社交礼仪应当遵循哪些最基本的原则?

2. 请列出五至八种有损社会公德的不礼貌行为,并对如何克服和管理这些行为提出自己的建议和思考。

3. 懂得礼节的人就一定有礼貌吗?请列出几例虽懂礼节却在待人接物方面欠缺礼貌的行为。

4. 东西方礼仪的差异性在哪些方面表现比较突出?

5. 谈谈你对礼貌修养的重要性的认识。

第二章 旅游接待人员礼仪行为规范

引 言

　　旅游接待人员,其职业范畴的特殊性表现为这项工作将始终处在社会和人际交往的最前沿,其职业素养主要是通过日常的行为规范来体现的;哪怕是一个眼神、一个手势等,都有严格的礼仪规范;怎样送礼、怎样献花、怎样递接名片、怎样乘车、乘车时自己应当坐哪个位置、怎样安排不同规格的接待、怎样拜访客人甚至怎样接听电话等都有讲究;况且,由于东西方文化的差异,接待人员在国际交往活动中,除了要了解本民族礼仪习俗外,更要了解和掌握不同国家、不同民族的礼仪文化、宗教信仰、风俗习惯、风土人情并尽量予以尊重。试想,当您遇到客人来访却不知该如何称呼时,当您走进花店却不知该如何挑选时,当您介绍两个以上的客人不知道先后次序时,当您为外国客人挑选礼品犹豫不决时……如果您阅读了本章,相信一切的难题都会迎刃而解,因为本章将向您详细地介绍旅游接待人员日常工作中应当注意的行为规范。

学习目标

1. 掌握称呼与介绍的礼仪规范。
2. 掌握会客与访客的礼节要求。
3. 掌握沟通与交流的注意事项。
4. 掌握如何得体而大方地接待不同的客人。

第一节　称呼与介绍

　　人们在日常生活和工作中,遇到认识的同事、朋友、宾客和不认识的人,如何称呼和介绍,将决定着你的社交是否成功。因此,称呼与介绍在交往时显得十分重要。

一、称呼

在旅游服务工作中,正确恰当地使用称呼,可以反映人们之间的相互关系,显示出服务人员的修养和风度。

(一) 不认识的称呼

在旅游接待服务中,尤其是导游人员在初次接团工作中,由于不太熟练和紧张,往往忘记或有意不问对方领队或全陪的姓名,容易给人留下不太懂礼貌的印象。因此,对于初次见面的领队或全陪应热情礼貌地问:

"请问先生(或小姐)贵姓?如何称呼您?"

如果你是领队或全陪,应有礼貌地回答:"你好!免贵姓×,称我小×好了!"

(二) 认识的称呼

根据你所认识的人的姓名、职务,使用正确的称呼极其重要。

"称呼"一般可以分为以下七种:

(1) 职务称呼,如经理、厂长等。如知其姓氏,在其所担任的职务前加上姓氏更好,如王经理、刘厂长等。

(2) 以姓或姓名加"同志""先生""夫人""小姐"的称呼,如李先生、王同志、张小姐等。

(3) 当不知对方职务或姓名时,可用一般称,如泛称某人为"先生""小姐""太太"等。

(4) 以职业为特点的职业称呼,如司机师傅、导游小姐等。

(5) 代词称呼,如您、他等。

(6) 对亲属之间的关系用亲昵称呼,如叔叔、哥哥、姐姐、小妹等。

(7) 衔称。对地位高的官方人士,如部长以上的高级官员,按国家情况称"阁下""先生"等,如大使先生、将军阁下、部长阁下等。

在国际交往中,一般对男子称先生,对已婚女子称夫人,对未婚女子称小姐。对女士不能因其年长而贸然地称呼夫人,否则很容易激起对方恼怒。

身为服务人员应重视称谓并正确运用,在社交场合和工作中,若能在短时间内记住客人的姓名,了解他们的身份,并能在日常交往中正确地称呼他们,将会拉近主客之间的关系和距离。

 特别提示

称呼要合乎常规,要照顾被称呼者的个人习惯,要入乡随俗,要做到称呼"四不用":

（1）无称呼，比如：喂！哎！那个人……
（2）替代性称呼，比如：下一个！6号……
（3）不适当的地方性称呼，比如：伙计、堂客、婆姨……
（4）称兄道弟，比如：兄弟！哥们儿！老大……

二、介绍

介绍是人与人之间相互认识的桥梁，是人们开始交往的第一步。因此在社交活动中，通过介绍，可以缩短人们之间的距离，帮助扩大社交范围，加快彼此之间的了解，还可以消除不必要的误会。

在社交场合中，不相识的人若有相识的愿望，可通过自我介绍或第三者介绍。

（一）自我介绍

自我介绍是交际场合中常用的介绍方式。从某种意义上说，它是打开人际交往大门的一把钥匙。

在许多人交谈或聚会的场合，如果你要和一个不相识的人谈话，首先应该做自我介绍。介绍时，可以先从自己的姓名、身份、单位谈起，打开僵局，如："我是××旅行社导游，姓刘，请多关照！"

如果对方也有与自己相识的愿望，并且非常热情，那么做自我介绍一方还可以进一步自我介绍，如自己的经历、专长、兴趣等。介绍自己要亲切有礼，态度谦虚，不能自我吹嘘。如果在单位担任领导职务，一般只介绍自己所在单位，而不介绍职务。

如果是与对方曾有一面之交，但因时间长久或你在外形上有了较大变化等情况，使对方没有认出你时，可采用委婉的方法提示对方，并告诉他你们曾在什么场合下见过面，如："我想您是××旅行社经理，是吗？我是××饭店的王小姐，我们曾在××年的昆明旅游交易会上见过面。"但不可生硬地说："你把我给忘了吧？"

做自我介绍时，必须面带微笑且充满自信。一般人对具有自信心的人都另眼相看，对方因此会对你产生好感。还要善于用眼神去表达自己的友善、关怀及渴望沟通的愿望。一个含糊不清的自我介绍会使人感到你不能把握自己，而对你有所保留，使彼此沟通产生阻隔，所以介绍时一定要清晰地报出自己的姓名及身份。自我介绍只有运用恰当，才能收到理想的效果。

（二）他人介绍

他人介绍，是指在社交场合由他人将你介绍给别人。由他人做介绍，自己处于当事人位置，如果你是身份高者或年长者，听他人介绍后，应立即与对方握手，表示热情欢迎、很高兴认识对方的意愿；如果你为身份低者或年轻者等，当将自己介绍给对方时,应根据对方的反应来做出相应的反应。如对方主动伸手与你握手,你要立即将手伸出与对方相握;对方愿意交谈,你应表示高兴交谈。

有时你很想认识某一个人,但又不便直接去做自我介绍,于是可以找一个既认识自己又认识对方的人做介绍。尤其是想结交一个素不相识的朋友时,采用他人介绍是最好的方式。

介绍时,除女士和年长者外,一般应起立,但在宴会桌上、会谈桌上可不必起立,这时被介绍者只需微笑点头便可,相距近者可握手,远者可举手致意。

(三) 为他人做介绍

旅游接待人员在接待工作中,为他人做介绍是常有的事。在社交场合,通过接待人员介绍让宾客相互认识是一种起码的礼貌。

为他人做介绍时,必须是在对被介绍人双方情况都比较了解的情况下,这是介绍的前提。在绝大多数的社交场合下,介绍人为他人做介绍都是深受欢迎的。但也有例外情况,即相遇的双方或一方因某种原因根本没有结识的愿望,如果在这种情况下为他们做介绍,会使他们陷入不情愿之中而勉为其难,这样,介绍反而变为失礼,不利于人际交往。因此,介绍人应对双方是否有结识的愿望有实在的把握,若一时把握不准,可以先征求一下同行朋友的意见。

总之,介绍人要机智敏捷,善解人意,可以通过观察发现双方是否希望他人介绍,如双方有意相互认识并期待你做介绍,就应该义不容辞地为双方做好介绍工作。

在介绍两个人互相认识时,总的原则是把被介绍人介绍给他所尊敬的人。

1. 将男士介绍给女士

在介绍过程中,先提到某个人的名字是对此人的尊敬。通常先把男士介绍给女士,并引导男士到女士面前做介绍。介绍中,女士的名字应先被提到,如:"刘小姐,我给您介绍一下,这位是王先生。"

2. 将年轻者介绍给年长者

在同性别的两个人中,年轻者应该被介绍给年长者,以示对长者的敬意。如:"刘师傅,这是全陪小王。"

3. 将地位低者介绍给地位高者

在社交场合中,不分男女老少,只凭社会地位的高低作为衡量的标准,遵从社会地位高者对了解对方有优先权的原则,在任何场合,都是将社会地位低者介绍给社会地位高者。如:"刘总,这是××旅行社的导游小王!"

4. 将未婚者介绍给已婚者

在两个女性之间,通常将未婚女性介绍给已婚女性。如:"刘太太,这是王小姐。"如果未婚女性明显年长,则可以将已婚者介绍给未婚者。

5. 将客人介绍给主人

通常将客人介绍给主人,使主人了解客人的身份、地位等,以便更好地接待。如在饭店里,将 VIP 客人介绍给经理。

介绍时,手势动作应文雅,无论介绍哪一方,都应手心朝上,手背朝下,四指并拢,拇指张开,指向被介绍的一方,并向另一方点头微笑,切忌伸出手指指来指去。必要时可以说明被介绍一方与自己的关系,以便新结识的朋友之间相互了解和信任。

(四)集体介绍

集体介绍一般可采取的方法有两种,一种是将一个人介绍给大家。这种方法适合于在重大的活动中对身份高者、年长者和特邀嘉宾的介绍。如身为导游人员的你在某次接团任务中,你的旅行社经理随你一起接团,接到团队后你在写欢迎词时,就要将经理介绍给旅行团成员。这一方面是为了尊重经理,另一方面也说明你们旅行社非常重视这个团队。

另一种是将大家介绍给一个人。如在酒店进餐时,大堂经理常去给客人敬酒,这时,作为餐厅接待人员,就必须把客人一一介绍给大堂经理。其介绍的基本顺序有两种:一种是按座次顺序进行介绍;另一种是按身份的高低顺序进行介绍。

三、问候礼节

旅游服务人员无论是接待宾客还是与其他人交流,首先是从问候开始的。良好和愉悦的问候可以增进双方的好感,可以使工作的顺利进行有一个良好的开端。

问候礼节是指服务接待人员在日常工作中根据不同的时间、场合和对象而用不同的礼貌语言向宾客表示亲切的问候和关心的礼节。

(1)与外宾初次相见时应主动说:"您好!欢迎您到中国来。""女士们、先生们,欢迎你们光临我们餐厅"等。

(2)在一天中不同的时刻遇见宾客可分别说:"早上好""下午好""晚上好"。

(3)根据工作情况的需要,在使用上述问候语的同时,最好紧接上一些礼貌服务用语。如:"早上好,先生。您有什么事吩咐吗?""您好,小姐。要我帮您提行李吗?""晚上好,太太。旅途中一定辛苦了,先在这儿休息一下吧。"这样就会使对方倍觉自然和亲切。

(4)作为涉外服务接待工作人员,不仅要会用中文来表示对宾客的问候,而且更应掌握用外语(特别是英语、日语)和按照外宾的习惯来表示问候,如"How do you do?"(只能用在初次见面时)、"How are you, Mr. Black?"(用于熟人)

(5)特别要注意,不同的国家和民族有不同的礼节用语。"你吃过饭了吗?"

"你上哪儿去?"这类中国人当作问候的话不宜对外宾使用,这些话会使他们产生误解,因为在他们看来问别人是否吃过饭,言下之意是你想请对方一起用餐。问他们去哪儿,他们认为是在打听他们的私事,他们不喜欢。

(6)在向宾客道别或给宾客送行时,我们也应注意问候礼节、可以说"晚安""再会""明天见""祝您一路平安""希望你能再次光临"等。

(7)当获悉宾客在我国旅游期间适逢生日或其他喜庆之日,应及时主动地表示祝贺,可以说:"祝您生日快乐!""祝您健康长寿!"等。

(8)宾客若患病或感觉不舒服,则需要表示关心,可以说:"请多保重,是否要我去请医生来"等。

(9)当西方传统节日来临之际,要向宾客表示节日的祝贺,可以说:"祝您圣诞快乐""感恩节好"等。

(10)如接待来华演出的外国文艺团体,当其演出归来时应表示衷心的祝贺,称赞他们演出成功,可以说:"你们的表演真精彩,太棒了"等。在外国体育代表团来华参加比赛获胜后,也应祝贺他们的胜利,可以说:"恭喜你们取得了冠军"等。

四、应答礼节

应答礼节是指服务接待人员在回答宾客问话时的礼节。

(1)应答宾客的询问时要站立说话,不能坐着回答,要思想集中,全神贯注地去聆听,不能侧身目视他处、心不在焉;交谈过程中要始终保持精神振作,不能垂头丧气、有气无力;说话时应面带笑容,亲切热情,不能表情冷漠、反应迟钝,必要时还需借助表情和手势来沟通和加深理解。

(2)如果宾客的语速过快或含糊不清,可以亲切地说:"对不起,请您说慢一点。""对不起,请您再说一遍好吗?"而不能说:"我听不懂,你找别人去。"也不能表现出不耐烦、急躁或恐慌的神色,以免造成不必要的误会。对宾客提出的问候要真正明白后再做适当的回答,绝不可以不懂装懂,答非所问。

(3)对于一时回答不了或回答不清的问题,可先向宾客致歉,待查询或请示后再向问询者作答。凡是答应宾客随后再作答复的事,届时一定要守信,绝不可以不负责地置之脑后,因为这是一种失礼的行为。

(4)回答宾客的问题时还要做到口齿清楚、语气柔和、声音大小适中。同时,还要注意在对话时要自动地停下手中的其他工作。

(5)在众多宾客问询时要从容不迫地一一作答,不能只顾一位而冷落了其他的人。

(6)对宾客的合理要求要尽量迅速地做出使宾客满意的答复;对宾客的过分或无理要求要沉住气,婉言拒绝。如可以说:"恐怕不行吧。""可能不会吧。""很抱歉，我无法满足您的这种要求。""这件事我需要去同主管商量一下。"等，要时时表现出热情、有教养、有风度的姿态。

（7）宾客称赞你的良好服务时，也千万不要在众人面前流露出沾沾自喜的样子，更不能手舞足蹈，忘乎所以，而应保持头脑冷静，同时微笑谦逊地回答："谢谢您的夸奖，这是我应该做的。"等。

第二节 会客与访客

我们在日常交往中，拜访与接待是经常要做的事情。作为旅游接待人员，迎来送往更是日常的事，而迎来送往的过程是人们联络感情、增进友谊的重要渠道。那么，如何礼貌地接待与拜访呢？

一、握手的礼节

握手，是人们见面时相互致意的最普遍的方式。它源于中世纪的欧洲。据传说，握手起源于古人见面时要伸出右手，以表明自己没有握着武器，是一种友善的表示。

（一）握手的礼仪

握手有许多规矩。除非是年老体弱或者有残疾的人，总是要站着而不能坐着握手。如果戴着手套，要把右手上的手套脱下（有身份的人或妇女有时可以不脱手套），望着对方的眼睛，把右手伸出去，同时讲问候语或敬语。

（二）握手的禁忌

握手时应当握得紧而不能有气无力，但是也不能过分用力。可以用五个指头握着对方的手掌轻轻地握一两下，不要握得次数太多、时间太长。握手时不要将左手插在裤袋里，不要边握手边拍人家的肩头，不要在握手时眼看着别人或与他人打招呼，更不要低头哈腰。无特殊原因不用左手握手。多人在一起时避免交叉握手。

（三）握手的对象

握手的对象不同，其礼节也有差异，作为旅游接待人员应注意握手的对象，注意与其握手的礼节。

1. 与年长者或身份高者握手

一般不用双手去握手，但如果对方是首次结识的一位比较年长或身份高者，可用双手握着对方的手以示尊敬，而且向对方微微鞠躬将更好。

2. 与女士握手

男士同女士握手，一般要等女士先把手伸出来后，男士再伸手去握，往往只握一下对方的手指部位。但是如今一个男士只要知道女方是愿意同他握手的,就可以毫不犹豫地伸出手去,特别是在年轻人当中更是如此。一位女士如果拒绝去握向她伸出来的手,那是一种失礼的举动。

(四)握手的反应

握手总是应该得到响应的。如果人患有残疾,可以伸出另外一只手或者婉谢。你若显而易见地不能握手,可以解释,也可以不做解释。除非遇到这样的情况,对方已经伸出手来,你若毫无反应,便会使对方感到难堪,此时可以说:"很抱歉,我不能握手。"另外,天气非常寒冷,而你又患了感冒或其他疾病,或者你的手脏,也可以谢绝握手。

(五)握手与道别

人们在分手的时候,也往往以握手来道别。两个人即使是第二天就会见面,也会采用这种方式来握别;也有的人只挥手示意。可以随意采取哪种方式,而握手告别还是最常见的。

握手不仅是一种见面的礼节,也是祝贺或感谢的一种表示。如别人获得某种成就和奖赏,或者发表讲话,或者别人给你颁发奖品,往往都以握手表示祝贺或感谢。在握手的同时,可以说一句"祝贺你"或"多谢"。

特别提示

1. 握手时不要将左手插在裤袋里,不要边握手边拍人家的肩头,不要在握手时眼看着别处或与他人打招呼,无特殊原因不用左手握手,人在一起时避免交叉握手。
2. 要站着而不能坐着握手,年老体弱或者有残疾的人除外。
3. 如果戴有手套,要把右手上的手套脱下,妇女有时可以不脱手套。
4. 一般情况下不能拒绝别人伸出来的手,拒绝握手是非常失礼的,但如果是因为感冒或其他疾病,或者你的手脏,也可以谢绝握手。此时可以解释说:"很抱歉,我不能握手。"

二、交换名片的礼节

我国是名片的故乡,早在西汉时期就已经广为流行了,名称也屡有变化,样式也各有不同。不过西汉时没有纸,只能削竹、木为片,当时称之为"谒";东汉时改叫"刺",六朝时叫"名",唐时称为"月勃",宋代称为"门状",明朝叫"名帖",清时称"名刺"。改用纸以后,又叫"名纸",现在则普遍叫"名片"。

拓展知识

名片的其他妙用

名片除在面谈时使用外,还有其他一些妙用。

1. 去拜访顾客时,对方不在,可将名片留下,顾客来后看到名片,就知道你来过了。

2. 把注有时间、地点的名片装入信封发出,可以代表正规请柬,又比口头或电话邀请显得正式。

3. 向顾客赠送小礼物,如让人转交,则随带名片一张,附几句恭贺之词,无形中关系又深了一层。

交换名片是社交场合中一种重要的自我介绍方式。

(一)递送名片的礼节

递送名片,应事先把名片准备好,放在易于取出的地方,要以恭敬的态度,眼睛友好地注视对方,双手递送名片,并配以口头介绍。如果给一位先生名片时,其身边有一位女士正好是他的夫人或女儿,只需口头问候,不必另递名片。如果她与身边的男士无亲属关系而是以独立身份参加活动,应同样向其递送名片,以免使人有厚此薄彼之感。

初次相识,双方经介绍后,如果有名片则可取出名片送给对方。如果是事先约定好的面谈,或事先双方都有所了解,不一定忙着交换名片,可在交谈结束、临别之时取出名片递给对方,以加深印象,表示愿意保持联络的诚意。

(二)接受名片的礼节

接受他人的名片,应当恭恭敬敬,双手捧接,同时眼睛友好地注视对方,道谢,使对方感受到你对他的尊重。

接过别人当面递上的名片一定要看一看,不要马上装入口袋,更不要在手中玩弄;有看不明白的地方可以请教;有时可以有意识地重复一下名片上所列的对方的姓名与职务,以示仰慕。

如需把接受的名片暂时放在桌上,不要在它上面压其他的东西,否则会被对方认为是一种不恭。

如果你想得到对方的名片,而对方又未给名片,不要直截了当地去向人家要,应该以含蓄、请示的口吻说:"如果没有什么不便的话,能否请您留张名片给我?"如果对方有的话,一定会送一张名片给你;假若他确定已没有了名片的话,一般会婉言说明的。

（三）使用名片的禁忌

递送名片时,应注意分寸,不可滥发,应根据自己的需要确定递赠对象。在递送名片时,切不可漫不经心,也不可一边自我介绍,一边到处翻找名片;更不应该把一沓名片全掏出来,又慢腾腾地翻找自己的名片。

同一场合,切忌向同一对象重复递送名片。假若一次同许多人交换名片,并且都是初交,应一视同仁,切不可只给领导或只给女士;递送名片最好依照座次来递送。接受他人递送的名片后,切不可顺手塞进公文包或扔到抽屉里,应将名片放入自己携带的名片盒或名片夹之中,千万不要搞脏或弄皱。

如果对方向自己递送名片,你想回赠给对方时,可立即拿出自己的名片给予回赠;当你不想回赠或忘带自己名片时,接受对方名片后,要说:"谢谢,我没带名片,请原谅"等一些解释性的话。

如果介绍人仅仅出于礼貌给双方做简单的介绍,双方均无深交之意,那么相互点头致意或握手问好即可,交换名片是不必要的。

与西方人交往时要注意,他们一般不随意交换名片。

三、接吻与拥抱的礼节

接吻与拥抱的礼节,是盛行于西方、苏联和阿拉伯国家的礼节。

（一）接吻的礼节

接吻是西方的一种礼节,据说在古罗马帝国时代,严禁妇女饮酒。男子外出归来,常常先检查一下妻子是否饮酒,便凑到妻子的嘴边闻一闻,这样沿袭下来就成了夫妇见面时的一种礼节。

人们在社交活动中与亲朋好友相见,通常以接吻为礼,但接吻的方式要因人而异:辈分高的人吻辈分低的人,只吻额头或脸部,反之,只吻下颌;辈分相同的朋友或兄弟姐妹之间只能脸颊相贴;只有情人或夫妻之间才嘴对嘴地亲吻。

行接吻礼时,吻人体的不同部位有不同的意义:脸颊,代表友好、平等;手,代表尊严;膝,代表谦卑;脚,代表低贱。当嘴唇接触这些人体部位时,也代表不同的含义,接触的部位越低,就表示施吻者的地位越低下。比如一个主教可以吻教皇的膝盖,但是地位再低的一些神职人员就只允许吻绣在教皇右鞋上的十字架了。

（二）吻手的礼节

在欧洲和拉丁美洲的一些国家,还保持着那种老习惯——吻手礼,即男士亲吻女士的手背或手指,是男士向女士致敬的一种极为优雅的方式。男士行至女士面前,立正垂首致意,然后用右手或双手接住女士给他的右手,轻轻抬起,并俯身弯腰,用自己的嘴唇在女士的手背上或手指上轻轻一吻,然后抬头微笑相视,再把手放下。

行吻手礼要文雅,不要过于粗俗,而且男士要得到女士的准许后方可行礼;若女士无此表示且双手戴着手套,男士欲强行行吻手礼是非常失礼的。

目前在大多数场合下,男士向女士行吻手礼仅仅是用微闭的嘴唇凑近女士的手指,象征性地做一个吻的样子就算完礼,并不是真的吻手。这种礼节现在已不太流行,只在一些比较隆重的场合,或对一些身份特别高的妇女才行吻手礼。

(三) 拥抱的礼节

在国际交往中,拥抱是欧美各国、中东及南美洲国家人士表示亲密、热情和友好的一种礼节。在某些迎宾、庆典等隆重的场合,不论官方还是民间,皆以拥抱为见面或告别时的礼节。

拥抱礼的标准做法是:两人正面对立,各自举起右臂,将右手搭在对方的左臂后面;左臂下垂,左手扶住对方的右后腰。首先向左侧拥抱,然后向右侧拥抱,最后再次向左侧拥抱,礼毕。拥抱时,还可以用右手掌拍打对方左臂后侧,以示亲热。

礼节性的拥抱多行于男士之间或女士之间,男士与女士之间不采用这种方式。旅游接待人员应了解接吻与拥抱是西方国家的礼节,而不应不礼貌地对待。

四、脱帽与鞠躬的礼节

脱帽与鞠躬的礼节,源自中国,现在作为日常见面礼节已不多见。但此种礼节仍盛行于日本、韩国和朝鲜,是那里的常礼。

鞠躬的深度视受礼对象和场合而定。一般问候、打招呼时施15°左右的鞠躬礼,迎客与送客分别行30°与45°的鞠躬礼。90°的大鞠躬常用于悔过、谢罪等特殊情况。

行鞠躬礼必须脱帽。用右手握住帽前檐中央(如戴高顶小礼帽,应握帽顶中央前部);将帽取下,手垂下后身体对正,用立正姿势;注意头和颈部要梗住,以腰为轴上体前倾,视线落在对方鞋尖部位;礼后起身迅速还原。敬礼时要微带笑容,施礼后如欲与对方谈话,脱下的帽子不用戴上。

受礼者若是平辈应还礼,长辈和上级欠身点头即算还礼。

日本是最擅长鞠躬的国家。有人做过统计,在日本,一个普通的职员在一天当中平均每11分钟鞠躬一次。如果是服务行业的职员,每天大约要鞠躬2 000多次。

日式鞠躬,双手摊平扶膝,同时表示问候。如果上身弯曲到双手手掌盖住双膝的程度,就是最敬礼;双手指尖垂到膝盖上面就是敬礼,敬礼时头部比最敬礼略高;行普通礼时上身只需弯曲到下垂的手指尖到达膝盖上方10厘米左右的距离即可。

五、致意礼

致意,又可以称作"袖珍招呼",是指向他人表达问候的心意,用礼节举止表示出来。它通常在迎送、被人引见、拜访时作为见面所必施的礼节,它对于社交活动的进行影响很大。礼貌的致意,会给人一种友好愉快的感受;反之,就会被看作是缺乏教养、不友善的表示。

(1)微笑致意:适于相识者在某一地点彼此距离较近但不适宜交谈或无法交谈的场合,或不相识但想认识对方时;标准微笑,目光注视,略点头;

(2)起立致意:尊者来访,在场者起立以示欢迎,待来访者落座后再坐下;尊者离开时,待其起立后在场者起立相送;标准站姿,目光随尊者;

(3)举手致意:适宜向下属或同级的同事打招呼,一般不出声,右臂抬起斜上方伸出,掌心朝向对方,轻摆一两下;

(4)点头致意:适宜相识者在不宜交谈的场合,两眼目视对方,略带微笑,头微微向前点一下,待对方回礼后视线移开;

(5)欠身致意:表示对他人的恭敬,身体上部微微前倾,不低头,目光追随受礼者;

(6)脱帽致意:微欠身,右手脱下帽子置于胸前,同时与对方交换目光,伴随问候语。

六、合十礼

又称合掌礼,原是印度古国的文化礼仪之一,后为各国佛教徒沿用为日常普通礼节。行礼时,把两个手掌在胸前对合,掌尖和鼻尖齐高,手掌向外倾斜,头略低,兼含敬意和谢意双重意义。此礼可分为下列几大类:

(1)跪合十:各国佛教徒拜佛祖或高僧时要行的一种礼节。

(2)蹲合十:某些国家的人在拜见父母或师长时的一种礼节。

(3)站合十:某些国家的平民之间、平级官员之间相拜,或公务人员拜见长官时常用的一种礼节。

七、举手礼

中世纪时,骑士们常在公主和贵妇们面前比武。在经过公主的坐席时,骑士们要吟唱一首赞美的情诗,其诗里往往都把公主比作炫目的太阳,骑士们要把手举起来做挡住阳光的姿势,借此一睹芳容,表示虔敬。后来,这种动作便演变成为见到尊敬的人就把手举到眉上,形成举手礼,并一直沿用下来。

行举手礼时,要举右手,手指伸直并齐,指尖接触帽檐右侧,手掌微向外,右上臂与肩齐高,双目注视对方,待受礼者答礼后方可将手放下。

八、拱手礼

拱手礼是属相见或感谢时常用的一种礼节,指两手抱拳致意。施礼时,一般情况男子应右手握拳在内,左手在外,女子则正好相反;若为丧事行拱手礼,则男子为左手握拳在内,右手在外,女子则正好相反。

九、送花礼仪

鲜花在古今中外都受到人们的歌颂和喜爱。在国际交往中,向贵宾献花是必不可少的礼节;在我国,把鲜花作为礼物赠送给亲朋好友,已成为一种时尚。如看望朋友送鲜花,拜访老人送鲜花,与恋人约会送鲜花,迎接宾客送鲜花,但应该送什么样的鲜花呢?

(一)花的语言

花的语言,就是人们用鲜花来表达用语言难以传达的某种感情和愿望。

常见的花草语言:

玫瑰花:表示初恋、求爱、爱情。
刺玫瑰:表示优美。
红玫瑰:表示永远幸福。
黄色康乃馨:表示轻蔑、瞧不起。
条纹康乃馨:表示拒绝。
红色康乃馨:表示伤心、痛苦。
紫罗兰:表示诚实、朴素。
茶花:表示勇敢、战斗。
红茶花:表示天生丽质、美德。
白茶花:表示美丽。
山茶花:表示美好的品德。
大丽花:表示感谢、优美、不坚实。
菊 花:表示高洁。
翠 菊:表示远虑、追念。
爪叶菊:表示常常快乐。
白 菊:表示真实。
黑 桑:表示智慧。
紫丁香:表示初恋。
白丁香:表示谢意、崇敬。
四叶丁香:表示属于我。
野丁香:表示谦逊、虚心。
郁金香:表示爱情、胜利和美好。
黄郁金香:表示无望的爱。
白郁金香:表示失意的爱。
红郁金香:表示钟爱。
蓝郁金香:表示诚实。

红罂粟:表示安慰、慰藉。
白罂粟:表示麻醉、忘掉、睡眠。
蔷 薇:表示恋爱。
红蔷薇:表示求爱、爱情。
白蔷薇:表示爱情、纯洁。
粉蔷薇:表示爱情的誓言。
波斯菊:表示纯洁。
万寿菊:表示妒忌。
僧鞋菊:表示保护。
金盏菊:表示祝贺长寿。
凤仙花:表示纪念、怀念。
胭脂花:表示勿忘、真爱。
金钱花:表示天真活泼。
桃 花:表示淑女和疑惑。
百合花:表示百事合心、团结友好和尊敬。
白色百合:表示纯洁、文静。
野百合:表示幸福即将来临。
山百合:表示庄严、肃穆。
杜 鹃:表示节制、怀乡、盼望和爱的快乐。
樱 花:表示心灵的美。
荷 花:表示纯洁的爱、淡泊和无邪、雄辩。
并蒂莲:表示夫妻恩爱。
月 季:表示幸福、光荣、美常新。
椿 萱:表示父母健康。
勿忘草:表示勿忘、真挚和贞操。
梅 花:表示坚贞不屈、刚毅。

金盏花:表示别离、惜别。
凌霄花:表示母爱。
小榕树:表示长寿。
万年青:表示长寿、友谊长存。
文　竹:表示祝贺长寿。
竹　子:表示正直、虚心。
鸡冠花:表示不死的爱情。
杏　花:表示疑惑、疑虑。
垂　柳:表示悲哀。
杨柳枝:表示惜别、难舍难分。
薄　荷:表示有公德、美德。
常春藤:表示结婚、白头到老。
冬　青:表示由衷的喜悦。
五爪龙:表示羁绊。
美人蕉:表示坚实。
水　仙:表示尊敬、自尊、辟邪除秽。
柠　檬:表示挚爱。
红　豆:表示相思。
鸟不宿:表示慎重、谨慎。

菟丝子:表示战胜困难。
橄榄枝:表示和平。
杉　枝:表示分别、分手。
麦　藁:表示幸福结合在一起。
香罗勒:表示祝愿。
枳:表示希望。
蓟:表示严肃。
榉:表示繁荣。
榛:表示和解。
桂:表示光荣。
兰花:表示热情。
野葡萄:表示友善、慈善。
豆　蔻:表示别离。
石　竹:表示奔放和幻想。
牡　丹:表示拘谨和害羞。
仙人掌:表示热心。
白桦树:表示独立。
黄毛茛:表示忘恩。

(二)送花的技巧

送花有一定的技巧,什么样的鲜花送给什么关系的人,一定要弄清楚,否则要弄出笑话或出现适得其反的效果。

最普通的是给病人送花,因为如果给住在医院的病人送食品,常常会被医院禁止,而鲜花可以给病人带去外界的清新气氛,有助于促进病人的康复。人们常用向病人赠送以红罂粟和野百合组成的花束,以表示祝他早日恢复健康。但是,有的医院也是禁止给病人送鲜花的,理由是怕鲜花携带病菌,或者鲜花对患某种疾病(如气喘等)的人不利。

观众给他所崇拜的演员或音乐家赠送花束或花篮是常事,可以附上自己的名片,并写上祝贺的词句。送花的人不一定同演员或音乐家认识,这样做只是为了向他表示敬意。也有向公开发表演讲的人送鲜花的,不过常常是在演讲结束以后,把花送到他家里,而不是在演讲的现场送花。

探亲访友时,应在其家门外取下花束的包装纸,也可以提前解开红丝带,献花时再将包装纸取下来。如果是夫妇俩一同去做客,应由男方负责把花束献给女主人,献花时要双手捧上。女主人接过鲜花后,应当表示感谢和喜爱之意。最好马上闻一闻花香,然后把花束插在专用的花瓶内,并把花瓶摆放在送花者可以看到的显眼的位置上。千万不要一言不发,一只手随随便便地接过花束,马上就扔在不起眼的角落里。那样就表示对此礼物不屑一顾,会使客人感到难堪的。

如果朋友出门远行,比如,即将出国访问,常用松枝、香罗勒、胭脂花组成花束相赠,表示再见,祝您一切美好,请不要忘记我;还可以送芍药花,表示惜别;送枝杨柳,表示难舍。

(三)送花的方式

赠送鲜花,一般可以采用以下几种方式:

(1)送花篮。花篮由色彩鲜艳的花朵组成,适用于庆祝开业、开幕、演出成功以及祝寿。

(2)送花束。花束可选择寓意不同的鲜花组合而成,外加包装纸和红丝带。花束一般用于探望亲友、祝贺新婚、祝贺成功或看望病人。

(3)送襟花。它通常是男士送给女友的小礼物,在某些喜庆的场合,男子也可以在上衣的左胸之前别一朵鲜花。襟花最好与所穿的衣服色泽协调。

(4)送盆花。品种名贵的盆植花卉是人人喜爱的礼物。它可以送给长辈或以此祝贺朋友迁居等。

上述几种方式中,赠送花束是人们最习以为常的。它通常由玫瑰、剑兰、菖蒲、红色康乃馨等四大花种组成,并且讲究送花要送单数。

赠送鲜花可以送一束,也可以送一枝。有时候送一枝更简单、美妙。

(四)送花的禁忌

送花是有学问的。旅游接待服务中,酒店服务员对摆放在每一间客房的花要因人而异,餐桌上的花也要有讲究;导游人员在旅途期间给生病的游客送花也有讲究。因此,在交往中一定要注意各国各地区的风俗习惯和对花卉的禁忌,只有这样,才能收到良好的效果。

送花时应注意以下几点:

(1)在中国广东语中,"4"的发音听起来很像"死"字,广东人普遍认为"4"不吉利,所以送花时花的数目不能是"4"。同样,韩国人、日本人也有此禁忌,他们认为"4"是表示死亡的数字。日本人还特别忌讳送花的数目为"9",因为认为送给他数量为"9"的花,是视其为强盗。

(2)在日本买菊花时,要问清楚有多少花瓣,有16瓣的菊花是皇家的纹饰,普通人不能用,所以,给日本人送菊花时,一定要注意花瓣的数字。另外,日本人忌荷花,因为荷花经常和死亡连在一起,所以不要送荷花给日本人。

(3)给苏联各国家的人送鲜花时,要注意苏联一些国家的风俗习惯。结婚日最好向新娘赠送白色或粉色的鲜花,它象征着纯洁。送黄色鲜花时要慎重,因为它意味着变节。红色鲜花象征爱情和赞美。另外,花束须由奇数组成,奇数在前苏联是吉利的象征。

(4) 欧美一些国家非常忌讳"13"这个数字,把"13"视为凶数,送花的数目不能是"13"。现在中国许多地方很多人也有这种看法。

(5) 在讲法语的地区不要送菊花,因为只有在葬礼时才使用菊花。在法国,黄色的花是不忠诚的表示。

(6) 到英国人家里做客,送女主人鲜花,忌送百合花,因为百合花表示死亡。

(7) 到西班牙人家里做客,千万不要送大丽花和菊花,这两种花意味着死亡。

(8) 到德国人家里做客,千万不要送给女主人红玫瑰,因为它是情人、恋人之间的专利。给德国人送鲜花时,切不可用纸包装。

(9) 到瑞士人家里做客,可以送1枝或10枝红玫瑰给女主人,但不要送3枝,因为送3枝意味着你们是情人。

(10) 如果在芬兰、瑞典等北欧国家,应邀到主人家里做客,一定要给女主人带几束单数的鲜花,最好是5朵或7朵。

(11) 在巴西,绛紫色的花主要用于葬礼,所以不要送绛紫色的花给巴西人。

(12) 在拉丁美洲有些国家,把菊花看成是一种"妖花",只有人死了,才在灵前放菊花。如果你去拉丁美洲国家做客,送鲜花切勿送菊花。

(13) 如果应邀到加拿大人家做客,可向女主人送一束鲜花,但不要送白色的百合花。在加拿大,白色的百合花只有在开追悼会时才用。也不要送菊花,送花时要送单数。

(14) 对于外宾,一般不要送纸花、塑料花、绢花等假花。

第三节　沟通与交流礼节

沟通(Communication),就是人们通常所说的信息交流。它可以是通信工具之间的信息交流,也可以是人与机器之间的信息交流。沟通还可以表现为组织之间的信息交流、人与人之间的信息交流。本节主要介绍后者——人与人之间的信息交流,这在社交工作的各个方面都已得到广泛的应用。

一、谈话的礼节

交谈是人们建立良好人际关系的重要途径。那么如何交谈呢?总的来说,谈话的表情要自然,语言要和气亲切,表达得体;善于运用礼貌语言并注意表情、目光、手势等体态语言的适当配合。常与客人交往的旅游接待人员,更应该懂得社交聚谈时的礼节礼貌,善于辞令。

(一)谈话的表情

旅游接待人员在与人接触,同客人一起交谈时,表情要大方、自然,面带微笑,不要忸忸怩怩。如与领导人物谈话,也不要惊慌失措;接待层次不高的客人,也不要心不在焉;不要因为快要下班,而时时看表;午间和晚间谈话时,要避免打哈欠、伸懒腰及其他如挖鼻孔、掏耳朵等不雅观的小动作。

(二)谈话的语言

在与客人谈话时,语言要柔和甜美,说话的声音不宜太大,特别是在大庭广众之中,只要对方能够听得清楚就可以了。切不可大声叫喊,旁若无人。谈话的声调高低以不影响周围的人为宜。

要学会使用柔性语言。柔性语言表现为语气亲切、语调柔和、措辞委婉、说理自然,常用商讨的口吻与人说话。这样的语言使人愉悦亲切,有较强的征服力,往往能达到以柔克刚的交际效果。这就是为什么有的人说话让人笑,有的人说话让人跳。

案例分享

洛杉矶机场的感动

2015年暑假,笔者利用假期时间到美国看望女儿,由于不是直达目的地城市的班机,需要到洛杉矶机场转机。美国的洛杉矶机场,国际航班和美国城市间的航班在不同的航站楼,这给第一次到洛杉矶的笔者带来了麻烦。笔者在提取了行李后正四处张望无所适从的时候,身边来了一位穿制服的女士,非常客气地询问笔者有什么需要。知道我的情况后,该女士非常热心地给笔者提供了转机的航站楼信息,看到笔者行李较多,又主动放下手头工作引领笔者到新的航站楼转机。一路上该女士除了帮助笔者照顾行李,还以美国公民的身份对笔者嘘寒问暖,帮笔者解决了行李再托运、办理登记等一系列手续,指导笔者如何到所乘的航班登机口去候机,并一直用目光迎送着笔者离去。这次经历让笔者深受感动,以至于笔者经常在各种场合以各种形式与朋友分享这段经历,并对美国的服务业保持良好印象。

几点思考:

1. 热情、主动是客人满意的首要前提;
2. 尊敬客人是通过富有亲和力的语言形式去表达的;
3. 感动客人应当首先站在客人的角度为对方考虑;
4. 礼貌用语的使用是建立在给客人以亲和力的基础上的;
5. 礼貌服务最重要的是要注重细节、细节,还是细节。

谈话中要使用礼貌语言,如:您好、请、谢谢、对不起、打搅了、再见、……好吗?等。在我国人们相见时,不管在哪儿,甚至在洗手间,常习惯说:"你吃饭了吗?"这样说很不雅观,一些西方国家把这样的问话看作是你有意要请他吃饭。在西方,一般见面时常说"早安!""晚安!""您好!""身体好吗?""最近如何?""一切都顺利吗?""好久不见了,你好吗?""夫人(丈夫)好吗?""孩子们都好吗?""最近休假了吗?"等。

(三)谈话的内容

谈话的内容可以是海阔天空、天南地北,从天气、新闻、工作、业务直到一些政治、经济、社会等问题,均可成为交谈的话题,但应当避免谈论关于疾病、死亡等问题,这会引起不愉快的事情。一个比较好的办法就是向对方询问有关他本人的事情,例如,他成功的经验、业余爱好、家庭成员等,因为有些人喜欢谈自己的事情,特别是令他感到满意的事情。

凡是对方不愿回答的问题,不要追问。如果谈到对方产生反感的话题,应当表示歉意,或立即转换话题。如果是客人向你提出你不愿谈论的问题,可以巧妙地回避或搪塞。例如,客人问你这条珍珠项链的价钱,你可以回答说:"对不起,我记不起来是多少钱了。"或者说:"对不起,这条项链是别人送给我的。"等。

在谈话中要避免卖弄机智和学识,不要说些庸俗的俏皮话或语带讥讽、出言不逊、恶语伤人;不要与客人争吵,但适度的幽默和风趣是必要的,它可以活跃谈话的气氛,化干戈为玉帛。如在某酒店,顾客和服务员有这样一段对话:

顾客:"我点的菜还没有做好吗?"
服务员:"请问,您点了什么菜?"
顾客:"炸蜗牛。"
服务员:"噢,我去给您看一下,请您稍等片刻。"
顾客:"我已经等了半个多小时了!"(生气)
服务员:"这是因为蜗牛是行动迟缓的动物。"

(四)谈话的体态

在与客人交谈时,要注意体态的适当配合,但动作不要过大,更不要手舞足蹈,不要用手指着人;双手不能交叉胸前或背后,也不要手插裤袋,更不要攥紧拳头;不要疯笑,要温文尔雅。

与客人交谈,最主要的一条,是让人家觉得你是有诚意同他沟通思想、交流意见的。

谈话时,两人是靠得近些还是离开一些,不同的国家有不同的习惯。在美国,惯于两人的身体保持一定的距离;而阿拉伯国家则要求两人靠得很近,认为两人谈话时不宜相距太远,靠近一点显得亲切一些。另外在有些国家,反对谈话时两只眼睛老看着对方;而在另外一些国家,则认为眼睛不望着对方是对人不尊敬。不管怎样,在与客人谈话时,尤其是男性接待人员与女士谈话时,不宜总是目不转睛地盯着对方,但是也不能总是左顾右盼。

总之,与客人谈话时,不宜与对方离得太远,但是也不要离得太近,不要拉拉扯扯、拍拍打打。说话时不要唾沫星四溅。

(五) 谈话的禁忌

在与人交往中有许多谈话禁忌应予以注意:

(1) 脏话、粗话、骂人的话、野蛮的话、伤人感情的话、无理取闹的话等,都是语言垃圾,都在禁忌之列。

(2) 不谈那些荒诞离奇、耸人听闻和低级下流的事情,因为这将有失自己的身份。

(3) 男性一般不要问女性的年龄、婚姻,也不要议论女士长得胖瘦、高矮之类。

(4) 不熟悉的人,不要鲁莽地提出有关人家不愿告人的隐私,如:工资收入、银行存款,以及衣服、首饰的价格等。

(5) 一般不要当场批评长辈和身份高的人。

(6) 男性一般不要参加女士圈的谈话,也不要与女性长时间攀谈或耳语,以免引起别人的侧目。

二、访友待客礼节

旅游接待人员在日常必要的访友接待工作中,应注意一些礼节礼貌。

(一) 访友的礼节

访友是人们社会交往中经常进行的交际方式,通过拜访老朋友、结交新朋友,可以调节紧张的学习和工作压力,更重要的是可以扩大横向联系、开阔视野、互通信息、沟通渠道。要做一个受欢迎的客人,应注意访友礼节。

1. 事先应有约定

你要到人家的办公室或住所拜访,都必须事先约好,不能突然袭击,做不速之客,否则会打乱别人正常的工作和生活秩序。一旦约定,就要按时前往,不要迟到,也不要早到。一般说来,对突然到来的不速之客,除非是主人盼望已久的客人,否则总是不会使主人从心底里高兴的。如果确有急事非突然造访不可,见面时应当首先向主人表示歉意,并说明所以这样做的理由。在这种情况下,谈话的时间不宜过长。

2. 选择恰当的时间

访友的时间最好安排在节假日的下午或晚饭以后,尽量避开对方可能正在吃饭的时间。否则,碰上主人吃饭或休息的时间,双方都会感到尴尬不便。晚上访友不宜太晚，以免影响主人家的休息。

3. 注意仪表仪容

在拜访他人之前，要整理好自己的服饰，注意服装整洁，仪表仪容端庄，容光焕发，这是对主人的尊重。男士应着西装、打领带、理发、剃须，皮鞋上不要沾有很多污垢；女士应略化淡妆，衣冠整齐，修饰边幅。否则，蓬头垢面、衣冠不整是失礼的。即使是关系再融洽，也不可穿着背心、短裤或拖鞋登门，那样是对主人的最大不敬。冬天进屋后要脱去大衣、帽子及围巾；夏天做客时，天再热也不能脱去衬衣或长裤。

初次拜访，给主人家的老小带一点小礼品也是一种礼仪的表现。

4. 进门要按铃

拜访他人时，进门之前应先敲门或按门铃，敲门的声音不要太大，按门铃的时间不要太长，只要能让主人听到就可以了。坐车拜访时，应在他人门前或附近静静下车，在车上按喇叭叫人或暗示他人是很不礼貌的行为。未经主人许可，不要推门而入，即使门原来就敞开着，也要以其他方式告知主人有客来访，待听到了主人的招呼声后再进门。随身的外衣、雨具以及携带的礼品或物品，不要乱扔，应放在主人指定的地方。主人开门之后，如未邀请入室，不要擅自闯入；如果入室之后，主人没请你脱下外衣或就座，则表示主人不打算留客，你应简短说明来意后立即离去。

5. 进入室内后的礼貌礼节

进门后，首先向拜见的人打招呼。客厅里若有其他家人或先到的客人，要微微点头致意，向大家问好；和主人寒暄后，应问候主人的父母；对于其他客人经主人介绍后，可以说"很高兴认识你"或"初次见面，请多关照"等；如主人没有向你介绍其他客人，不可随便打听其他客人与主人是什么关系，也不要主动与其他客人亲昵地攀谈或乱插话，不要喧宾夺主。

拜访谈话时应注意态度要诚恳、自然，言语上要有逻辑性，切忌乱谈乱讲、颠三倒四。在举止上要落落大方，主人倒茶时，应从座位上欠身，双手接过，并说声谢谢；主人端上小吃、水果，应等其他客人或年长者动手之后再取食；吸烟者应尽量克制，想吸烟时应先征得主人和在场女士的同意；并注意不可随地弹烟灰；坐姿要端正、文雅；不要晃脚、跷腿，也不要双手抱膝，更不能躺坐沙发，头枕沙发背，或在沙发上东倒西歪。不应该随便进入主人卧室，乱坐乱躺。即使是比较熟悉的朋友，也不要去触动主人的物品和室内陈设、书籍。表现太随便、随手乱翻、到处乱闯是失礼和对主人不尊重的表现，万一碰到主人的隐秘还会造成彼此的难堪。对主人家的花卉可以闻一闻，以示仰慕；对人家的个人生活和家庭情况的关心要适可而止，不要反复盘问，如果以此作为亲热的表示，实际上却是鲁莽和无礼。

6. 适时的告辞与致谢

在与主人交谈的过程中,应注意对方情绪和周围环境的变化。如果发现主人心不在焉,或时有长吁短叹、偷看表的动作,说明他心有不满情绪或有急事想办,又不好意思下逐客令。这时,来访者应及时寻找收尾的话题并速速告辞。

告辞时应对主人的款待表示谢意。若主人的长辈在家,应先向长辈告辞,出门后应主动请主人留步,礼谢远送。

(二)待客的礼节

接待客人是一门艺术,要求讲究礼节、考虑周到。对宾客态度冷淡,会使他们感到耻辱;对宾客过分客套,又会使他们局促不安。中国素以好客为名,礼貌待客是中华民族的传统美德,无论是熟人还是初交、上级还是下级都要热情接待。这是交往中最基本的礼节。

1. 待客前的准备

得悉客人即将来访,主人应事先有所准备,搞好室内卫生,物品放置妥当;备好待客的必备物品,如茶水、果品和点心等;还要教导年幼的孩子不要人来疯;不要当着客人的面吵闹,对客人要有礼貌。如果是在办公室或接待室接待客人,也要稍做准备,以便尽可能地创造一种良好的气氛,使客人有宾至如归的亲切感。在仪表上,不可随随便便,衣着要整洁、大方。

2. 迎接

客人来访时,应立即请客人入室,无论职位高低、是否熟悉,都应一视同仁、热情相待、亲切招呼。对家人、亲朋好友或同事,也要一一介绍,以表现出友好的态度。然后安排客人就座,应把最佳的位置让给客人坐;敬茶、递烟、送糖果时,茶水要浓度适中,不要倒满杯,一般在六七成满较为适宜;茶与果品应双手送上,烟要亲为点火。

夏天打开电扇、空调,冬天帮助客人脱挂大衣。对熟悉的老朋友可不必拘泥于礼节,相互都可以随便一些。但即使是老朋友,也不宜当面公开自己家庭内部的矛盾,更不能与家人发生口角,或对小孩子大发雷霆,当众批评教育和训斥孩子。家中即使来了不速之客,也不能拒之门外,或面带不悦,或给客人脸色看,使客人感到难堪。要尽快了解客人来访之意,以便妥善处理。

如果客人来自外地,应专程前往车站、码头和机场迎接,这是最起码的礼节。如果客人来时,你恰好有重要事情要办,应向客人说明情况,表示歉意,让家人代行招待。客人不是来找你,而找的人不在,这时你也应该主动热情接待来客。

3. 接待

待客之礼,应是主动、热情、周到、善解人意。与客人交谈要精力集中,不要来回走动、看书报或做其他事情,更不要频频看表或打哈欠,以免对方误解你在逐客。

但客人已经把话题讲完,主人就应减少讲话,不再主动挑起话题,不再向客人杯中添加饮料,以给客人告辞的机会。如果留客人用餐,菜肴可视情况而定,但应比平时丰盛些,主人也应有分工,不可忙于做菜而无人作陪。用餐时对客人的礼让要适度,不让则容易有不周之嫌,但过于殷勤则常会强人所难。

如果客人带小孩同来,还要提供玩具、儿童读物等,以供小孩玩乐。如果客人赠送了礼品,主人要表示谢意,并请客人今后不要再破费,同时应回赠些合适的礼品,对客人的礼品无动于衷是失礼的。

4. 送客

当客人告辞时,主人应婉言相留,表示希望客人再坐一会儿;如客人执意要走,要尊重客人的意见,不能强行挽留,以免客人为难。在客人未起身前,主人不能先起身相送,也不要主动先伸手与客人握手道别,这意味着有厌客之意。主人应将客人送至门外,并道:"欢迎再来。"

如果是远方来的客人,还要送别到车站、机场或码头,并为客人准备一些旅行中吃的食品。车站、机场、码头送客,要等火车启动、飞机起飞、轮船起航之后再离开,如有事不能等候,应向客人解释原因,表示歉意。

(三)接待之忌

当接待客人时,夫妇两人切忌谁的客人谁接待。如有客来访,切忌主人蓬头垢面,穿着睡衣、短裤或者室内不整,使客人简直难以入座。客人进门,切忌主人我行我素。接待中切忌一边干活一边与客人谈话,谈话时切忌心不在焉、东张西望,切忌不一视同仁及把客人携带的礼物当场打开、乱翻乱弄。当你正聚精会神地收看电视或写作时,突然有人来访,切忌讨厌客人。下级拜见上级时,切忌在客人面前摆架子。切忌冲泡有异味或夹有杂物的劣质茶叶,忌用沾满茶垢的茶杯敬茶,或用隔夜开水泡茶;切忌一只手送茶或用手握住杯口端茶。在客人未走时,切忌下逐客令。送客时,切忌刚送出门,就使劲把门关上。

三、各种聚会礼节

很多人都怯于举办聚会。诚然,在许多方面,举办聚会就如操办一台文娱节目一样,担子实在不轻。因此,旅游接待人员要擅长各种聚会的礼节。

(一)茶会礼节

以茶待客是我国的传统习惯和礼节。由于茶话会简便易行,又好交谈、畅叙,所以在社交活动中被广泛采用。为要组织好茶话会,一般应注意以下礼节:

1. 茶会的准备

茶会一般由主人或主办单位准备。布置一张或若干张桌子,备好茶具、茶叶,再准备一些瓜子、糖果、糕点等,以使茶会更加丰富多彩。请柬要事先发出,并考虑周全,不要遗漏。

2. 入场

客人来到,主人或单位主持人出迎并领客人入座,向在场客人做介绍。客人之间应相互致意、问候。在人数不多的情况下应一一握手相见,如果人数众多,可用点头示意或按中国的传统拱手致礼即可。

3. 致辞

茶话会开始,先由主办人介绍主要应邀单位和重要来宾,为互相交际和谈话创造适宜的气氛和条件。介绍完毕,由主办人致辞,但致辞不要空洞冗长,应开宗明义说明主题,并有较浓厚的感情色彩,以期引起客人之间的相互交谈。

4. 发言

主人致辞完毕,到会的客人可自由发言。发言时,应注意礼节礼貌,神态自然大方,语气、态度要谦虚,但不要谦词重叠,否则,众人就会怀疑你的诚意。发言中不要冷淡和蔑视任何与会者,更不要发泄个人恩怨,否则,既有失礼貌,又缺乏道德修养。

5. 辞行

茶会中尽量不要中途退场,更不要不辞而别。茶会结束,要向主人道谢辞行,也要同老朋友、新相识握手告别。

(二)舞会的礼节

舞会是一种大众化的、颇受人们欢迎的社交活动,成功的舞会因素很多,但首要的是礼仪礼节。

1. 仪表仪容

参加大型或级别较高的舞会,国际上的惯例是:在请柬上注明服饰的要求,以穿长礼服或西服为多,有时要求女士穿大礼服,男士穿燕尾服。

在我国参加舞会男女的服饰要尽可能同环境融为一体。但无论什么场合都不允许穿短裤、背心和拖鞋进入舞厅。男士应以庄重的色调为主,服饰要端庄、得体、落落大方。若穿西装,可不必像参加正式会议或正式宴会一样严肃,一般注意一下西装、衬衫、领带的颜色搭配就可以了。

女士参加舞会应该打扮得更加雍容华贵一些。一般着装以裙装为宜,因为在悠扬的舞曲中,婀娜的舞姿衬以飘逸的长裙,会使人有飘飘欲仙之感。根据服装、发式佩戴相适应的首饰,可参考下列提示:

(1)白天不要戴钻石首饰。

(2)颈短的人不宜戴大颗珍珠项链。

(3)女士参加正式舞会不宜戴手表。

(4)一只手上不宜戴一枚以上的戒指。

(5) 穿考究的衣服时，不能戴劣质、粗糙的首饰，如果没有与之相配的首饰，可以不戴，也可以佩戴一朵鲜花。

2. 邀舞礼仪

正式的舞会，第一曲舞是主人夫妇、主宾夫妇共舞，第二曲舞是男主人与主宾夫人、女主人与男主宾共舞。

舞曲开始，男士应主动邀请女士共舞，邀请时，男士向女士致半鞠躬礼，伸出右手请舞，鞠躬的深度在15°左右，同时轻轻地说："想请您跳个舞，可以吗？"女士应起身回答，但一般女士在受到邀请后应马上起身，随着乐曲同邀请她的人一起跳舞，切不可傲慢无礼。如果女士已有舞伴，应客气地说明："谢谢，我已邀好别人了。"这时，男士则应有礼貌地告退。当然，一曲结束后，若这位女士单独坐下，男士可再次邀请。女士如果远离舞池独坐休息，别人不宜去打扰。

男士如邀请一位素不相识的女性跳舞，首先要观察一下她是否有舞伴或家长，如有，一般不宜前去邀请。如前去邀请，应首先向她的舞伴或家长点头致意，再对女士发出邀请。

舞场上不可以独占某一舞伴，即使自己专门请来的舞伴，这样做也是失礼的。也不要几位男士同时邀请同一位女士，以免使她难堪和不知所措。一曲未终，一般不要中途停下来换舞伴。舞场上一般允许女性之间共舞而不宜男性之间共舞，前者意味着她们没有舞伴，而后者则意味着他们不愿意向在场的女士邀舞，这是对女士的不尊重，这种现象在西方则往往是同性恋的表现。

舞曲结束后，男士应将女士送回原位，并说声："谢谢，我很高兴与您共舞！"

初次参加舞会的人往往怯场，担心舞步不熟练或没有舞伴，这些都是不必要的。宾客不会因为舞伴跳得不熟练而放弃对你的邀请，倒是过分忸怩不仅影响舞场气氛，影响交际，也是不符合礼仪的。参加舞会的每一个人都有主动邀请他人跳舞的权利和义务，不应该坐等他人邀请。

3. 辞谢邀舞的礼仪

舞场上一般女士不应谢绝男士的邀请，无故谢绝男士的邀请是失礼的。如果女士不愿意接受对方的邀请，也可以拒绝，但应采取礼貌的谢绝方式："对不起，我很累了，我想休息一会。"一般女士刚谢绝了一位男士的邀请后，就不宜马上接受另一位男士的邀请，因为这对前者是不礼貌的。如果女士事先已同意别人，则可以婉言解释："对不起，已经有人邀请我了，等下一曲吧！"

4. 良好的舞姿

舞者肌肉应松弛，姿势要自然，动作要协调，脸部朝向正前方，用眼睛的余光留心周围，避免碰撞。不要转头四方观看，也不要低头看脚的动作，要凭身体的感觉来转换方向。随着步伐的变换，身体会产生高低起伏，应按音乐节奏，保持一种均匀协调的优美动态。跳舞时,双方距离两拳为宜,不要过近或过远,男士右手应放在女方腰部正中。男士不可把女士的手握得太紧,也不要和女方的身体贴得太近,也不能目不转睛地凝视女士的脸,以免引起女方的反感或造成误会。女士跳舞时舞姿应轻盈自如,给人以欢乐感,但不能乱送秋波,否则将有失稳重。即使是热恋中的情侣,也不宜过分亲昵,因为这对周围的人来说是不礼貌的。

5. 良好的环境

参加舞会要维护环境的卫生和良好的秩序。不应乱扔果皮、纸屑,吸烟应到室外,以免污染室内空气。不允许在舞场内高声喧哗和口出污言秽语。在舞池内不能任意穿行,确需找人时,应缓步轻声从场边用目光寻找,或待一曲完结后再找。在舞会上看到相识的朋友,可以打招呼问候或点头示意,不宜在舞池内攀谈、叙旧。

6. 舞会结束的礼仪

舞会结束,应向主人告辞道谢。

男士可送女士回家,但绝不可勉强。如果女士无意让对方送行,应礼貌地说:"谢谢,已经有人送我了。"或说:"谢谢,我已有人结伴回家。"说话要婉转得体,使对方既不难堪,也不致苦缠下去。

(三) 生日聚会的礼仪

生日对每个人来讲都是最有意义的日子。在我国一般60岁以前都叫"过生日",60岁以后称"做寿"。

给少儿祝贺生日,为了表示自己的爱心,一般送生日蛋糕、玩具、学习用具,或带他到公园、动物园等地方游玩,以表纪念。

给成年人祝贺生日,为了表达彼此之间的友情,一般可赠送生日蛋糕、生日贺卡、鲜花、生日小礼物、衣物等。

给老人祝贺生日,为了表达自己的孝心和爱心,除了赠送生日蛋糕和鲜花外,还要根据老人的喜好,精心购买老人家喜欢的物品,如衣物、用品等,以让老人高兴,给生日带来欢快的气氛。

无论参加哪种形式的生日仪式,都要以饱满的精神状态出现,而且要充满喜庆和热情。如留下来用餐,不可大吃大喝、猜拳行令,更不要中途退场,或自行其是。这样不但不礼貌,而且会给主人留下不良的印象。

四、公共场所礼节

在社会公共场所,人们之间的团体意义淡薄,结构比较松散,人的行为较随便,而且人们之间的交往随机性强,因此,在心理上所受到的约束力较弱。这样,在公共场所也就最容易显示出一个人的文明礼貌程度。

（一）影剧院礼仪

影剧院在每个国家都是社会文化交流的重要场所。在国外，到剧院或音乐厅观剧或听音乐时，男士穿着讲究高雅，女士要穿晚礼服；如果到电影院去衣着可普通些。在我国，参加正式大型的晚会必须穿着讲究，一般情况下着装以入时适宜为好。男士夏天不应衣着太少，甚至穿拖鞋或短裤、背心；女士不必浓妆艳抹、服装过于招摇等。

应准时入场，不要等到开演后再来回走动找座位，以免干扰他人。找座时，从两排之间穿行走向自己的座位时，应面向已经就座的观众，不要背对观众。女士应走在前面，男士随后。如果是几位男士和几位女士一起进场，首先穿过就座观众的应是男士，接着是女士，最后是男士。如果是折叠椅，男士先替女士放下来，让女士坐下。坐下后不要将双手占住两边的扶手，因为邻座的人也有权利使用。

开演后，应全神贯注于舞台或银幕。自己虽然了解剧情，但也不可喋喋不休地向别人宣讲，道出结局。除了因剧情有趣引起的笑声外，剧场里需要绝对的安静，不需要"评论家"。

有些人喜欢边看边吃零食，如瓜子、糖果之类的食物；或尽管有"禁止吸烟"的提示，仍大口大口地吐着烟雾。这些行为不仅是不文明的举止，而且污染环境，同样有损自身形象。

观众要尊重演员的劳动，一幕结束或一个节目终了，应报以掌声。如果在演出中遇到故障或特殊情况应予以谅解。作为观众不要喝倒彩、吹口哨、鼓倒掌，这样不仅失礼，也是缺乏教养的表现。

电影或演出结束时，应稍坐片刻，免得出口处拥挤。退场时，男士要为女士开道或让路。如果男士和女士是一起来的，男士应陪女士回家。如果男士碰上一位相识的独身女士，可以提出送她回去。

（二）卡拉OK演唱礼仪

卡拉OK是一种新兴的娱乐方式，特殊的音响效果可使一个普通歌迷也过一把"歌星"瘾。但是把握正确的演唱方式和有关演唱时的礼仪，是帮你演唱成功的主要因素。

演唱前，首先要做好充分的准备，特别是初次演唱者，最好把自己最拿手的歌曲奉献给大家，也就是选择的歌曲一定要适合自己的风格和嗓音，这样才能给他人留下美好的印象。千万不要毫无准备上去就唱，这样容易失误，有损自己的形象。

良好的心理素质对演唱的成功也起着重要作用。在众人面前演唱，要全身心地放松，同时要充满自信，表情自然、热情、大方。同时还要注意自己的形体感觉，把最佳的体态展示给大家。但千万不要造作、忸怩，摆出一副难看的模样。

(三) 参加婚礼的礼仪

婚礼是一种最隆重的庆祝活动,到处都充溢着喜庆的气息。因此,参加婚礼时男士的着装多以西装为主,容貌要整洁;女士以鲜艳、亮丽的衣裙或套装为主,不宜浓妆艳抹,但化妆可偏暖色调,以不超过新娘、新郎的装束为宜,否则有一种喧宾夺主的感觉,给新人带来不快。

送礼物为新人祝福是人之常情,也是一种表达友谊的方式。送什么礼物,最好是事先了解一下新人最需要什么,不要无目的地送礼物,这样不但新人用不上,或已经有此类东西,而且也体现不出你的精心。如果确实不太了解新人需要什么东西,也可以根据一般的送礼原则,送些如床上用品、茶具、餐具或厨具,也可送些美化房间的装饰品等都可以。

送礼也是一种表示祝福的方式。送钱比送任何礼物都实用,钱数的多少要根据自己的经济情况和与对方的友情深浅来决定。按中国的传统,送钱要用红纸包好,并写上祝福之类的字样,并在下款署上自己的名字。

在婚礼上,要注意自己说话的分寸,不要讲些不吉利的语言,以免让别人感到你没教养。如新人前来敬酒,要说些祝福之类的话,如"恭喜,祝你们幸福"或"祝你们白头偕老"等,以表祝愿。

(四) 丧葬礼仪

丧葬是件大事,人们把它看作与婚事同等重大,习称为"婚丧大事"或"红白喜事"。因此,人们历来有参加丧礼的礼仪习尚。

1. 要注意着装

参加葬礼或追悼会,是为寄托对死者的怀念和哀思,所以,要特别注意自己的着装。一般宜穿深色的衣服,也可穿比较素雅的服装。衣服上可佩戴白花或黑纱,但千万不能穿红着绿,或穿色彩鲜艳的大花礼服,女性不宜化妆,因为这是一种严重失礼的行为。另外女性不宜佩戴金银珠宝首饰参加葬礼。

2. 注意礼貌

为了表示对死者的怀念,吊唁时可送一个花圈或一副挽联。在葬礼或追悼会上,态度要沉痛,走路要轻手轻脚,说话要低声,奏哀乐时不要东张西望,默哀时要低头静默。切不可见了熟人就三五成群谈笑风生,更不能中途退场,这既是对死者的不敬,也是对吊唁者不礼貌的表现。

3. 慰问死者家属

人生中最痛苦的事情莫过于生离死别。生离虽难,但总还有重聚之日,而一旦死别则成永诀。因此慰问死者家属并了解其有无困难,是十分必要的。

(五) 开业、开幕、剪彩礼仪

商店、酒店、公司开业和大型会议开幕、大型工程的剪彩及祝贺,是一种常见的礼仪活动。表示祝贺的形式一般有：

贺信,以书信的形式祝贺,文笔要得当,内容要诚恳、热情。

贺礼,一般有大型壁画、字画或花篮,并加以题词,以表示祝贺。也可根据双方关系的密切程度送些实用的物品。

作为友好人士前去祝贺,一定要注意自己所代表的企业或自我的形象。举止、言行得当,不卑不亢,自然大方。参加庆典或开幕仪式,男士一般着西装为宜,女士着裙装或套装,并化淡妆。

参加此类仪式,一般要听从主方的安排。如需要您发言时,可做简单的祝贺性致辞,尽量做到简短紧凑,不可拖泥带水,喋喋不休。

如果是请您剪彩,您应穿着整齐、干净、利落,并保持一种稳重的姿态;走向绸带时,应步履稳健,全神贯注,不可和别人打招呼。剪彩时,应向拿绸带的工作人员微笑点头致意,然后神态庄严地一刀剪断彩带。剪彩完毕时,应转身向四周观礼者鼓掌致意,并与主人进行简短的交谈。

五、社交十忌

旅游接待人员欲求社交活动的成功,还必须注意一些社交禁忌。

(一)忌以我为中心

也即忘掉自我,是指在社交活动中每个人都有义务和他人一起共同创造符合礼貌礼仪的良好社交条件。交往中的人们,个体之间存在着明显的差异性,每个人都有他自己特定的、习惯性的思维、言语、行为方式。因此在与人交往时不能一味按自己的习惯随心所欲,一旦自己的习惯与他人不一致时,就应克制自己,对他人多一些理解和宽容。

例如在讨论某一问题并需要阐明自己的观点、见解时,一般应避免强调"我"字,不要用强调的语气宣称"我以为""我认为"一类的话,应以较为婉转的方式措辞,实在难以避免时,可用"我们""我们公司"等语气,尽量做到客观、谦虚,以促成心理相容的气氛。

(二)忌自夸和吹嘘

社交的目的是为了交流,绝不是为了吹嘘自己。急于表露自己、炫耀自己,往往会与预期的效果相反,而质朴、与人平等交往,反而能获得他人的信任和敬重。与人交往时,矫揉造作、装腔作势、故弄玄虚,或卖弄自己,只会让人讨厌。因此,虚心、恭敬是社交成功的一个重要条件。

(三)忌议论别人

在社交活动中,要尽量避免议论别人,不管议论对象在不在场,因为,议论在场的人会给其带来不便甚至难堪,议论不在场的人更是失礼。另外言多必有失,容易产生意想不到的麻烦。如果伤害了对方的感情，往往会使社交失败。因此，交往的重要手段是谦和的态度，交往的重要目标是使彼此之间感情融洽。

（四）忌冷落他人

在交际场合，要照顾大家，忌讳与一二人窃窃私语；不要冷落任何人，尤其是女主人；不要让任何宾客产生被遗忘的感觉。导游人员也应该注意不冷落任何游客。

（五）忌直接性语言

交往中说话要充分考虑各方面的态度和其他相关因素，善于折中表达自己的意见，避免直接性的语言。

有一次，日本人去西安旅游，本来对主人未安排看《仿唐乐舞》很不满意，但当他们找到有关人员反映意见时却说："听说《仿唐乐舞》很精彩，艺术水平很高，是吗？"而没有直接地指责说："为什么不安排我们去看《仿唐乐舞》？我们一定要去。"绝对的要求、直接性的语气往往会使对方为难，甚至有时会把事情弄僵，进而使对方本来可以尽量为您想办法解决的事，却由于您语言中指责的口气而封口。

（六）忌攻击他人

在社交场合，切忌恶语伤人、当众指责和攻击他人；忌讳蔑视语、烦躁语、斗气语；讲话时不要显得尖酸刻薄。尖刻机敏者易树敌，纵然能让人叹赏，但也令人敬而远之，使自己失去更多的朋友。

（七）避免道破他人隐私

人们在工作、生活和交往中都有自己的秘密，如果本人不愿意公之于众，即使你非常清楚地了解这一秘密，也不要轻易泄露、宣传。有礼貌、合礼节的做法是装作一无所知。当众点破别人的秘密，对人有损，于己也无益。如果这种秘密事关重大，很可能因你的不谨慎态度而带来严重的后果。即使是些无关紧要的事，只要是对方的隐私，就绝不该为显示自己而道破它。

（八）忌显露自己曾施惠于他人

在交往中，不要显示炫耀自己曾经施惠于他人。否则，不管对方在不在场，都会造成对方的难堪，非但达不到显示自己的目的，反而得罪他人。

假如你赠送朋友一件衣服，对方穿上后受到别人的称赞，你却在众人面前夸耀："这是我送给他的。"这样，那位朋友必定不会再穿这件衣服，以致今后再也不接受你的任何馈赠。人们在社会交往中，难免受到别人帮助或帮助别人，给别人以帮助却整天挂在嘴上，自我标榜，到处宣传，这样做既不近人情，也不符合礼仪。

（九）忌忘记自己曾接受他人的恩惠

在社会交往中，人们相互尊重，友好帮助，是文明礼仪的具体体现。受到别人的帮助，不仅要深领他人之情，而且要铭记在心，懂得回报，这是旅游社交中应该懂得的基本礼仪礼貌。

(十) 忌轻诺

在交往中,切不可说大话、狂话,夸夸其谈,信口开河。如果海口轻诺,事后又不履行,必然会造成不良的后果。无论你是为了表现自己还是另有他图,轻易对人许诺自己根本办不到的事情,既失策,又失礼。因此,交往中忌说大话、忌轻诺,无把握的话宁肯不说;一旦许诺,即使有困难,也要千方百计地努力做到,不失信于人。否则,对方就会再不与你交往了。

第四节 接待中的礼节

一、接待的组织与安排

在接待工作中,来访客人档次高低不同,但其接待程序大体相同。

(一) 了解来访人情况,索取必要的资料

为安排好接待工作,首先需了解来访人对这次访问的具体要求,包括对政治会谈,以至参观访问的愿望;前来路线与交通工具;抵离的具体时间,以及来访人的生活习惯、饮食爱好和禁忌等。对 VIP 客人,还要索取来访人的血型资料。

来访一行人员名单,是安排接待工作的一项重要依据,各项礼仪活动以至住房、乘车安排等都需要有准确的名单。因此需请对方尽早提供按礼宾顺序排列,并注明职务、性别的全体人员名单。

(二) 拟订接待方案

接待方案包括接待规格及各项主要活动的安排,通常为迎送、宴请、会见、会谈、晚会、仪式、参观游览、外地访问、交通工具、下榻宾馆等项目,以及日程草案。日程的安排,尤其是参观游览和外地访问,应考虑对方的愿望,还要考虑对方的风俗习惯和宗教信仰。日程确定后,应译成客方使用的文字,并打印好,届时放在客人住房桌上。

接待规格反映对客人的重视程度。接待规格高低,表现在安排礼仪活动的多少、规模大小、隆重程度,以及有哪些领导人出迎等。

(三) 住房、乘车及赴外地的交通工具

住房一般根据来访人员的身份和条件安排相应档次的房间。住房分配,有时由东道主将房图交对方,请其自行安排;也有的由东道主根据来访人员情况做出安排,然后征询对方意见。

乘车,对国家元首、政府首脑的专车通常都安排开道车和摩托车护行。许多国家对大型代表团的接待安排乘坐大轿车,这样全团行动比乘小轿车更为方便。

赴首都以外城市访问,其交通工具通常由东道主负责,根据情况乘坐航班飞机或火车、汽车。

(四) 接待班子

为了能更好地接待来访人员,一般都组成一个接待班子。如接待外国客人,接待班子由翻译和医务人员组成。

(五) 费用支付

对应邀来访的人员,一般在抵达目的地之前及结束访问后的费用自理,而在邀请国国内的各项费用由邀请国负担(但往往规定承担费用的人数,超过者自理)。专业代表团和考察团等的费用一般都是全部自理。

二、接打电话的礼节

今天在世界各地,电话已成为人们彼此联系和互通信息的重要工具。电话既然是社交的重要渠道,人们就不能不注意接打电话的礼节。

(一) 打电话的礼节

打电话时原则上以不影响对方休息和工作为前提,只有这样才合乎礼节。

1. 打电话四要素

(1) 什么时间。打电话首先应该选择合适的时间。白天应在上午8点以后,节假日最好在9点以后,晚间应在10点以前;另外,下午的1~2点之间也不要给人打电话。非特殊需要不要在半夜、拂晓或别人吃饭、休息的时候打电话,以免引起对方的反感。

如打国际电话还要考虑到不同国家间的时差。比如当北京时间中午为12点时,柏林时间为早上5点,莫斯科时间为早上7点,巴西时间为凌晨1点。如忽视时差把对方从睡梦中惊醒,是很不礼貌的。因此,打电话时要兼顾对方的时间,不能觉得自己方便就可以了,而对对方的时间全然不顾。

(2) 什么对象。给上级领导打电话请示或汇报工作时,不要显得过于拘谨,谈吐应自然得体,讲话时要开门见山、条理清晰;给下级打电话时,态度要谦和、亲切自然,注意不摆架子、不打官腔。

(3) 什么地点。在家里打电话应注意不要影响家里人的休息;在单位放低自己的音量,尽量不要影响同事办公;若使用公用电话时,更应该长话短说,使用公共设施,应具有公共意识。

(4) 什么内容。打电话前,应理清思路,拟好谈话要点和顺序,切忌表达含混不清,语无伦次,耽误时间,影响工作。

2. 打电话应注意的事项

(1) 形象应得体,身体不倚靠桌子、墙壁,更不能坐在桌子或椅背上,这样会毁掉你温文尔雅的风度。

（2）不要没完没了地抒情。不论是与自己亲人还是朋友通电话，都不要没完没了地抒情，大家都在忙忙碌碌地工作，而你却神采飞扬、喋喋不休，与整个气氛不协调，也令周围人反感。切勿把办公室当成自家居室一样地随便，使用公共设施缺乏公共观念。刚到工作岗位不久的人这一点尤其忽视不得。因为长时间打电话会造成电话长时间占线，影响业务信息的传达，一旦耽误了工作，那可就后悔莫及了。

（3）嘴里万万不可嚼东西，以免给周围的人和对方留下一个馋虫和心不在焉的印象。

（4）电话接通后，要主动报单位的名称和自己的姓名，不要让对方猜测自己是谁。

（5）打错电话时，要向对方道歉："对不起，打错了""打扰您了"，等等。切勿直接挂断电话，不做任何解释。

（6）通电话中途万一断线，要主动打过去，并且说："刚才电话断了，请原谅。"

（7）事情谈完了，要说些客套的结束语，如"拜托了""麻烦您了""打扰您了""请您多多指教""谢谢""再见"等礼貌用语，待对方挂上电话之后再放下话筒。

（8）在单位打市内或长途私人电话，也是最容易遭到上司责难的事，因为电话是联系业务、处理信息的主要渠道之一，若因私事而影响到它的畅通，使工作或经营受到损失，轻则受批评、被扣奖金，重则被"炒鱿鱼"。总之，必须承担相应的责任。

（二）接电话的礼节

1. 接电话的程序及应注意的问题

（1）电话铃响时，应尽量快接，最好在三声之内接听，而不要故意延误。

（2）拿起电话听筒应说："您好！"然后再报单位的全称或规范简称，让对方明白，是否要对了电话。总机接线小姐声音应柔美，语调要亲切。一般应挑选先天音质好、说话轻柔、且熟悉单位情况的小姐专门负责接听电话。

（3）在接听电话时，如遇重要内容，应做好详尽笔录，然后及时转给有关部门负责人，不得延误，以免给工作造成损失。

（4）若对所询问内容不甚了解或不应由自己答复时，应请相应的部门主管答复，注意自己不可越权。

（5）若电话是找其他人，要用手轻捂送话筒，然后再呼喊远距离的受话人。

（6）若受话人不在或不便接听电话时，可代其询问对方的工作单位、姓名、电话号码等，或告知对方何时再打来。

（7）如遇对方打错电话号码时，请对方再重拨一次号码，不要责怪对方。

(8)接听私人电话时,在高兴之余切勿忘记自己的身份,也不必把声音压得很低,否则会使人误解你在泄露单位或工作的机密,自己也很尴尬,此时自己所能做到的是尽量缩短通话时间。接听公务电话时,应声音清晰,也应避免给人一种窃窃私语的印象。

(9)外面打进电话时,除非自己确实走不开,必须马上去接。有人认为,慢条斯理地拖上半天,能抬高自己的身价,实在是荒谬。

2. 接电话时的语言技巧

(1)应付马拉松电话。有的人打电话,一接通便啰里啰唆地说个没完,旅游接待人员为了不影响两个单位之间的关系,拟缩短通话时间可以采取以下两种方法婉拒:

一是金蝉脱壳法。比如,你可以这样对对方说:"对不起,上司正在叫我,等会儿我再给您打电话好吗?"或者:"另一部电话在响铃,我们能否以后再谈?"

二是幽默法。比如,你可以这样说:"好了,老朋友,你的3分钟已经过了,挂断电话吧!否则你就会多付电话费了。"

(2)婉拒对方的邀请。一个你不怎么喜欢的人打电话请你吃饭时,有些年轻人会直截了当地以不屑的态度回答说:"我不会跟你这种人一起吃!"这种不尊重的语气,会让对方下不了台,也伤害了对方的自尊心,这是极不礼貌的做法。妥当的做法是不妨找出一两个理由,让对方了解你真的是无法赴约就是了。这比没有理由的拒绝更容易让人接受。

(三)智能电话的使用

伴随着高科技的发展,智能电话已经逐渐取代了普通的移动电话走进了人们的生活,它的出现大大加快了通信联络的速度和传递信息的效率,但同时也出现了一系列新的社会问题。我们不能忽视的是现在社会上出现的各种手机控、微信控、网络游戏控等现象,智能手机在给人们带来极大便利的同时,也像毒品一样侵蚀着我们的社会生活。很多人沉迷玩手机,而忽略了自己身边的美好,不顾场合低头玩手机者使得人与人之间的情感日趋淡漠,更有甚者有人迷恋手机到玩物丧志、败家败业的严重程度;网络给人带来大量数据信息的同时,也给社会带来了极大的安全隐患,没有安全防范意识不仅会泄露个人隐私还会让犯罪分子有可乘之机。

使用智能手机,除了接打电话的有关礼仪外,还应该注意以下问题:

(1)在公共场合,尤其是正式场合,比如、参加会议、听报告、出席宴会等,不宜频繁地翻看手机,更不能用手机微信聊天、玩手机游戏等;正式场合的手机低头族是一种严重的不礼貌行为。

(2)正式场合不宜随意用手机拍照,必要的拍照应先征询拍摄对象的同意,不要擅自拍照。另外正式宴会的菜肴上桌后不经征询就擅自拍照是一种不礼貌的行为。

(3) 无论是接听电话还是拨打电话,音量都要适度,不可大声嚷嚷,特别是在一些社交和公共场合,拨打和接听电话应尽量避开人群,以免干扰了公共环境的秩序,同时也会显得您缺乏应有的礼貌修养。

(4) 在参加会议和不适合接听电话的场合,一般应当将电话设置成关机状态或静音模式,否则不仅会影响到他人也会令自己尴尬。

(5) 对待他人的电话、短信留言和微信、QQ 留言,应尽量尽快回复,如不能及时回应,应在合适的时间以合适的方式向对方做出解释并表达歉意。

三、不同规格的迎送礼仪

(一) 对民间团体的迎送

迎送民间团体时,不举行大型、隆重的仪式,但需根据来宾的身份,安排对口部门、对等身份的人员前往接待。对身份高的来宾,事先在机场(车站、码头)安排贵宾休息室,准备饮料,并在来宾到达之前,尽可能地将住房和乘车号码通知来宾。

(二) 对一般来宾的迎送

迎接一般来宾,主要是做好各项安排。如果来宾是熟人,则可不必介绍,只需上前握手,互致问候;如果来宾是首次到来,又不认识,接待人员应该主动打听,主动上前自我介绍;如果是大批来宾,也可以事先准备特定的标志,如小旗或牌子等,以便来宾看到后前来接洽。

(三) 对旅游团的迎送

1. 迎接准备工作

熟悉了解接待计划及有关电话记录、活动日程,确定工作要点,熟悉参观单位的情况。

了解人数、职业及其特点,按照人数领取导游图等宣传品。

落实住房,检查房间,熟悉房间方位、大小、设备等情况。

出发前向车站、机场值班室问清火车、飞机确切抵达时刻,以免漏接。

抵达车站、机场后,要问清列车停靠站台或机场出口,并了解车辆停靠地点和行李车是否到达等情况,以免临场慌乱。

接到游客后,导游人员应及时索取行李卡和有关证件,并交给行李组和有关单位。

游客上车后,导游人员应先致简单的欢迎词,然后发放导游图等宣传品。在行车过程中,导游人员应向游客介绍本市及沿途主要建筑物等情况。

2. 送行工作

根据车次、航班的确切时刻,事先与行李组约好提取行李的时间,然后告知客人交接行李时间。提取行李时要分别与游客、行李员就行李件数交接清楚,如发现有出入应及时查清。

到达车站、机场后,应首先安排好客人休息。办好手续后,将机票或车票、登机牌、行李卡和有关凭证一并交给全陪导游或领队。

告别时,致简单欢送词。

案例分享

如何使用敬语

某天中午,一位下榻饭店的外宾到餐厅去用午餐。当他走出电梯时,站在梯口的一位女服务员很有礼貌地向客人点头,并且用英语说:"您好,先生!"

客人微笑地回答道:"中午好,小姐。"

当客人走进餐厅后,迎宾员讲了同样的一句话:"您好,先生!"

那位客人微笑地点了一下头,没有开口。

客人吃好午饭,顺便到饭店内的庭园走走。当走出内大门时,一位男服务员又是同样的一句话:"您好,先生!"

这时这位客人只是敷衍地略微点了一下头,已经不耐烦了。

客人重新走进内大门时,不料迎面而来的仍然是那个男服务员,又是"您好,先生!"的声音传入客人的耳中,此时客人已生反感,默然地径直乘电梯回客房休息,谁知在电梯口仍碰见原先的那位服务员小姐,又是一声"您好,先生!"

客人到此时忍耐不住了,开口说:"难道你不能说一些其他的话同客人打招呼吗?"

本章小结

日常生活中,我们可能从来不曾意识到自己的行为应当遵循一种固定的模式和规范,而全凭自己的习惯和感觉去支配自己的行为。也许您认为,我行我素是一种自由展示自我个性的合理需求,但是,您一旦选择了旅游接待与服务这项工作,您就必须按照礼仪的要求去规范和约束自己的行为,因为工作时您代表的不再是您自己,有时候是您的企业的形象,有时候是一个地区、一个市、一个省甚至是一个国家的形象。

日常工作中的待人接物、社会交往中的为人处世,反映的是旅游接待人员的职业素养,所以,举手投足可不仅仅是生活中的小事一桩。

 思考与练习

1. 在社交场合,对年长的未婚妇女如何称呼?
2. "女士优先",因此先把女士介绍给男士,对吗?为什么?
3. 在社交场合,由于我是左撇子,于是我用左手与人握手,对吗?
4. 在酒店里,服务员替客人把行李搬进房间,客人付给小费并且说"谢谢",那么服务员应该如何回答?

第三章 仪容、仪表、仪态

引 言

作为旅游接待工作者,良好的个人形象永远是您做好工作的前提和基础。在公众场合,接待工作者往往代表的是公司的形象、企业的形象,而接待工作者的个人形象同时也是其个人素质的综合而全面的反映。

想提高您的人际黏合力吗?想在较短的时间内得到公众的接受和认可吗?想得到推销您的产品和服务的机会吗?想让您的演讲有听众吗……满足以上这些愿望有时候您会觉得很难,尽管您自认自己既聪明又富有创造力,但您会经常苦于没有机会来表现自己的聪明才智,但如果您能认真阅读这个章节,您就会发现,做到这些其实是不难的。

学习目标

1. 掌握仪容、仪表的基本概念。
2. 掌握旅游接待人员注重仪容、仪表的意义。
3. 掌握仪态的基本要求及训练。
4. 掌握旅游接待人员不同场合着装的基本要求和规范。
5. 掌握美容与化妆的基本常识及规范。
6. 掌握旅游接待与服务人员的形象包装。

第一节 仪容、仪表

一、仪容、仪表的概念

1. 仪容

指一个人的容貌,包括五官的搭配和适当的发型衬托。

就个人的整体形象而言,容貌是整个仪表中一个至关重要的环节。它反映着一个人的精神面貌、朝气与活力,是传达给接触对象感官的最直接、最生动的第一信息。它既可以使人看上去精神焕发、神采飞扬,也可以使人看上去萎靡疲倦、无精打采。所以说,塑造良好的自我形象,首先应当考虑的便是仪容。一个人的容貌是父母给的已无法改变,但相对定型的容貌,却可以通过各种途径来美化、装扮、增色,乃至锦上添花。关键在于必须懂得一定的美容常识,懂得如何发挥自己容貌的优势,并通过有效的途径来弥补自身的缺陷与不足。

2. 仪表

指一个人的外表。它是一个人总体形象的统称,除容貌、发型之外,还包括人的服饰、身材、姿态等。

二、旅游从业人员注重仪容仪表的意义

1. 仪容仪表是树立良好公众形象的基础和前提

乍看起来,仪容、仪表、仪态均属外在的东西,与实际工作联系不大,其实不然。由于旅游接待与服务职业的特殊性,使得其员工的一言一行、一举一动都在众人的关注之下,一句话、一个手势或一次不规范的着装,都将直接影响其公众形象,进而直接影响到企业的整体形象。公众可以从仪容仪表来评价一个人的道德修养、文化水平、审美情趣和文明程度,同时,一个员工的仪容仪表也在一定程度上反映着他所在企业的管理水平和服务水平,所以注重仪容仪表,懂得如何塑造良好的自我形象,实际上是一种"装潢"艺术。它可以先声夺人,对个人、对企业起到积极的宣传作用,给合作者留下良好的第一印象。

2. 注重仪容仪表是旅游从业人员尊重宾客的心理需要

礼貌服务,其中很重要的一点就是尊重客人的合理需求,并尽可能予以满足。旅游行业员工良好的仪容仪表本身就是一种礼节形式,它可以使宾客感受到一个高贵客人所应享受的礼遇,进而使其求尊敬、求重视的心理得到满足。

3. 良好的仪容仪表可尽快缩短旅游接待服务人员与客人之间的心理距离

俗话说:"爱美之心人皆有之",美感享受属于人类高层次的心理需求。旅游接待与服务人员如果具备良好的仪容仪表,会令宾客赏心悦目,在脑海中留下深刻的印象,从而缩短彼此交流与沟通的距离。

4. 良好的仪容仪表是增强自信心的有效手段

优雅、得体的仪容、仪表,不仅会使宾客赏心悦目,而且会令自己神采飞扬,从而在心理上滋生出一种自豪感与满足感。人的自信心一方面来自于外界的肯定、赞扬与积极评价,更重要的是来自于良好的自我感觉。好的仪容仪表会带给自己一份好心情,工作起来自然信心倍增,充满活力。

总之，仪容仪表是个性魅力的全面展示，它可以集中反映一个人的个性与气质、审美修养与文化品位。所以旅游接待与服务人员努力使自己具备良好的仪容仪表，对做好本职工作是至关重要的。

三、旅游从业人员仪容仪表的基本要求

1. 男士仪容的基本要求

男士的仪容仪表，最重要的并不在于如何修饰与装扮，而应尽量体现出一种整体的美感，即应显示出一种刚毅与果敢、机智与稳重的个性风采，充分展示出男性的阳刚之美。在仪容修饰上应注意考虑以下几个问题：

（1）应注意面部的整洁，养成勤洗脸、勤剃须的习惯。出席社交场合，一般不宜留胡须和大鬓角，以免给别人留下不修边幅之感。男性毛孔较粗，油脂分泌较多，应经常进行面部皮肤的护理，以保持面部的洁净与润泽。

（2）发型对职业男士非常重要。男士应经常注意头发的清洗与修整，可根据自己的脸型选择合适的发型。通常，旅游接待与服务人员的鬓发不应盖过耳部，更不能将头发染成彩色，或留披肩长发。男士发型最好根据不同季节服装的变化，做一些适当的调整与搭配，以使整体外观形象显得自然、协调，充满朝气与活力。

（3）养成勤洗澡、勤换内衣的好习惯。男士应尽量避免身上有过多的烟味、酒味、汗酸味；上岗工作或参加社交活动前，应尽量少吃或不吃容易引起口臭的异味食物（如大葱、大蒜等）；夏季汗腺分泌较多，容易产生身体异味，参加社交活动时宜在出汗部位使用一些男士香水。

（4）不酗酒，不熬夜，养成早睡早起的好习惯，以使自己在工作中始终保持精神振作、情绪高昂。

（5）指甲常剪常修，皮鞋常亮常光。除领带和手表外，不戴多余饰物。

2. 女士仪容的基本要求

从事旅游接待与服务工作的女性，大多在上岗前已经过严格的挑选、面试，所以大多具备形象、气质俱佳的条件。在接待与服务工作中，女性应尽量展示出稳重、贤淑、典雅、端庄而又不失敏捷的个性风采，并充分体现出东方女性的温柔、含蓄之美。旅游职业女性在仪容修饰上应注意下列问题：

（1）要注意面部皮肤的修饰与保养。对女性而言，面部皮肤是衡量其青春生命的标志。所以女性要想青春常驻，保持皮肤的洁净、润泽并富有弹性是至关重要的。如果面部皮肤健康、润泽、白、娇嫩，即使容貌不佳，也完全可以通过适当的面部化妆，来弥补五官搭配的缺陷与不足。俗话说："一白遮三丑"就是这个道理。

（2）应熟悉掌握基本的面部美容化妆知识。女性上岗或参加社交活动前均应化淡妆，浓妆艳抹不适合旅游行业女性的职业特点。值得提醒的是，化妆并不是为

了改变自己的容貌,而是为了弥补缺陷,增添色彩,使人具有良好的精神风貌。所以,自然、协调、不露痕迹应当是最佳的化妆效果。

(3)注意头发的护理与保养并养成美发的习惯。中国女性白里透红的肤色、黑发是最好的天然搭配,它们可以极好地衬托白嫩的面容,所以除了保养头发使其油黑润泽外,不要将头发染成其他色彩(当然演员由于角色的需要可另当别论)。女性发型的选择可根据脸型而定,较丰盈的宽脸型不宜选择齐耳的奔放型短发,因为它会造成视觉上的"夸张",使脸型显得更宽;而瘦削型的长脸型不宜留东方女孩青睐的披肩长发,因为它会将脸拉得更长。同时,发型也应与服装的搭配协调一致,如穿中式民族服装、旗袍不宜选择较时尚的现代发型,因为它与民族服装的端庄、典雅反差太大;而西式礼服、职业套装则应选择时代感较强的现代发型。

(4)旅游职业女性宜端庄,不要太过新潮,更不能珠光宝气,着奇装异服,因为岗上不允许佩戴过于醒目的饰物。保持青春的淡雅与恬静,将亮丽隐含在含蓄、高雅之中,是旅游职业女性绝佳的气质形象。

第二节 仪 态

一、仪态的含义

仪态,是指一个人举止的姿态与风度。姿态是指一个人身体显现出来的样子,如:站立、行走、弓身、就座、眼神、手势、面部表情等。而风度则是一个人内在气质的外在表现。人的内在气质包含许多内容,如:道德品质、学识修养、社会阅历、专业素质与才干、个人的情趣与爱好、专长等。它主要是通过人的言谈举止、动作表情、站姿、坐相、走态及眼神及服饰装扮等方面体现出来的。

仪态属于人的行为美学范畴。它既依赖于人的内在气质的支撑,同时又取决于个人是否接受过规范和严格的体态训练。在人际沟通与交往过程中,它用一种无声的体态语言向人们展示出一个人的道德品质、礼貌修养、人品学识、文化品位等方面的素质与能力。仪态的美丑,往往还是鉴别一个人是高雅还是粗俗、是严谨还是轻浮的标准之一。仪态的许多方面,不仅是待人接物、为人处世的礼节规范要求,同时它也将一个人的风度尽含其中。所以,旅游接待与服务人员,无论是在工作岗位,还是在社交场合,都应注重仪态美。

二、旅游从业人员仪态的基本要求

(一)站姿

站立服务是旅游接待服务的基本要求。站姿是其他姿势的基础,俗话说:"站如松。"是指规范的站姿应体现出人在站立时像松树一样地挺拔。

1. 站姿的规范要求

（1）立正站直。头、颈、身躯和双腿应与地面垂直，身体的重心在两腿之间；双肩水平，两臂自然下垂，握空心掌，或采用体前交叉、体后交叉的握腕式站立。

（2）立腰。胸微挺，腹微收，提臀，站直后挺胸收腹才会有挺拔、硕健之美感。而立腰则是挺胸收腹的关键。

（3）双腿并拢，呈丁字步站立。如站立服务时间较长，可采用调节式站立，其要领是两腿稍分开，将身体重心轮换移至左腿或右腿，但幅度不宜过大。男士站立时也可将两脚分开与肩同宽，双手垂于体侧，体现出男士的阳刚之美。礼仪迎宾女士穿旗袍时，应面带笑容，双手交叉置于肚脐位置上。

2. 不良站姿及站姿忌讳

（1）站立时，切忌无精打采或东倒西歪。

（2）站立时，双手不可叉在腰间或抱在胸前。

（3）不能将身体倚靠在墙上，或倚靠其他物品作为支撑点。

（4）不许弓腰驼背，两肩一高一低。

（5）双臂不摆，双腿不抖。

（6）不能将手插在裤袋里，更不要做小动作。

（二）坐姿

常言道："坐如钟。"是说坐姿要沉稳、坚实，规范的坐姿应如铜钟一般沉稳。

1. 坐姿的规范要求

（1）坐相要端正，上体自然挺直，两腿自然弯曲，双脚平落地上，双膝并拢，双脚距离与肩宽大致相等。

（2）入座时走到座位前再转身，转身后右脚略向后退，轻稳入座。着裙装的女士入座时，应将裙子向前拢一下；起立时，右脚先向后收半步，然后站起。

（3）女子落座双膝必须并拢，双手自然弯曲放在膝盖和大腿上。如坐在有扶手的沙发上，男士可将双手分别搭在扶手上，而女士最好只搭一边，以示高雅。

（4）坐在椅子上，一般只坐满椅子的2/3，不要靠背，休息时可轻轻靠背。

（5）可选用上体与腿同时转向一侧，面向对方形成优美的"3"形坐姿。

2. 不良坐姿及坐姿忌讳

（1）切忌坐椅时的前俯后仰、东倒西歪。

（2）不可摇腿、跷脚或将两膝分开，社交场合不要跷二郎腿。

（3）不过于放松，瘫坐椅内。

（三）步态

"行如风"是人们对矫健走姿的赞美，系指走姿轻盈，像风吹过一样。正确的步态应当是轻松、有力,且有弹性。

1. 步态的规范要求

(1)挺胸、抬头、收腹,使身体略微上提;双目平视前方,面带微笑;双肩水平,两臂自然摆动;身体前移时重心始终在脚掌前部,而不是在脚后跟。

(2)女士行走时走直线交叉步,上身不要晃动,尽量保持双肩水平。

(3)步幅不要太大,跨步时两脚间的距离适中,以一个脚长为宜;步频(行进速度)保持相对稳定,既不要太快,也不能太慢。

(4)服务操作中行走线路靠右;行进时如遇到宾客,应自然注视对方,主动点头致意或问好,并自动放慢速度以示礼让,不与宾客抢道而行。

(5)上下楼梯时腰要立,背要直,头要正,手不要扶楼梯栏杆。

(6)低处取物时不撅臀部、弯上身、低垂头,而是借助蹲和屈膝的动作,以一膝微屈为支撑点,将身体重心降低,另一腿屈膝,腰稍弯下取拿物品。

2. 不良步态及走姿忌讳

(1)行进中切忌摇头晃脑或左顾右盼。

(2)行进中身体重心不能太过前倾,以使人看上去走态不稳,也不要太过后"坐",给人拖着步子走路的感觉。

(3)走路脚尖始终朝前,"内八字"或"外八字"都会引起步态的晃动,看上去极不雅观。

(4)走交叉步时,臀部摆动应自然,幅度不要过大,更不得扭腰。

(5)两手摆动应自然,不要将两手贴着裤缝走路,这样会使步态显得僵硬。

(6)不要将双手插在衣裤口袋里,也不要背着手,更不要摇头晃脑。

三、体态语言

体态语言,是社交活动中辅助语言功能传情达意的重要方式之一。

(一)手势

手势,是人际沟通时不可缺少的体态语。手势除了在人际沟通时能辅助语言,表达一定的思想内容外,还能表现出言者的高雅气质与风度。手势美是一种动态美,在工作或人际交往中,适当地运用手势来辅助语音传情达意,有时会产生意想不到的效果,为人的交际形象增辉。

1. 手势的具体要求

(1)用手势介绍某人或指示方向时,应当掌心向上,四指并拢,大拇指张开,以肘关节为轴,前臂自然上抬伸直。指示方向时上体稍向前倾,面带微笑,视线始终随手指的方向移动,并兼顾对方是否意会到目标。

(2)用手势与人打招呼、致意、欢呼、告别,要注意将手尽量伸开,要根据场景,控制手势力度的大小、速度的快慢及时间的长短。

2. 不规范手势及手势忌讳

(1)与人交流,手势不要太多,动作不要太大。

(2)不可用拇指指自己的鼻尖,或用手指指点他人,用手指指人,含有教训别人的意思,是极不礼貌的行为。

(3)借助手势谈到自己时,应用手掌轻按自己的左胸,这样显得端庄、大方、可信。

(4)运用手势时,一定要考虑地域差别,同一种手势在不同国家、不同地区有不同的含义,切忌乱用,以防造成不良后果。

(5)在岗位工作或社交活动中,应尽量避免与手势有关的不雅习惯,如:掏鼻孔,剔牙,摆弄随声携带的小物件,摸头,搔痒等。

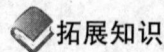 拓展知识

各类手势趣谈

(一)翘大拇指

①在英国、澳大利亚和新西兰等国,是搭车旅游者示意搭车的手势,是一种善意的信号,英美人士还习惯将两个大拇指不停地有规律地互相绕转表示自己目前无事可做,闲极无聊之意,用拇指指指下面表示"坏"或"差";②意大利人用拇指表示1,食指表示2;③希腊人跷拇指表示要对方"滚蛋";④中国翘大拇指表示高度的赞扬、夸奖、了不起、"老大"的意思,翘小拇指表示蔑视、贬低、"差劲"的意思;⑤日本翘大拇指表示"老爷子",翘小拇指表示"情人"。

(二)"V"形手势

①欧美伸出食指和中指表示胜利,但是手背向外的"V"字形在英国表示的是伤风败俗;②中国人表示"二",现在也开始沿用欧美含义表示胜利;③在希腊,用"V"字形手势,并且把胳膊伸得太长表示对人的不恭。

(三)挥手

①中国人和日本人是伸出手来,掌心向下四指挥动,表示招呼别人过来;掌心向上,手指来回勾动是表示唤狗;②欧美国家正好相反。

(四)圆圈"O"和另外三个手指头

①欧美表示赞扬和允诺等的意思;②法国南部、希腊、撒丁岛等地正好相反,法国南部斟葡萄酒用此手势的话,则表示此酒是劣等品;③马耳他、希腊等地此手势是一句恶毒的骂人话;④日本表示钱的意思;⑤巴西是表示引诱女人或是侮辱男人的意思;⑥中国内地 OK 手势是零的意思。

（五）搔头皮
①中国表示为难的意思；②在日本是表示愤怒；③西方大多数国家表示不懂或不理解，示意对方重新予以解释。

（六）敲额头
①德国表示某人思想或行为不正常；②荷兰敲太阳穴表示很有头脑，越敲越高兴。

（七）鼓掌
①日本人鼓掌时用手指击拍，表示欢迎；②在英国看戏或听音乐会这样的话，则表示演出不受欢迎，演员最好还是及早退场。

（八）点头、摇头
①点头表示肯定，摇头表示否定，世界多数国家表示如此；②意大利那不列斯、希腊、土耳其的部分地区、原南斯拉夫、南意大利、西西里岛、马耳他、塞浦路斯和地中海岸国家则是把脑袋向后一仰表示否定，要是表示强烈的否定，还用手指敲敲下巴来配合；③有些地方如保加利亚、原南斯拉夫、希腊、土耳其、伊朗和孟加拉国，摇头表示肯定的意思，即点头不算摇头算。这种动作要是在德国，则表示犹豫不决，不停地摇头表示否定。

（九）摸胡子
希腊、斯拉夫和南撒丁岛在主人请吃饭时，如果摸胡子，则表示"够了，我不要了"，然后主人就不会给他斟酒。

（二）眼神
用人的身体部位传达个人信息的方式很多，但真正的传神之处，还是人们的眼睛。人们习惯将眼睛比喻为"心灵的窗户"，从一个人的目光中，可以窥视到他的整个内心世界。眼睛可以反映出个人的生活经历、个人修养、性格特点和心理状态，甚至连思维的细节也可以从这里展现出来。

旅游接待与服务人员应懂得合理、适当地运用眼神来帮助表达情感，促进人际沟通。

眼神交流的具体要求如下：
（1）眼神，在与不同对象的对视中，能够传达出不同的信息。人在焦急时，可用眼神示意；心怀感激时，可用眼神表达；提醒对方时，可用眼神暗示；表示不满时，可用眼神制止；发泄怨恨时，可用眼神示威。作为主人招待客人，眼神应热情而愉快，以表示欢迎；在长辈或上级面前，目光应略微向下，以表示尊敬和谦恭；关怀儿童的眼神，应体现出宽厚与慈爱；而朋友之间友好、善意的眼神，则应表现出热情与坦荡。

（2）一个良好的交际形象，目光应始终保持坦然、和善，既不回避正常的目光交流，也不盯视别人，以免造成对方的不适与难堪。

（3）旅游工作者与宾客交流时忌用冷漠、狡黠、傲慢、轻视的眼神，不得左顾右盼、挤眉弄眼；不可白眼或斜眼看人；不可长时间盯着对方，尤其对异性，会造成不必要的误解与麻烦；不可上下打量别人，含有轻视的意思；不可怀有敌意的、带有挑衅性的盯视。这些都是旅游行业员工不应有的目光表情。

 特别提示

眼神交流禁忌

1. 不能对关系不熟或一般的人长时间凝视，否则将被视为一种无礼行为。

2. 眼睛注视对方的时间超过整个交谈时间的60%，属于超时注视，一般使用这种眼神看人是失礼的。

3. 眼睛注视对方的时间低于整个交谈时间的30%，属低时型注视，一般也是失礼的注视，表明他的内心自卑或企图掩饰什么或对人对话都不感兴趣。

4. 眼睛转动的幅度与快慢都不要太快或太慢，眼睛转动稍快表示聪明、有活力，但如果太快由表示不诚实、不成熟、给人轻浮、不庄重的印象，如"挤眉弄眼"、"贼眉鼠眼"指的就是这种情况，但是，眼睛也不能转得太慢，否则就是"死鱼眼睛"。

四、良好仪态的养成与训练

个人良好仪态的养成，需要有一个不断强化、不断规范并辅之以严格训练的过程。不断强化，主要是指在日常生活中应经常、反复地加以强调，使其从思想上对个人仪态在工作中的重要性引起高度重视；而不断规范，则是指应严格按照社交礼仪的要求进行自律性训练，以克服因个人生活习惯而养成的仪态不规范行为，如站姿、坐相、走态。旅游行业员工由于上岗前没有接受过规范严格的训练，难免在仪态方面表现出个人的习惯性弱点。在行业行为规范训练中，应以纠正不规范仪态动作为突破口。

要有计划地安排对仪态各项要领的训练。如：站姿的训练，刚开始可采用靠墙站立，双脚距离与双肩宽度一致，收腹使臀部与背部贴墙，腰尽量挺起，立腰是挺胸收腹的基础。刚开始训练时有一定适应期，时间间隔可稍短一些，可安排15分钟为一个时间间隔，指导老师必须现场监督，发现松懈随时纠偏。

站立训练看似简单，实则非常辛苦，每次至少一个小时以上的训练强度才能收

到一定的效果。当学员有了一定的基础,间隔时间可逐渐延长,如15分钟到半个小时到1小时。经过长期规范而系统的训练,学员会逐渐养成规范的站立服务的习惯,而习惯一经形成,人的姿态美就可展现出来了。

另外,坐相、走态、手势引领、蹲下拾物等仪态动作均应制订系统的训练计划。当然,训练手段既可利用课堂专项训练,同时也可将训练与娱乐活动、表演、竞赛、礼仪展示等形式结合起来,以提高学员的参与热情和兴趣,从而收到应有的效果。

旅游职业教育在对学员进行的职业素质养成教育中,课堂的理论教学只是一个方面,应投入大量时间进行针对性、系统性和场景教学训练,以养成学员的现场感,从而使教学内容落到实处。

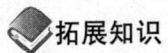拓展知识

如何动作优美

我们在工作中经常是处在动态的,因此动作的优美是值得注意培养的,这也是服务工作的需要。

身体各躯干的动作要讲究端庄潇洒、动静相济、灵活得体。导游员讲解时,头部要端正,这样会显得自然亲切、诚恳得体。一般来说头部上扬表示兴奋与自信,头部下垂表示消极、忧郁、苦恼或者精力不支。躯干要挺直,收腹挺胸,双肩持平,这样会显得端庄伟岸、生气勃勃。双脚站稳,多呈"丁"字形,重心在前,这样会显得振奋、稳定、舒适而自然,切忌双脚距离过大或者频繁移动重心或者随意晃动。

1. 上、下楼梯:头要正,背要伸直,胸要微挺,臀部要收紧,膝要弯曲。

2. 上、下轿车:上轿车是要用侧着身体进入车内的方法,绝不要用头先进去的方法;下轿车时,也应侧着身体,移动靠近车门,然后伸出一只脚踏在地面上,目视前方,再以手的支撑力移动另一只脚,头部自然伸出,起身立稳后,再缓步离开。

3. 取低处物品:拿取低处的物品或拾起落在地上的东西时,不要弯上身、翘臀部,要利用蹲和屈膝动作,具体做法是脚稍分开,站在要拿或捡的东西旁边,屈膝下蹲,而不要低头,也不要弯背,要慢慢地把腰部低下。

4. 行走路线:在服务接待场所,要按规定的路线行走。一般来说,须靠右行,不能走中间。服务人员在与宾客相遇时,要点头行礼致意并主动让路,不可与客人抢道并行。有急事要超越前面客人时,不可跑步,要在口头示意并致歉后再加紧步伐超越。

宾客从对面走来时要向宾客行礼,其中要注意以下几点:在适当的距离首先注

视客人,稍后即点头致意;不要忘记向客人说"您好"之类的礼貌用语;行礼时应暂停步伐或放慢步伐,面露微笑,轻轻点头,态度恭敬;客房服务员在工作中可以边工作边行礼,如果能暂时停下手中工作去行礼,更会让宾客产生极受尊重的感觉。

第三节 服 饰

服饰是一种文化,而穿着则是一门艺术,得体的服饰与装饰可以画龙点睛、烘云托月,将人体的曲线美、协调美、韵律美衬托得更加光彩照人,将女性的天生丽质和男士的俊秀与潇洒展示得淋漓尽致。

一、正式场合着装的基本要求

旅游接待与服务业具有礼仪礼节性极强的职业特点,该职业对员工服饰美的基本要求,是端庄、恬静、稳重、得体,并充分体现出服饰与环境、气氛的协调;服饰与职业、身份的协调;服饰与肤色、身材的协调;服饰与年龄阶段审美情趣的协调。在创造和实现服饰美的过程中,应做到扬长避短,尽可能突出自身的长处,掩饰与弥补自身的不足。

特别提示

着装注意事项

内衣不要外露;不挽袖卷裤;不漏扣、不掉扣;领带、领结与衬衫的吻合要紧凑且不系歪;工号牌或标志牌要佩戴在左胸前;有的岗位还要戴好手套和帽子。敞胸露怀、不系领扣、高卷袖筒、挽起裤腿、不打领带、衬衫下摆束起等,不仅有损制服的整体造型,还破坏了企业的形象。

(一)男士的着装

1. 男士着装的基本要求

(1)无论在什么场合、着什么服装,一定要注意服装的干净整洁、熨烫平整、扣子齐全、拉链完好。不应有菜汁、油渍和其他污迹;不可有漏缝、破边。皱皱巴巴、歪歪扭扭只会给人留下邋遢和不严谨的第一印象。

(2)男士着装应始终遵循整洁、雅致、和谐、恰如其分的原则,在服装式样和色彩搭配上忌杂乱,职业装忌过于鲜艳,服装质地忌粗糙。

2. 西服着装的要求

西装作为一种国际性服装,是男士较为普遍选用于社交场合的服装之一。从式样上看,这种服装可以充分展示男士潇洒、稳健的翩翩风采。不同的面料选择、色彩搭配及式样变化,既可以在正规场合表现出凝重、深沉的职业特点,又可在休闲时穿戴,以表现活泼、奔放的青春朝气。但是,正规场合穿西装是有一定礼仪要求的,如果穿着不得体或不合规范,不仅达不到应有的效果,而且会有损自己的公众形象。那么,穿西装应注意哪些问题呢?

(1)西装穿着时一定要合体,太大或太小不仅不能显示人体流畅的线条美,而且看上去极不协调。

(2)着西装应特别注意衬衣的搭配,应选用干净、熨烫平整、衣领硬而挺括的衬衣。衬衣颜色的深浅,应与西装的颜色成对比,不宜选择同类色,否则搭配后分不出衬衣与西装的层次感。衬衣的下摆应塞进裤腰里,衬衣衣袖应略长于西服的衣袖。

(3)正式的社交场合,穿西装均应系领带或打领结。领带、领结的颜色和图案,应与衬衣和西装搭配协调,一般应选用衬衣和西装的中间过渡色。领带的长度以到皮带扣处为宜。领带夹应夹在衬衣第三四个纽扣之间。

(4)西装必须要和皮鞋配套穿,古人有"西装革履"之说,即除皮鞋外,其他任何鞋子如布鞋、球鞋、旅游鞋等,都不适宜与西装配套,否则会令人发笑。一般较深颜色的皮鞋与西装搭配较为协调。

(5)西装的扣子也有讲究,双排扣西装一般正式场合要扣扣子,但不要全扣上。两扣的西服应扣上面一颗,下面的不扣;三扣西服则只扣中间的一颗,上下两颗可不扣。单排扣西装可以敞开,不扣扣子。但若将扣子全部扣上则是不规范的。

(6)天气较热、温度较高时可以脱掉西服,单穿西裤与马夹或衬衣,但系领带时必须扣上袖口的扣子,绝不能卷起袖口,更不得卷起裤边。否则将被认为是极不文雅的行为。

(7)西装的衣袋与裤袋,最好不要放东西在里面,更不能将手随意插在衣袋和裤袋中,因为这样有失风度。

(8)由于男士服装变化本来就不多,所以出席正规场合一定要选择质地较好、正规品牌的西装,而不能选那些无名厂家生产的劣质品,否则会失去西装应有的品位。

(二)女士的着装

1. 女士着装的基本要求

女性的服装千变万化,不同年龄、不同职业、不同身材、不同审美情趣的女性,都可以在属于她们的服装王国里找到适合自己的服装式样。但作为旅游行业的职业女性,最基本的着装要求是干净、整洁、熨烫平整。服装式样不能太怪异、太暴露,工作装色彩不宜太过鲜艳、醒目,更不能满身珠光宝气。用于点缀的饰物不宜过多,式样应尽量考虑职业需要,而颜色选择则应充分考虑是否与肤色相协调。

2. 西服套裙着装要求

西服套裙以其独特的端庄、典雅、美丽、含蓄,以及流畅的线条美而日益受到白领阶层职业女性的青睐。越来越多的女性都以这种服装作为自己的工作装或生活装。与男士西服略有不同的是,西服套裙色彩的选择范围较广,对面料质地也没有太多的限制。这就使其在色调、款式上做文章具有了无限的空间,从而呈现出五彩缤纷、令人眼花缭乱的面貌,四季都有可供选择的不同规格、不同档次的多种系列。那么,穿着西服套裙应注意哪些问题呢?

(1)一定要成套着装,并配上与之相协调的衬衣、高领羊绒衫或有领T恤衫;与衬衣搭配时,领口应系上领结、领花或丝巾、领带。

(2)与西服上装配套,多以一步裙为宜,如此搭配,使人显得精神焕发、隽秀端庄,而大摆裙与西服上装搭配就显得不太协调。

(3)穿套裙一定要配以连裤袜或长筒丝袜,而不是在紧身裤外穿套裙,这是不合乎规范的。

(4)套裙最好与皮鞋搭配,中跟或高跟均可。穿带跟鞋可使人亭亭玉立、充满朝气。布鞋、旅游鞋、轻便鞋与西服套裙搭配不相适宜。

(5)职业套装讲究的就是配套。因此,着套裙时,对衬衣、袜子、鞋子、饰物甚至皮包的选择,都一定要注意搭配协调。

3. 晚礼服的着装要求

女士的晚礼服,一般用于较为正式的大型社交场合,因活动大都在晚上举行,故称晚礼服。

在西方,晚礼服一般是袒胸露背式的连衣裙。裙长及地,式样高雅,面料讲究,质地华贵。在西方品味高雅的贵族沙龙,贵妇名流们的晚礼服争奇斗艳,为晚会增色不少。东方女性的晚礼服与西式晚礼服相比,则较为含蓄,强调线条美。如中国的旗袍就较为典型,体现的是一种典雅美。

晚礼服的着装应注意以下问题:

(1)穿晚礼服一般应配上相应的手套(细薄网眼),越是正式的场合,手套越长。

(2)穿晚礼服一般配以连裤长筒丝袜,袜子的质地不宜太厚。

(3)穿晚礼服一般要穿高跟鞋,因为平跟鞋与晚礼服搭配不协调。

(4)穿晚礼服应选择搭配适当的饰物,如耳环、项链、精致的手提包、帽子等物。

特别提示

女士着装应注意的问题

1. 旅游职业女性着装,一定要注意端庄、得体,不宜过大或过小,上衣最短齐腰,不得着超短裙。
2. 正式场合尽量系上上衣扣,不穿领口开得太大的上衣。
3. 夏季裙装应配上衬裙。衬裙颜色应与外装裙颜色协调一致,以免透出内裤显得不雅。
4. 休闲装、牛仔服、健美裤等为日常生活装,正式场合穿此类服装均不适宜。

二、服装选择与搭配技巧

着装是一门艺术。俗话说:"三分长相,七分扮相。"其本身就说明了服装美在仪表美中的重要地位。就服装本身而言,没有不美的服装,只有不美的搭配。会穿衣的人,几块简洁的布料配以朴素的式样和造型,就能穿出自己的风格和品位;而不懂服装搭配的人,哪怕披金戴银,满身的珠光宝气,也只会令人感到俗不可耐。

现代的时装潮流,主要讲究美观、实用、舒适,突出个性特点。服装选择与搭配的原则应重点考虑以下几种因素:

(一)身材因素

不同的身材,其选择服装时的侧重点大不一样。身材的高矮、胖瘦决定了人们对服装颜色、式样、面料、质地等方面的选择大不相同,但有一个原则可以把握,即扬长避短。在选择服装时,应充分利用人眼的视觉差,突出和夸张身材的优点,掩饰和弥补身材的缺陷与不足。如:身材肥胖者,不宜选择面料质地太厚的服装,以免造成视觉上的笨重感,夸大身材的缺陷;而太薄的面料对胖身材也不太适宜,它会使体形暴露无遗。胖人还忌穿大花纹、横条纹、大方格图案的服装,应尽量避免形体横宽的视觉差。

胖身材的女士选择服装,应避免短装式样,而上装稍长、下装稍短的一步裙套装则较为合适;穿裙子要避免选择百褶裙、喇叭裙;竖条纹的面料对胖身材较为适宜,而横条纹或斜条纹则均不合适。对服装色彩的选择,胖身材应尽量回避暖色,颜色较深的冷色系列在视觉上有收缩性,较为合适,如藏蓝、黑色、深灰色等。胖身材不宜选择较烦琐(如领口、袖口处带装饰花边等饰物)的服装式样,而应力求简洁、明快。

身材高而瘦的人,不宜选择竖条纹的面料图案,而横条纹、斜条纹均可增加视

觉上的宽度,因此,可供选择。薄面料会使较瘦的人看上去更加瘦弱,而用稍挺括一些的面料制作服装,会使瘦弱者显得丰满一些、健壮一些。瘦削的身材在颜色选择上宜采用具有扩张性的暖色,如红色、橙色或较浅的冷色如浅灰色、蛋青色等。暖色的冲击力会在视觉上产生一种扩张的印象。

身材短小的女性,可利用颜色创出高度:把上衣和裤子连成一气,视觉上会产生修长感;短装与长裙搭配,会使腿显得长一些;碎花或细小图案的面料,显然也较适合身材矮小的人。

(二)脸型因素

脸型在服装的选择与搭配中,也是至关重要的因素之一。不同的脸型决定着人们在选择服装的领型上也应有的差别。因为衣领好比衣服的眼睛,人们打量对方时,总是习惯于自上而下地观看,而衣领处于衣服的最上端,是人们视线较集中的部位,因而对服装美影响较大。

按照形体美学的观点和人们对服装较为普遍的审美情调,衣领除应与服装整体相协调之外,还必须和着装者的脸型相配。因为衣领处在脸部下端,二者具有直接的相互衬托及对比的作用。领型适当,可以衬托脸型的匀称,使面部轮廓清晰;如果领型与脸型失调,会影响面部的协调与美感。

圆脸型的人,不宜选择小圆领的衣服,否则会使脸显得更圆;反之长脸型的人,如果配上长型领,则会夸张脖颈的长度,将脸型拉得更长;方脸型配小圆角领或双翻领较为合适,这样可以淡化脸型的棱角感,使面部轮廓的线条变得柔和;瓜子脸、鹅蛋脸等尖脸型的人选配衣领的范围较广,配以大翻领,会使面部变得生动,而通过小圆领、加宽领等形式,则可弥补脸颊窄削的不足。

总之,服装的选择与搭配,及按照脸型选择服装的领型是十分重要的。

(三)肤色因素

肤色的深浅、粗细,决定着服装颜色的选择与搭配,如能巧妙地利用服装色彩,不仅可以将肤色的优点衬托得更加突出,同时也能适当地弥补肤色的缺陷。一般说来,光洁、细腻、白嫩的皮肤,在服装颜色的选择上具有广阔的空间。这种皮肤适合于任何颜色的服装,只要服装本身的颜色协调就行了。肤色较黑的人对粉红、淡绿两种颜色较为排斥,不宜选择。面色偏黄的人较适合着蓝色或浅蓝色上装,它可以使偏黄的皮肤显得洁白娇美。面色红润的人宜穿茶绿或黑绿色的衣服。总之人的肤色与服装色彩在搭配上应当相互衬托相互补充,以形成个体形象与服装的和谐之美。

(四)年龄因素

人们对于服装样式、质地、颜色等方面的好恶,会随着年龄的增长在不知不觉中发生变化。这里既包含人们随着阅历的不断丰富而导致的审美情趣的改变,同时也是人们心理审美需求趋于不断成熟的一个标志。

年轻人永远都在追赶时尚,所以青年人的时装变化速度是最快的。年轻人的服饰搭配崇尚个性化,无论是面料的选择、颜色的搭配,还是式样的变化,都有无限延伸的空间。但无论怎样变化,服装选择与搭配的原则都应始终遵循最大限度地表现女孩儿的清纯与男孩儿的朝气。

中老年服饰,尤其是中老年女性的服饰,要能体现出雍容、高雅、华丽、冷静的气度。在色彩上,可以选择亮度低一些的色彩,如暖色中的土红、砖红、驼色、红棕色;冷色中的湖蓝、海蓝、墨绿等;其他一些亮度高的色彩,如蛋青、银灰、米色、乳白色等,也能表现中老年的特殊气质。在款式的选择上,应体现简洁、明快、合体、大方、雅致的风格特点,不宜太多点缀,线条也不要太过复杂。由于中老年已到了发福的年龄,所以不宜选择紧身式,服装宜宽松,但也不要过于肥大。

(五)环境因素

按照西方人着装的"TPO"原则,人们对于服装的选择与搭配,一定要考虑到着装的环境,即时间(Time)、地点(Place)、目的(Object)。如:不同的时间,人们对于服装的需求不一,冬季服装侧重于保暖,夏季服装则注重凉爽,只有在春、秋季才着重考虑服装的美观。又如不同的地点,主要指不同场合对于着装的要求,如旅游应选择宽松;而休闲或参加庆典活动、仪式,以及较正式的宴请、接见重要人物等则力求服装的庄重,所以这类活动一般选择较正规的礼服。喜庆场合为烘托气氛,应尽量选择色彩鲜艳的服装;而肃穆场合则应一律素色着装,以白色或黑色为主。

以上五个方面是服装选择与搭配重点需要考虑的因素。旅游接待与服务人员只要不断地学习与实践,巧妙地运用人体构造学、色彩学等实用美学的基本原理,就一定能在服装选择与搭配上穿出个性、穿出品位、穿出美感来。

第四节 美容与化妆

一、美容与化妆的基本要求

美容与化妆知识,是旅游职业女性的一门必修课。美容、化妆并非追求个人奢华,而是改善女性的健康状况与调节情绪的一种有效途径。适当地进行带有职业个性特征的化妆,可以极大地改善旅游职业女性的精神面貌,使她们在工作岗位上始终保持神采奕奕的精神状态,激发做好本职工作的热情和自信心。另外,淡妆上岗作为旅游接待与服务人员的一项基本工作要求,其主要目的是作为一种礼节形式,表示对宾客的礼貌和尊重,使客人从对员工仪表美的审美享受中,得到被重视的满足。

(一) 旅游职业女性美容、化妆规范要求

(1) 化淡妆。力求化妆效果接近自然，不允许文眉、文眼线、浓妆艳抹，过浓的化妆不仅对皮肤有害，而且让客人感觉轻浮、俗气，故旅游职业女性是不允许浓妆上岗的。

(2) 可适当使用香水，以除去身上的异味，但香水不宜太浓，以防对宾客的嗅觉产生刺激。

(3) 化妆应注意时间、地点、场合，不可随时随地轻易拿出化妆品来涂抹。在公共区域，当众梳头、化妆均是有失礼仪的行为。

(4) 补妆应到专门的化妆室和盥洗室进行。

(5) 化妆以突出面部轮廓的优点、掩饰缺陷和弥补不足为原则，并不是改变或重塑形象。所以自然天成、不留痕迹是职业淡妆追求的境界。

(6) 化妆品的选择和色彩浓淡的不同搭配，可以展现出不同的风格特点，着妆者应根据自己的年龄、职业特点、肤色的特征(如：属油性、中性、干性皮肤或肤色的深浅)来选择化妆品。

(二) 化妆的风格特点

1. 现代型

现代型化妆风格一般使用粉红色系列化妆品或色彩鲜艳的化妆品，以显示青年人的活力，突出灵活、爽快、矫健、轻盈的总体感觉。采用这种风格化妆，可使皮肤显得白嫩细腻，体现出女性的娇美和无瑕。

2. 聪慧型

这种风格的化妆，通常选用色彩柔和的化妆品，以充分展示年轻人贤淑典雅的性格魅力，同时给人以温柔、恬静、素洁和充满智慧的印象。化妆时，一般选用明快的色彩做底色，用蓝色缀眼角，用轻柔、光润的粉红色衬托嘴唇，这样可显示出年轻人的天真、活泼、纯朴。

3. 稳健型

这种风格的化妆特点是崇尚自然，表现出干练、纯朴、文静和聪慧。底色多选用与肤色近似的色彩，腮红与口红的颜色接近，而且都很淡雅，讲究涂抹适度。这种风格类型较为适合白领职业女性。

二、面部化妆的一般程序

1. 洁面

化妆前必须彻底清洁面部的皮肤，尤其是油脂分泌较多的鼻翼两侧及额头等处，更应该仔细清洗。洁面最好选择与皮肤类型较为接近的洁面乳进行清洁，这里

所说的皮肤类型,主要指属油性、中性或干性皮肤。洗完脸后再用清洁霜清洁一次,因为如果洁面这一程序不彻底,底妆很难涂抹均匀。可见,搞好面部皮肤的清洁是化好妆的基础和前提。

2. 扑底

洁面之后,将粉底霜放在手背上,用海绵蘸霜打匀,在脸上薄薄地涂上一层,同时在脖子上也涂一点,使其能与面部的颜色协调;然后再从上往下轻轻扑上一层底粉。这一环节对于化妆十分重要。扑底粉一定要均匀,而且尽量使颜色达到一致,面部轮廓较暗之处应多扑一些,如眼窝、鼻沟等部位;而较明亮之处则可少扑一些,如面额、颧骨、鼻尖等部位。这样整个面部就显得均衡、透明、自然。

3. 勾眼线

由眼角开始,轻轻地涂上紫红色的眼影粉,约占眼长的1/3;再用蓝色的眼影粉涂剩余的2/3。这两种颜色的搭配,可使眼睛显得生动、温柔,然后再用尖端削成扁平的眉笔勾画出眼线。从视觉角度审美看,眼部化妆的效果如何,是整个面部化妆成败的关键。

4. 画眉

画眉应从内眼角的眉端开始,经眉峰(在眉毛的2/3处),一直画到眉尾为止,女性的眉形切忌过宽。化妆讲究着笔力度的均匀,故画眉时手要放松。如画得太重,可用眉刷刷一下,尽量使画过的眉毛看上去比较自然;原本眉形较好的眉毛,只需用眉笔平扫一下,稍稍让原眉挂浓一点即可;原本较浓的眉毛,就不必再加黑了,只将眉形稍作调整,使眉毛看上去对称就行了。

5. 涂腮红

化妆涂腮红这一环节较为讲究,涂的部位应从脸颊颧骨处开始,用刷子轻蘸脂红,一点一点地淡涂。涂的范围高不过眉,低不过嘴角,内不过鼻颊两侧。涂腮红切忌着色太浓,使涂抹部位与其他部位反差太大,看上去显得俗气。另外腮红有好几种颜色,一般选用接近皮肤的粉红色较为保险。太重的胭脂红,日常淡妆不适合选用。但如果出席较隆重的晚宴或其他庆典活动,或上舞台表演等,腮红的颜色则略重一点为好。

6. 涂口红

涂口红是面部化妆的最后一道工序,没有受过化妆训练的人往往容易在这一环节出现败笔,不是颜色选择不当,使唇色与其他部位搭配不协调;就是涂法不当,使口红越过唇线,看上去极不雅观。

涂口红的正确方法应掌握以下三个重要环节:

(1)画唇线。画唇线的目的一方面可以使嘴唇的线条清晰、柔和;另一方面是可以用唇线笔调整唇形,使太厚或太薄的唇型能通过化妆得到适当弥补;再者就是不致使口红越线。

(2)选择适当的口红颜色。口红的色彩因年龄、场合、职业,甚至因季节而异,但职业女性一般不宜选择太过鲜艳的唇膏。颜色太过鲜艳,加上嘴唇较厚,看上去会使人联想到"血盆大口"。

(3)注意唇边与唇内的颜色要略有区别。唇边可涂深一些,唇内则可浅一些。

总之,化妆所追求的完美境界,是既要通过化妆使原来的仪表更漂亮、更精神,又不要有人工痕迹,使人一看就觉得那是一张"虚假的脸"。职业妆清淡、雅致就够了。

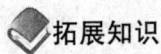拓展知识

男士面部要求

1. 注意修剪鼻毛。
2. 刮干净胡须。
3. 清洁牙齿洁白。
4. 皮肤要经常护理。
5. 对暗疮和青春痘等皮肤问题要及时医治。
6. 适当的时候要喷或擦香水,保持身体气味宜人。

三、化妆的技巧

由于每个人的脸型不同,五官的搭配不同,或由于五官本身某一部位原有的缺陷,不可能通过化妆求得实质性的改变。化妆的目的在于掩饰不足、弥补缺陷,所以不能按一个不变的模式生搬硬套,而应根据个人的脸型、肤色和五官比例、搭配的不同,扬长避短,按一定美学原理有针对性地进行化妆。这样才能收到应有的化妆效果。

(一)脸面上半部分不足的化妆掩饰法

有的女性脸面的下半部分端正好看,但眼睛等上半部却不太理想,例如,小眼睛,单眼皮,眉形差,额头窄,颧骨突出等。要弥补上述不足,须对症下药。如:眼睛小的女性,欲使眼睛看起来大一些,最好的办法是通过化妆使脸型显得瘦一些,可采用眼影法将面庞轮廓化小一点,然后再把眼睛"化大"。但千万不可在眼睛周围涂满眼影色,或者将眼线画得过粗,这样反而会破坏面部轮廓的比例,使面部看上去更不协调。眉形不好比较容易矫正,而额头窄则应通过腮红内缩的方法,从视觉差上加以调整。

（二）脸面下半部分不足的化妆掩饰法

在脸的下半部施以深暗色的眼影色,使视觉变窄、变小;口红宜选用接近肌肤的颜色,以突出脸面上半部分的长处,使观者的视线转移。这种方法在化妆上又称障眼法,即采用扬与抑的方法来削弱视线对脸的下半部分的注意。

（三）大脸庞的化妆掩饰法

大脸庞脸型的化妆方法,侧重点是采用内缩法,借助化妆品明暗度的对比与反差,从视觉上将脸庞变窄。化妆的具体方法,是在脸庞外围使用较深颜色的粉膏,面孔的中心使用较浅色的粉膏,使中心部位看起来明亮一些,产生亮点突出的效果;其次可通过发型改变人的视觉效果,宽脸庞的脸型,如选择披肩长发,可获取将脸型拉长的效果。

（四）如何选择眼影色与造影

1.选择眼影色

正确选择和合理使用眼影色,是女士化妆中掩饰面部缺陷的重要环节。许多初学化妆者对眼影全面而丰富的色彩系列无所适从,不知如何选择,有的甚至干脆放弃使用眼影色。

眼影色通常有棕、灰、蓝、绿、紫、橙、桃红等数种,不同的颜色有着不同的表现效果,不同的颜色适合于不同肤色、不同环境的化妆需要。那么究竟应该如何选择眼影色呢?以下几种方法可供参考:

(1)选择与肤色相协调的眼影色。在不能把握自己的肌肤适合于哪一种颜色时,可采取折中的办法,即选择灰色系列的中间过渡色,如棕色、灰色等。年轻人皮肤白嫩,选择较明亮的色彩,看起来会更加清纯而有朝气;而中年以上的女性,因眼角皮肤已开始形成皱纹,故可以选择稍深的色彩,脸型欠佳的部位也可选用深色予以掩饰,如紫红色等。蓝色、绿色与人的皮肤反差太大,职业淡妆不宜选用,但作为晚妆参加重大社交活动,或舞台表演,选择这种与皮肤反差较大的颜色,往往也能产生较理想的效果。

(2)选择与服装色相协调的眼影色。

(3)选择与唇膏色相协调的眼影色。

2.造影

眼部造影是整个面部化妆至关重要的部分,直接关系化妆的成败。一旦选定了眼影色,接下来就是造影。所谓造影,即画眼窝,也就是在上下眼皮、眼周和眼尾处晕染眼影色。东方人眼窝不深,画眼窝时应着重强调光亮部位,以表现层次,形成立体的视觉效果。初学者可按以下步骤晕染眼影色:

(1)眼圈、眼尾涂上暗色(中性色),眼凹处涂中性色,眉弓和上眼皮中间涂明色,然后用眼影刷晕染即可。

(2)眼尾处应格外细小,只向眉梢一带轻轻染开。
(3)下眼皮上眼影色要轻轻拍上去,谨慎地将底色融为一体。
(4)造影时须掌握的原则,是眼影色要比底色稍微浅一些为佳。

四、美容的一般常识

旅游行业员工为始终保持容貌的素雅和旺盛的青春活力,适当的面部皮肤的护理与保养,以及基本的美容知识应能够掌握。

(一)面部皮肤保养

(1)应经常性地做一些能促使面部肌肉有节奏运动的活动。如干洗脸来进行自我面部肌肉按摩;唱歌也是很好的面部肌肉活动方法;有意识地咀嚼同样对皮肤具有保健作用。面部肌肉的运动,可以促进面部血液循环和营养物质的吸收,从而增强面部肌肉的活力和皮肤细胞的代谢功能,延缓面部皮肤皱纹的形成和衰老过程。

(2)应注意保持工作和休息环境中空气的相对湿度,保持皮肤的湿润,以防面部皮肤干燥起皮。

(3)用中性和偏酸性的洁面乳洁面,而不宜用碱性较强的香皂洗脸。

(4)临睡前用植物油敷涂眼皮及眼睛周围部位,敷涂后不要加以清洗,让油脂留在该部位入睡。

(5)每晚临睡前做 10~15 分钟面部皮肤保健按摩并持之以恒。方法是由面庞的中央部位向两边轻轻地按压揉动。

(6)注意皮肤卫生,保持皮肤清洁,尽量避免使皮肤暴晒和受到刺激。洗脸尽量用温水,因水温过冷会使皮肤干燥、脱屑;而过热则会使皮肤变得松弛,产生皱纹。

(7)慎用化妆品,尤其不能使用没有正规品牌的劣质化妆品。选择化妆品的品牌应根据自己的皮肤特性:干性皮肤油脂分泌较少,皮肤干燥,容易起皱纹,并产生脱皮现象所以需要特别护理,应经常使用保湿润肤霜,忌热水或碱性化妆品;油性皮肤毛孔粗大,油脂分泌旺盛,易脱妆,缺乏护理则易长青春痘和粉刺,更甚时会长暗疮和脓包,这类皮肤可选用弱碱性化妆品进行面部清理,少用含油脂性的化妆品,并应经常清洗面部皮肤,避免化妆品堵塞毛孔。

(8)不吸烟、饮酒或尽量少吸少饮;不吃刺激性食物。辛辣食物是皮肤的大敌,应尽量克制少食,经常食用辛辣食物会导致皮肤细胞代谢的紊乱。

(二)控制体重,保持体形

对于保持形体美,许多人都走过同样的弯路,即在拥有健美体形时,对导致形体变形的因素不加以节制,而一旦体形发胖,才采取各种方式来进行减肥。这是极

不科学的。正确的方法,应当是尽量通过一些科学措施来控制体重,预防形体发胖。日常生活中应注意以下几个问题:

(1)加强锻炼,通过适量的运动保持体形健美。

(2)控制饮食,养成良好的饮食习惯;注意饮食品种的合理搭配,尤其是蔬菜、水果等植物性食品,应经常食用;蛋白质的摄入应多选择水溶性蛋白质食品,如鱼类、海产品等;尽量少食用碳水化合物食品,如米饭、面粉及淀粉含量高的食品。

(3)控制每天的进食量,不暴食暴饮,保持饮食起居的规律性。

(4)保持积极健康的心态,多参加户外活动,多进行人际沟通,长期闷在家里不参加户外活动最易发胖。

(5)保持正常而稳定的生活节律,不贪睡,不恋床,每天保持8小时睡眠就足够了。

(6)不熬夜,经常熬夜的人会破坏人体生物钟,导致内分泌调节功能紊乱,从而引起发胖。

(7)控制脂肪高食品的摄入量,如油腻食品、乳制品等。甜食也是容易引起发胖的食品。

(8)尽量推迟年龄性自然发胖的时间,要做到这一点,最有效的方法是积极锻炼,积极进行心理因素的调节,加强自控能力。

五、脸型、发式的搭配

一个人的整体形象如何,发型式样起着至关重要的作用,不同发型的变化,不仅能改变人的形象,还可以通过丰富的想象力为人们创造一种全新的形象。

(一)旅游从业人员发型的一般要求

(1)整齐、清洁,没有头垢、头屑。

(2)头发光润,丝丝可见光泽,具有较好的弹性。

(3)不粗不硬,不分叉,不打结,有柔软感。

(4)疏密适中,不留怪异发型。

(5)色泽统一,保持自然。

(二)脸型、发式搭配的原则与技巧

1. 长脸型

长脸型一般是两颧骨相距较窄,前额的发际线生长较高,下颌骨窄长,脸型呈长方形、瓜子形、鹅蛋形,人显得清瘦。这种脸型在选择发型时,轮廓应平伏些,尤其是前额的刘海儿、头发应留得长而多一些。如果下颌骨窄长,耳区的头发应尽量厚而蓬松以分散脸型的窄长感。披肩长发和前额梳光的发型不适合这种脸型。

2. 方脸型

方脸型一般是下颌骨和颧骨生长宽大,前额发际线较低,使脸型显得方正。这种脸型的发型轮廓应略蓬松,鬓角的头发要留得厚些,但不宜太长,发梢应向两颊前倾,掩盖下颌骨,前额刘海儿应留短发,且不宜过厚,以求在视觉上将脸型拉长。

3. 圆脸型

圆脸型一般面部肌肉生长得较为丰满,面部线条较为平滑、流畅,使脸型呈圆形。这种脸型一般脸盘较大,应尽量从两侧鬓角向下拉长做文章,鬓角头发宜留得厚一些,使发梢向两颊前倾,前额应适当留短发,但不宜过短,额前头发的蓬松可分散脸型圆而大的弱点。

4. 菱形脸

菱形脸一般是前额较窄,颧骨宽,下颌也较窄尖,所以形成菱形状。这种脸型,发型不宜采用双分式,最好略显蓬松,波浪也应浅淡、柔和;耳前发区鬓角处和前额骨刘海儿处的头发应向后梳拢并服帖;鬓角处的头发,可留得略厚些,但不宜过长。这样会使菱形脸面部线条变得柔和,从视觉效果上也显得清纯秀气一些。

除上述具有一定代表性的脸型与发型的搭配技巧外,还应按一定的美学原则注重自己的脸型与体型、服饰装扮、场合气氛、职业特点、年龄等因素的搭配,切忌盲目追求时尚的从众心理。旅游接待与服务人员的发型,应以端庄、大方、得体、美观为基本原则,让发型剪出个性,剪出旅游行业的职业特点。

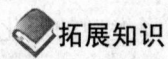
拓展知识

头发的保养

1. 保持清洁。应半个月修剪一次。最多不超过一个月。
2. 勤于梳理。经常梳理头发;但是不可当众梳头,尤其是不能当着客人的面梳头;不可乱扔断发和头屑;梳完后应检查一下自己的身上和制服上有没有头发和头皮屑,切忌带着满身的头皮屑去见客人。
3. 美发护发。一般不允许烫发、染发、带假发(有生理缺陷的除外),也不允许佩戴色彩艳丽、造型奇特的发饰,以及其他一些头部装饰品,包括时装帽。
4. 经常按摩。
5. 注意饮食。

六、旅游从业人员的形象包装

掌握基本的美容与化妆知识,其主要目的是为了使旅游接待与服务人员懂得如何按照美的基本原则进行自我形象的塑造,即如何进行自我包装。

(一)男士的形象包装

旅游接待与服务人员中男士的整体形象,要求稳重、得体、大方、高雅,力求显示出受到过良好文化教育和行业素质训练的职业风采。男士的职业形象设计要求如下:

(1)男士首先应精心梳理好头发,不宜留长发,更不要染发。头发的整洁是对一个具备良好礼貌修养男士的起码要求。

(2)要认真修剪边幅,如胡须、鼻毛、鬓角等;面部皮肤要经常护理,以保持面部光洁,神采奕奕。

(3)一定要做到衣着整洁,正式场合穿西装一定要系领带,衬衫下摆要扎进裤腰中;不要穿袖口或裤边已磨损或开线的衣服。

(4)正式场合要穿皮鞋,且皮鞋要擦亮,不应有灰尘、污迹,系带皮鞋要系紧鞋带。

(二)女士的形象包装

旅游行业职业女性形象应力求端庄、恬静,显示出受到过良好的气质训练的专业素养。具体要求如下:

(1)按职业要求化淡妆,修剪指甲和鼻毛,将头发盘起或梳扎好。

(2)不佩戴多余的珠宝首饰,以免显得珠光宝气,给人留下俗的印象。

(3)着装得体,不穿透明或紧绷身体的服装,更不得穿领口超大的上装和超短裙。

本章小结

我们已经向您详细介绍了您的个人形象在您的职业中的重要性,因为您所从事的职业需要在较短的时间内得到公众的接受和认可,所以无论是您的服饰、装扮,还是您的发型,都应该引起您足够的重视;同时您在社交场合的一举手、一投足都会给您的企业添上光环或蒙上阴影,所以您的自我形象包装与企业的产品包装同样重要。一个成功的、充满魅力的形象既能使别人对您另眼相看,更重要的是,它可以让您信心百倍。

思考与练习

1. 什么是仪容、仪表、仪态?

2. 旅游从业人员注重仪容、仪表的意义有哪些?

3. 试述对旅游从业人员男士、女士仪容的基本要求。
4. 旅游从业人员服饰美的基本要求有哪些？服饰搭配上的四个协调包括哪些内容？
5. 举例说明，不同身材的人在选择服装时，应把握哪些要点。
6. 化妆有哪几种主要的风格？不同年龄的人如何选择适合自身年龄的化妆风格？
7. 简述面部化妆的一般程序。
8. 如何根据不同的脸型选择合适的发型搭配？
9. 控制体形应当注意哪些方面的问题？
10. 旅游从业人员如何进行个人的形象包装？

第四章 宴请活动礼仪

引 言

您经常出席各种不同形式的宴请活动吗？想必此刻的回答是否定的，但当您跨入了旅游接待这个行业，您就会发现，组织、参与不同形式的宴请活动是您日常工作的一个重要的组成部分。礼仪宴请活动可不像吃家常便饭那么简单，从落座的位置、上菜的顺序、菜肴的配置、酒水的搭配到不同餐具的使用等都有严格的规范，尤其是西餐，更是注重餐桌礼仪，一个不经意的错误就会导致您的个人形象大打折扣，进而影响您的企业形象。

本章将向您详细介绍宴请活动的礼仪规范和要求及不同形式宴请活的策划、组织与安排。

学习目标

1. 熟悉宴请的形式。
2. 了解宴会的组织与策划。
3. 了解出席宴会的礼仪要求及注意事项。
4. 了解中西餐菜点知识及酒水的搭配知识。

第一节 宴请的形式

一、宴请形式的分类

（一）按接待规格分类

1. 国宴

这是国家元首或政府首脑为国家的庆典或欢迎来访的外国国家元首、政府首脑而举行的一种正式宴会。其规格之高为各种宴会形式之首，礼仪要求最为严格。

2. 正式宴会

正式宴会通常指政府部门和人民团体为欢迎应邀来访的国外宾客,或来访的宾客为答谢主人而主办的宴会。其接待规格仅次于国宴。正式宴会的安排与服务程序大体与国宴相同。宾主按身份排席次或座次,在礼仪上的要求也比较严格。席间一般有致辞和祝酒,有时也设乐队演奏伴宴乐曲。与国宴所不同的是正式宴会不挂国旗、不演奏国歌。

3. 便宴

便宴是一种非正式的宴请,规格可大可小,不拘严格的礼仪、程序。便宴追求一种亲切、随意的进餐环境和效果,是联络感情、沟通信息、交际活动中较为普遍采用的宴请形式之一。便宴讲礼而不拘礼。

4. 家宴

家宴是指在家中以私人名义举行的一种宴请活动。家宴通常没有太多的礼仪限制,用于公关、社交活动之中,旨在深化情感、发展友谊。

(二)按宴请活动的性质分类

1. 礼仪性宴请

国宴多属于这种性质,带有较为浓厚的政治色彩和民族色彩。例如:欢迎外国元首、政府首脑来访;各种重大的节日庆典;重大的历史纪念活动等。

礼仪性的宴请本身就是一项礼仪活动,讲究严格的礼宾规格,程序上必须遵守固定的礼宾次序。如:国旗的悬挂;国歌演奏的时间及席间音乐的选择和次序;参加宴请活动人员的服饰、仪容、仪表、仪态等。

2. 交谊性宴请

部分正式宴会、便宴、家宴均属这种类型。其举办目的旨在表示友好、联络感情、发展友谊、沟通信息等,如:庆贺、答谢、送行、接风洗尘、宣传、促销等。这类宴请活动礼仪规格及要求以视举办者的目的性以及宴请方式的不同而有所区别。例如,主办者以较为正式的程序及方式邀请,应遵循正式宴会的礼仪要求。

3. 商务性宴请

此类宴请,系正式宴请活动的一种。举办者及与宴者为谋求商业性目的,以宴请活动为媒介,为进行商务洽谈、合作计划商讨和合同签订等而举行。与宴者应遵循正式宴请的礼仪要求。

(三)按宴请活动的形式分类

1. 按照餐别分类

(1)中餐正式宴会;(2)西餐正式宴会;(3)自助餐宴会;(4)鸡尾酒会;(5)茶话会。

2. 按时间分类

(1)早宴;(2)午宴;(3)晚宴。

3. 按礼仪分类

(1)欢迎宴会;(2)庆祝宴会;(3)答谢宴会。

二、正式中餐宴会

中餐宴会是中国传统的、具有民族特色的宴会。宴会遵循中国的饮食习惯,饮中国酒,吃中国菜肴,用中国餐具,行中国传统礼仪。

(一)国宴

国宴是中国国家元首、政府首脑为国家重大的庆典活动,或欢迎外国国家元首、政府首脑来华访问而举办的正式宴会。

国宴的礼仪要求如下:

(1)国家元首或政府首脑亲自主持。

(2)座次按照礼宾次序排列。

(3)场地布置隆重、热烈,主席台中设有大型鲜花花台。

(4)宴会厅内悬挂宾主两国国旗。

(5)宾主入席后,乐队要演奏两国国歌。

(6)主人和主宾先后发表祝酒词。

(7)乐队席间穿插演奏两国民族音乐作品。

(8)与宴者必须正式着装,国宴大都安排在晚上进行;男宾一般穿中山装或西装,女宾穿旗袍或晚礼服。

(9)国宴席卡、菜单上均印有国徽,代表国家最高规格。

(二)正式宴会

中餐正式宴会以圆桌排座,与国宴相比,除不挂国旗、不奏国歌以及出席人员级别不同以外,其余安排与国宴大致相同。

正式宴会的礼仪要求如下:

(1)有正式的请柬,请柬上注有宴请日期、时间、地点等内容。

(2)排座严格按照礼宾要求,与宴者按照席位卡对号入座。

(3)对于宴请服饰要求,往往在请柬上注明。

(4)对餐具、酒水、菜肴道数及上菜程序均有严格的规定。

(5)宴会服务质量要求较高,高档宴会要求上一道菜换一次餐盘,每道菜上桌后先向宾客示盘,然后再进行分菜。

(6)宴会进行中,通常配有背景音乐或穿插文艺表演,调节宴会气氛。

三、西餐宴会

按照西方国家宴会的形式、用餐方式、风味菜点而举办的宴会。

西餐宴会的礼仪要求如下：

（1）西餐餐台按照长台形布置，简洁、明快。

（2）西餐采用分食制，每道菜按每人一份上桌。

（3）西餐餐具为刀、叉、匙，按西餐进餐习惯应当右手拿刀，左手持叉，由左手将食品送入口中。不同形状、不同大小、不同规格的刀叉为不同食品之餐具，应仔细区别。

（4）西餐的上菜顺序与中餐不同，以冰水、开胃菜、汤、海鲜、肉食、主菜、甜食、水果、咖啡、红茶为先后顺序。

（5）西餐酒类较多，不同的酒选用不同的酒具与不同的菜肴搭配，要注意学习和掌握。

（6）西餐进餐讲究文雅而有风度。席间不宜大声谈笑，进餐时尽量不发出声响。

四、自助餐宴会

自助餐宴会又名冷餐招待会。因客人可根据自己的饮食喜好自取食品而得名，是一种比较流行的、方便灵活的宴请形式。

自助餐宴会的礼仪要求如下：

（1）自助餐宴会注重突出宴会气氛，餐台布置讲究，色彩缤纷。

（2）不设固定席位，方便客人自由活动，有利于客人的沟通与交流。

（3）菜点丰富，冷菜、热菜、主食、甜品、水果、汤类皆成系列。

（4）与宴者须按照类别取食，不可用同一餐盘食用多种类别的食品。

（5）与宴者须按量取食，不可浪费。

（6）不同类别的食品须配不同餐具，不可混用。

五、鸡尾酒会

鸡尾酒会是一种较为活泼、有利于宾客之间广泛接触与交流的宴会形式。

参加鸡尾酒会，宾客可以晚来早走，不受时间约束，在安排上也比较灵活。

鸡尾酒会的礼仪要求如下：

（1）酒会一般采用站立形式，不设座椅，仅设桌子、茶几，便于客人四处走动、交流。

(2)招待品以酒为主,以及由多种酒水配制而成的各种混合型饮料;食品供应多为小食品,如:三明治、面包、小香肠、咸肉卷等;不设刀叉,用牙签取食。

(3)举办时间不受限制,中午、下午、晚上均可。

(4)酒会请柬上一般都注明起讫时间,客人可在此期间任何时间入席,来去自由,不受限制。

(5)配制好的鸡尾酒(由多种酒按一定比例混合而成)放在桌上,客人按需要自取。小食品由服务人员托送。

六、茶会

茶会是一种简便的招待会形式,多为社会团体、厂矿企业举行纪念活动和庆祝活动所采用。会上备茶、点心和数样风味小吃。茶会对茶叶、茶具的选择要有讲究并应突出地方特色。安排有外国人参加的茶会应备有红茶、咖啡和冷饮。

茶会一般不排座次,但入座时有意地将主宾和主人安排在一起,其他人则随意入座,宾主共聚一堂,饮用茶点,漫话叙谈。席间可安排一些短小的文艺节目助兴。

 **特别提示**

十种人切记不要喝茶!

1. 缺铁性贫血者:茶中的鞣酸会影响人体对铁的吸收,使贫血加重。
2. 神经衰弱者:茶中的咖啡因能使人兴奋,引起基础代谢增高,加重失眠。
3. 动性胃溃疡患者:茶中的咖啡因刺激胃液分泌,加重病情,影响溃疡愈合。
4. 泌尿系结石者:茶中的草酸会导致结石增多。
5. 肝功能不良者:茶中的咖啡因绝大部分经肝脏代谢,肝功能不良的人饮茶,将增加肝脏负担。
6. 便秘者:茶中的鞣酸有收敛作用,能减弱肠管蠕动,加重便秘。
7. 哺乳期妇女:茶中的咖啡因可通过乳汁进入婴儿体内,使婴儿发生肠痉挛,贫血,还会影响孩子的睡眠。
8. 心脏病者:饮茶过多,会使心跳加快,有的还可出现心律不齐。
9. 孕妇:饮茶过多,会使婴儿瘦小体弱。
10. 醉酒者:酒精对心血管刺激很大,茶中的咖啡因可使心跳加快,两者一起发挥作用,对心脏功能欠佳者,十分危险。

第二节 宴会的组织

一、如何安排宴请

宴请既然作为一种礼仪性的社交活动,实现其目的,自然是组织者所追求的目标。为了能使这种交际活动获得圆满成功,组织者在宴请前必须做好充分的准备工作。

(一)确定宴请的目的、名义、对象、范围、形式

(1)宴请的目的通常是各不相同的,既可以是为某一件事而举行,也可以是为某个客人而举行,还有是为某一展览会开幕式或闭幕式,或者某一工程的开工或竣工而举行等。

(2)宴请要确定以谁的名义邀请和被邀请对象。确定邀请者与被邀请者的主要依据,是主宾双方的身份应当对等。身份低会使对方感到冷淡、不礼貌。

我国大型正式活动通常是以一个人的名义发出邀请,日常交往的小型宴请可以根据具体情况以个人名义或以夫妇的名义发出邀请。

(3)邀请范围是指宴请需邀请哪些方面的人士、什么级别、请多少人、主方请多少人作陪等。这些都需要事先从宴请的性质、主宾身份、国际惯例、双方关系以及当前的政治气候、经济形势等方面加以考虑。

(4)邀请的范围确定以后,接下来就是拟定邀请名单。注意名单上要写明被邀请者的姓名、性别、职务等,并适时按拟定名单提前向对方发出邀请通知。

(5)确定宴请的形式按照通常的惯例,正式的、高级别的、小范围的以举行宴会为宜,人多时则可采用冷餐酒会或茶会等形式。

(二)宴请的时间和地点

(1)宴请的时间应安排在主宾双方都较为合适的时候。注意在时间的确定上,要避免对方的重大节假日、已有重要活动的时间或是禁忌日,如在西方13日、星期五均属不适合安排宴请活动的日子。

(2)选择宴请的地点,要根据邀请的对象、活动性质、规模大小及形式等因素来确定。如官方正式、隆重的宴会一般安排在政府议会大厦或客人下榻的酒店。

(三)宴会邀请

1. 邀请形式

邀请有两种形式,即口头邀请和书面邀请。口头邀请就是当面或者通过电话把这个活动的目的、名义以及邀请的范围、时间、地点等告诉对方,然后等待对方的答复。书面邀请即给对方发送请柬(或称请帖),将宴会活动的内容告之对方。这样做,既是出于礼貌,也是对客人的提醒和备忘。

2.邀请时间

各种宴会邀请时间一般以提前3~7天为宜,过早,客人会因日期长久而遗忘;太迟会使客人措手不及,难以如期应邀出席。

3.发送请柬方式

(1)请柬上要将宴请活动的目的、名义、邀请范围、时间、地点等都写在上面,然后送给客人。

(2)请柬发出后,要及时核实出席者情况,并做好记录,以便安排席位。

(3)请柬的书写格式,按规范要求应首先写明目的,正文不用标点符号,遇重大活动时要注明着装要求;要注意行文格式,文字措辞务必做到简洁、清晰、准确、及时。写名单时一定要核对一次,不得将客人名字写错。

二、宴会的座次安排

正式宴会开始前的准备工作之一,就是要安排席位。每个席位上放置好席位卡,大型宴会桌次多,每个餐桌上要放桌次卡。这样既方便宾主入座、服务员上菜,也有利于宴会的统一管理。宾客入场时,宴会厅门口的领台员要热情上前引导入座。

宴会排座的具体要求如下:

(1)安排宴会座次,要根据国内外不同的习惯。按我国习惯,通常情况是面朝入口处的座位为主人座位;主人对面是副主人位置;主人的右边为主宾,左边为第二副主宾;副主人位置的右边为第一副主宾;其余按先右后左顺序以此类推。

(2)按照国外的习惯,座次安排通常是主宾在主人右边,主宾夫人在主人的左边,男女应穿插安排。

在具体安排席位时,还要考虑其他一些因素,如:客人之间的关系是否融洽、客人身份高低是否相当、语言沟通是否有障碍等,都要根据当时的情况灵活处理。

☞ 案例分享

不辞而别的演员

武汉市与日本某市缔结友好城市,在某著名饭店举办了一场大型的中餐宴会,邀请本市最著名的演员到场助兴。这位演员到达后,费了很多时间才找到了自己的位置。当他入座后发现与其同桌的许多客人都是接送领导和客人的司机,演员感到自尊心受到了伤害,没有同任何人打招呼就悄悄离开了饭店。当时宴会组织者并没有觉察到这一点,一直等到宴会进行中主持人拟邀请这位演员演唱时,才发现演员并不在现场。幸好主持人灵活,临时改换其他演员顶替,才算没有出现冷场。

思考并回答:
1. 演员为什么不辞而别?
2. 座次安排有何不妥?
3. 情况发生后该如何处理?

三、菜单拟定和酒水搭配

宴会菜单的拟定要根据宴请的规格,在规定的标准内安排。拟定菜单时要考虑以下五个方面的因素:

(1)菜肴的选定与酒水的搭配,主要以主宾的口味习惯为依据,而不是以主人的好恶为标准。要注意尊重对方的民族饮食习惯和宗教信仰。如印度教徒不吃牛肉;伊斯兰信徒不饮酒,也不饮含有酒精的饮料;回民不吃猪肉等。

(2)要注意菜肴的营养构成,荤素搭配要合理。时令菜、特色菜、传统菜应合理选择,另外要注意菜点与酒水、饮料的搭配,应力求照顾到多数客人的需求。

(3)菜肴不一定要选名贵菜,而应以精致、干净卫生、可口取胜。菜肴的分量要适中。宴请注重的是气氛,而不一定是吃喝的内容。

(4)要注意量力而行。"力"主要指经费的合理开支,以及厨师的烹饪技艺是否达到了拟定菜肴的烹饪制作水准。

由此可见,宴请的菜单是很有讲究的,这不仅需要从规格、标准上考虑,而且更需适合客人的习惯与爱好。原则上不同级别的宴会菜单,是由不同级别的主管部门负责人亲自审定。菜单一经确定,即可印制,印制要精美大方。宴会菜单宜每桌上放 2~4 份;规格较高的宴请可每人 1 份,供客人留作纪念。

四、宴会气氛的调节与控制

一席宴会的成功与否,重要的并不仅仅取决于宴会提供给与宴者的菜肴的质量,关键在于宴会的气氛是否浓烈;客人的情绪是否高昂;主客双方是否在一种亲切、友好的气氛中使友谊得到了升华,使情感得以沟通,使关系进一步融洽,使合作的意愿变得更加强烈……所以,宴会的组织者应当了解与掌握如何调节宴会的气氛、控制宴会的节奏。

宴会气氛的调节,主要指在宴会进行过程中,通过采用一些必要的辅助手段来烘托和调节气氛,从而使宴会达到高潮。宴会气氛的调节可运用以下手法:

(一)色彩的运用

宴会厅的布置,在色彩选择上应尽量选用暖色系列,如红色、橙色、黄色等。置身于暖色系列的进餐环境中,易使与宴者的情绪饱满、高涨,有交流与沟通的欲望,同时暖色调还可以增进人的食饮。

(二)灯光的调节

在宴会厅里,通过运用灯光的调节来制造和烘托宴会的气氛,往往会收到意想不到的效果。灯光调节主要指通过灯光明暗度的变化,或无色光源与有色光源的变幻来调动和调节进餐者的情绪,以烘托宴会的气氛。如:在一次高规格的宴请活动中,当宴会逐渐进入高潮时,宴会厅的灯光突然熄灭,正当客人不知所措时,着装整齐的服务人员手托"火焰冰激凌"步伐整齐地步入宴会大厅,一片漆黑的大厅里行走的服务员队伍宛如一条游动的火龙;当他们向四周的餐桌散开时,又好像繁星点点。这时,音乐声缓,灯光重新点燃,宴会客人在组织者的调动下,仿佛经历了一场梦境,先是一阵沉默,接着爆发出一阵热烈的掌声。

(三)背景音乐的运用

背景音乐在宴会厅里的运用,往往对调节宴会的气氛起着十分重要的作用。它可以使与宴者在品尝美味佳肴的同时,得到味觉与听觉上的双重享受。轻松而舒缓的音乐,有利于减轻大脑的疲劳,使身心得以放松,从而保持较好的精神状态。当与宴者情绪高涨时,如何调节宴会气氛,组织者就显得得心应手了。

宴会厅里背景音乐的选择,应以轻柔舒缓的抒情音乐为主,如:钢琴曲、小提琴曲、萨克斯独奏曲、民乐及小曲等。一般而言,快节奏、有强烈震撼力的音乐,不适合运用于宴会的背景音乐。

(四)邀请文艺团体现场助兴

在较高规格的宴请活动中,邀请文艺团体、著名艺术家做现场表演,也是调节宴会气氛的非常行之有效的方法。它不仅可以提高宴会的档次,也使得宴会进行过程中始终保持一种热烈、欢快的气氛。必要时组织者还可以邀请主宾或重要客人上台即兴表演,将宴会气氛带入高潮。

第三节 出席宴会的礼仪要求

在西方国家,赴宴举止是否得体,用餐姿态是否规范,历来被认为是衡量一个人文明修养水平的标准之一。虽然随着时代的变迁,餐桌礼仪已由烦琐逐渐趋于简化,但一些基本的礼节规范却依然保存着,成为人们相沿成习的行为标准。

一、接受邀请注意事项

(1)当收到请柬时,首先应当了解是参加哪一种类型的宴会,是中式的,还是西式的;是去邀请者家里做客,还是去饭店参加庆典,或是陪同外国代表团等。何种类型的宴会,一般请柬上都有说明。

(2)宴请一般分为正式和非正式两种,但不论何种宴请,请柬上都印有"敬候回音"或"如不光临请予回复"的字样。前一种是指被邀请者无论是否赴宴,都要予以回复;后一种则指被邀请者如不能赴宴才予以回复。按照一般的礼节要求,回复邀请应在收到请柬后的第一天内作答,太迟了,会被视为无礼。

(3)接受邀请后,没有特殊的原因,不要随意变动。万一有特殊情况不能出席,应及时、有礼貌地向主人解释或道歉,万万不可不经解释就随意不去参加,这是极不礼貌的行为。

(4)参加正式宴会要严格守时,既不能迟到也不必早到,比邀请时间早到两分钟左右较为合适。

(5)赴宴一定要注意着装得体。正式宴会着便装、休闲装、运动装等,都是不合时宜的。在欧美国家参加正式宴会,男士们通常着深色西装,配白色或浅色衬衣,系领带、领结或领花和穿擦拭干净的黑皮鞋;女士出席正式宴会通常穿礼服,一般长袖礼服配短手套,而短袖礼服则配长手套,礼服应与高跟鞋搭配。

二、席上礼规

(1)入席时,除了要知道自己当天所扮演的角色之外,还应当了解男女主人、男女主宾在餐桌上的位置,以及其他男女陪客的位置,然后按照自己扮演的角色入座,才不致失礼。

(2)入席就座以后,首先要注意自己的姿态:既要坐得端正,又不要显得过于拘谨;椅子不要坐满,只坐2/3的位置,身体轻轻靠在椅背上;双手放于膝部,不得趴在桌沿上,也不宜弄小物件或做理头发等不雅的习惯性动作。

(3)上菜前将餐巾轻轻展开,放在膝盖上,而不是围在脖颈上或系在胸前;餐中起身时,餐巾应放在椅子上,而不是餐桌上;用餐完毕离席时,餐巾不必折叠,自然放置在餐桌上即可。餐巾的用途是防止菜食弄脏衣服,也可用来擦嘴,但绝不能用于擦拭餐具。

三、进餐注意事项

(1)在进餐过程中,动作要文雅,切不可将胳膊肘放在餐桌上。这种姿势稍有不慎,会身体前倾弄翻菜盘,当众出丑;更为糟糕的是,叉开的双臂会妨碍身边的其他客人用餐。

(2)进餐时如不慎碰掉了餐具,不必俯身去拾,服务员会立刻过来拾起并重新为你换上干净的。不需要向服务员道歉,重要的是不动声色,好像什么都不曾发生一样,以免引起周围人的注意。

(3)没有吃过的菜肴,或者食用方法独特的菜肴上席时,不知如何食用不要紧,慢一点动筷,等别人食用时你再依样而为,自然就学会了。

(4)公众场合要讲究"吃相"。进餐吃东西时,尽量避免发生声响;喝汤应用汤匙,轻吸进去,细嚼慢咽,不要狼吞虎咽;骨头、鱼刺等不得直接吐到餐桌上,而应当放进骨盘里。

(5)不要面对其他客人张嘴剔牙,剔牙时应该用餐巾或纸巾遮住口,边走边剔牙更是不雅观的行为。

四、席间祝酒注意事项

(1)宴会进行过程中,敬酒是不可缺少的项目,重要的宴请活动,还有专门的祝酒仪式。作为与宴者,要事先准备好为何人、何事祝酒,何时祝酒等,以便做到心中有数,避免失礼。

(2)碰杯时,主人和主宾先碰,人多时可同时举杯示意,不需逐一碰杯,祝酒时要注意不可交叉碰杯。

(3)碰杯时在餐桌上不要将手伸得太长,如果主人致完祝酒词需要碰杯,男士应当把自己的酒杯举得比女士的酒杯略低一些。

(4)主人致祝酒词时,应当放下筷子暂停进餐,更不要与其他人交谈或抽烟,耐心倾听才符合礼节规范。

五、席间谈话注意事项

(1)宴会上沉默寡言会使宴会气氛显得沉闷,男女主人应主动引出交谈的话题,促使客人们相互谈论大家都感兴趣的内容,使宴会始终保持愉快的气氛。

(2)不要只同几个熟人或一两个人谈话,也绝不可金口难开,孤坐一隅。宴会中不可哈哈大笑、窃窃私语,或者大声招呼。

(3)注意不要边吃食物边讲话,或边摆弄刀叉边讲话。想说话时,要等吃完了嘴里的食物再说。

六、宴会结束注意事项

(1)待绝大部分客人已停止进餐之时,主人把餐巾放在桌上,或者从餐桌旁站起来,表明宴会到此为止的信号。只要看到这种信号,宾客即可把自己的餐巾放下,起身离席了。

(2) 离开餐桌时,不要将座椅拉开就走,而应将椅子再挪回原处。男士应帮助身边的女士移开座椅,而后再把座椅放回餐桌旁。

(3) 一般情况下,贵宾是第一位告辞的人,客人在分手时要对主人的盛情款待表示感谢,不可吃完抹抹嘴巴就走。离席时应让身份高者、年长者或女士先走。

七、当好主人,做好客人

人际交往活动中,作为主人在家里招待客人或作为客人到朋友、同事、同学家小聚,这是经常性的事。那么,怎样才能使客人体会到你的热情好客、礼貌待人的诚意呢?大体上应做到以下几点:无论是当家,还是做人,都应该热情、礼貌,表现出良好的社交礼仪修养。

(一) 当好主人

(1) 要热情。主人对客人的热情,最能让客人感受到对方的诚意,所以接待客人应笑脸相迎。客人到达后,要主动起身上前迎接,主动与客人握手,并热情地招呼客人坐下。

(2) 客人入座后,要主动搭话、寒暄。寒暄的话语要根据不同对象、不同时间、不同的场合而异。对客人而言,嘘寒问暖是一种关怀,更是一种气氛,让其尽快适应环境,不至于产生拘束或被冷落的感觉。

(3) 对待客人要谦和有礼。称呼客人要用尊称,尽量用征询和商讨的口气与客人谈话,应尽量回避容易引起客人尴尬、难堪、伤心、愤怒等方面的话题。

(4) 款待客人要有诚意。要适时为客人添茶、敬烟。如客人来访碰上吃饭的时候,要主动邀请客人一同进餐。在力所能及的条件下,尽力让客人感到自己受欢迎、被尊重。

(5) 创造轻松、愉快、和谐的气氛。当客人较多时,主人要善于将他们互相介绍,协调好他们之间的关系,绝不可只顾与一部分客人交流,而冷落了另一部分客人。碰到一些特殊的场合(如平素关系不甚融洽,刚好碰到了一起),主人应该多说一些玩笑话或者是缓和气氛的幽默风趣的话,帮助客人摆脱窘境。

(6) 客人告别时,应主动相送,与客人话别,并祝客人返家路上平安,欢迎并诚恳邀请客人以后再来做客。

(二) 做好客人

本书第十一章关于访客规范中将做详细介绍,此处不再赘述。

第四节　宴会菜点知识及中西餐饮食规范

一、中餐名菜及食用方法

（一）中餐名菜

中国菜肴品种繁多，约有一万余种，因地理位置、风俗习惯、饮食爱好不同，形成了中国菜的千差万别、风味各异，从口味上讲，中国菜素有南甜、北咸、东酸、西辣之说。最能够代表中国菜特色的著名八大菜系：四川菜系（川菜）、山东菜系（鲁菜）、广东菜系（粤菜）、淮扬菜系（苏菜）、浙江菜系（浙菜）、福建菜系（闽菜）、安徽菜系（徽菜）、湖南菜系（湘菜）。

1. 川菜特点及代表菜

（1）特点。川菜注重色、香、味、形，尤其注重味，故有"食在中国，味在四川"之说。

（2）名菜介绍。四川名菜较多，较有代表性的是以下几种：①怪味鸡；②麻婆豆腐；③宫保鸡丁；④樟茶鸭子；⑤水煮牛肉；⑥干烧鱼翅；⑦鱼香肉丝；⑧棒棒鸡等。

2. 粤菜特点及代表菜

（1）特点。粤菜由广州菜、潮州菜、东江菜为主体构成。其特点是用料广、配料多、善变化，口味讲究鲜、嫩、爽、滑、浓。

（2）名菜介绍。①龙虎斗；②脆皮乳猪；③蚝油牛肉；④白斩鸡；⑤禾花雀；⑥红焖海参；⑦烩蛇羹；⑧东江盐水鸡等。

3. 苏菜特点及代表菜

（1）特点。苏菜由扬州、苏州、南京三种地方菜发展而成。其特点是：选料严谨，制作精细，重视调汤，保持原汁，造型讲究。

（2）名菜介绍。①松鼠桂鱼；②水晶肴蹄；③蟹粉狮子头；④白汤鲫鱼；⑤煮干丝；⑥盐水鸭；⑦鸭包鱼翅；⑧三套鸭等。

4. 鲁菜特点及名菜介绍

（1）特点。鲁菜由济南、胶东两地地方菜发展而来，济南菜以清、鲜、脆、嫩著称，烹调方法擅长爆、烧、炒、炸；胶东地方菜以烹调各种海鲜见长，口味以鲜为主。

（2）名菜介绍。①德州扒鸡；②九转大肠；③奶汤鸡脯；④糖醋黄河鲤鱼；⑤炸大虾；⑥葱爆羊肉；⑦红烧海螺；⑧红扒熊掌；⑨炸蟹黄等。

5. 浙菜特点及名菜介绍

（1）特点。浙江菜集杭州、宁波、绍兴菜之大成，其特点是：讲究刀工，制作精细,变化较多,因时而异,简朴实惠,富有乡土气息。

(2)名菜介绍。①西湖醋鱼;②龙井虾仁;③干炸响铃;④油焖春笋;⑤叫花童鸡;⑥生爆鳝片;⑦莼菜黄鱼羹;⑧赛蟹羹;⑨清汤越鸡;⑩东坡肉等。

6. 闽菜特点及名菜介绍

(1)特点。闽菜以福建菜和厦门菜为主要代表。烹调方法以干炸、爆炒、滚、煨、蒸为主,最讲究吊汤(熬汤呈奶白色),菜肴中常用虾油、红糟调味。福建临海,各种时令海鲜也是闽菜的一大特色。

(2)名菜介绍。①太极明虾;②清汤鱼丸;③佛跳墙;④小糟鸡丁;⑤烧片糟鸭;⑥鸡汤氽海蚌;⑦干炸蟹盖;⑧桂烧巴;⑨炒玻璃鱿鱼等。

7. 徽菜特点及名菜介绍

(1)特点。徽菜由徽州、沿江、沿淮三个地方菜构成。徽州菜素以烹制山珍野味著称,尤其用皖南山区特产之马蹄(甲鱼)和牛尾狸(果子狸)制作的菜肴而出名。口味特点是:芡大,油重,色浓,朴素实惠,并善于保持原汁原味,讲究火工。

(2)名菜介绍。①徽州毛豆腐;②火腿炖甲鱼;③腌鱼桂鱼;④红烧划水;⑤清蒸花菇;⑥符离集烧鸡;⑦金银蹄鸡;⑧毛峰熏鲥鱼等。

8. 湘菜特点及名菜介绍

(1)特点。湘菜由湘江流域、洞庭湖地区和湘西山区三种地方风味菜组成。辣味菜和烟熏腊肉是湖南菜系的共同特点。其中长沙、衡阳、湘潭三地菜肴是湖南菜的主要代表,其特点是油重色浓,咸辣香软,口味侧重咸、香、酸、辣。

(2)名菜介绍。①腊味合蒸;②麻辣子鸡;③红煨鱼翅;④剁椒鱼头;⑤东安子鸡;⑥金钱鱼;⑦红椒酿肉;⑧霸王别姬;⑨冰糖湘莲等。

除以上八大菜系及所列菜肴外,北京菜、上海菜、湖北菜、清真菜等也各具特色。

(二) 中餐菜肴饮食规范

(1)与西餐吃法相比,吃中餐规矩不多。中餐一般使用圆桌进餐,大家围坐圆桌旁,自己用筷子夹菜吃。一般是十个人配十道正菜,目的是讲求圆满和十全十美。

(2)中餐的餐桌上,每个席位前放有汤碗、筷碟和小瓷汤匙,桌中备有胡椒、酱油、醋等调料,菜夹到碟子里之后再吃。

(3)中餐上菜的顺序,虽各地食俗不同,但大体上是按照冷盘→头菜(主题菜)→热炒→大菜→甜品(汤和点心同时上,甜汤配甜点)→水果→茶的顺序上席。当冷盘吃剩三分之一时,开始上第一道热菜,放在主宾面前。主菜上桌后,宴会才逐渐造出气氛。

(4)吃中餐没有特别严格的规定,为保证进餐时的欢快气氛,要注意如下礼仪:

①上桌后不要先拿筷,应等主人邀请、主宾动筷时再拿筷。

②筷子不要伸得太长,更不要在菜盘里翻找自己喜欢的菜肴,应先将转台上自己想吃的菜转到自己眼前,再从容取菜。

③已经咬过的菜不要放回盘子里,应将其吃完。

④冷盘菜、海味、虾、蒸鱼等需要蘸调料的食物可自由调味,但切记勿将咬过的食物再放进调料盘中调蘸。

⑤主人向客人介绍自家做的拿手菜或名厨做的菜,请大家趁热品尝时,不得争抢,应首先礼让邻座客人后,再伸筷取食。

⑥餐桌上不要有敲筷、咬筷等不雅动作。

⑦当其他客人还没吃完时,不要独自先离席。在宴会餐桌上,进餐速度快慢不要依个人习惯,而应适应宴会的节奏,等大家都吃完,主人起身,主宾离席时再致谢退席。

(5)接待外宾吃中餐注意事项。主要有:

①外宾上桌后,应首先询问客人是否会用或者喜欢用筷子,是否需要另配刀叉进餐,总之,要尊重客人的饮食习惯。

②席上使用餐具,千万不要再用餐巾纸或餐巾去擦拭,这是许多中国人用餐前的习惯,但这会使外宾认为餐具不洁,没有经过消毒处理而影响进餐情绪。

③每上一道菜,应主动向客人介绍食品制作原料及食用方法,因为中餐菜肴经过加工以后,已看不见食品本身原料,而外宾对许多中国人喜欢吃的菜肴(动物内脏、海鲜中的海参等)是拒绝食用的。

④给客人介绍菜点时,应尽量介绍其特色,而不要笼统地说这是中国的名菜、名点,外国人对于"著名"的认识与中国人有一定偏差。

⑤招待外宾千万不要说"没有什么菜""招待不周"之类的客套话。这种中国式的谦虚会被他们误认为你对他们重视不够,而应当说"今天的菜肴是我夫人精心为你们准备的,希望你们吃得开心"。

二、西餐名菜及食用方法

(一)西餐名菜

西餐是欧美各国菜肴的总称,大致可分为欧美式和俄式两大菜系。欧美式菜系主要包括英、法、美、意等国菜肴,以及少量的西班牙、葡萄牙、荷兰等地方菜肴。欧美菜系虽因国度不同而在用料、口味等方面有所区别,但差别不大,而俄菜在风格上却自成一统。法式菜肴和俄式菜肴是西餐中最著名的两大菜肴。

1.西餐菜肴的特点

西餐菜肴品种繁多,其最明显的特点是主料突出,营养丰富,讲究色彩,味道鲜香。西餐在用料和烹调方法上有如下特点：

(1)选料精细，要求严格。制作西餐菜肴选料极为精细，在质量和规格方面都有严格的要求。如牛肉要用黄牛(严格说要用菜牛而不用役牛)、仔牛和乳牛肉；羊肉要用乳绵羊的；家禽多用雏鸡；水产鱼类也须精选，大多要去头尾，剔净骨皮，取其净肉制作。有些菜肴有时也整只制作，但一般都只用于西餐宴会大菜，如圣诞大餐中的"圣诞火鸡"就是整只制作的。

(2)调料考究，品种多样。西餐菜肴除主料精选外，调料也十分讲究，往往制成一种菜肴，需要多种调料方可完成。如用途较为普遍的红少司，就须采用褐色汤、葱头、胡萝卜、胡椒粒、香叶、芹菜、大蒜、番茄酱、辣椒油、糖、盐、柠檬、黄油、面粉等十多种原料。各种酒奶制品也常作为调料用在西餐菜肴的烹制中。

(3)小量制作，工艺细腻。西餐菜肴通常以份为单位，或称一客，单份操作，现吃现烹。所以西餐菜肴既可保证质嫩色佳，又给人以味道鲜美之感。

(4)营养搭配科学合理。与中餐菜肴相比，西餐菜肴营养搭配科学合理的特点具有明显优势。西式菜肴每种菜在营养成分方面都有一定的规格标准，而且要求畜、禽、水产、蔬菜、水果等必须做到合理搭配，以保证人体所需的各种营养。西方人的体质普遍强于中国人，与他们合理的饮食结构有很大的关系。

(5)烹调方法多种多样。西菜的烹调方法很多，常用的方法有煎、爆、炸、炒、烤、烩、烘、蒸、熏、炖、扒、铁扒、铁板煎等，其中铁板煎、爆在烹调方法中更具特色。

(6)特别注重肉类菜肴的老嫩程度。如：牛肉、羊肉的烹制，一般有五种不同的成熟度：①全熟(well done)；②七成熟(medium well)；③五成熟(medium)；④三成熟(medium rare)；⑤一成熟(rare)。宾客可根据自己的口味自行选择。

2. 西餐名菜举例

(1)法式菜肴。其特点是选料广泛，加工精细，品种多样，火候上多采用急火速烹，因此菜肴大多以半熟鲜嫩为特点。名菜举例如下：

①马赛鱼羹(bouilla baisse a la marseillaist)；

②巴黎龙虾(de homard parisienne)；

③红酒山鸡(faisan walaga vin)；

④沙福罗鸡(chaud – froed chicken)；

⑤冰冻沙勿兰(souffle glace)。

(2)俄式菜肴。俄式菜肴选料广泛，除畜、禽外，野味、水产均为主要烹饪原料。其特点是油大、味浓，菜量大而实惠。名菜举例如下：

①什锦冷盘(zakouski)；

②酸黄瓜汤(rassolnick)；

③串烤羊肉(shash lik ala aucasian)；

④白塔鸡卷(chzchen ala kzve);

⑤果酱酸奶油攀(smetanick)。

(3)意大利菜肴。意大利菜肴的烹调技术,在很大程度上与法国菜相同,但其更注重保持原汁原味。其特点是汁浓味厚,调料喜用橄榄油、酒类、番茄酱。意大利面条和烘馅饼(pizza)风格独特,驰名世界。名菜举例如下:

①通心粉素菜汤(minestron alla italienne);

②三色比萨(pizza alla napolitaine);

③红焖牛仔肘子(l. osso buco);

④铁扒干贝(appe. al ferri);

⑤什锦铁皮菠菜(fritto misto alla florentine)。

(二)西餐菜肴饮食规范

(1)由于饮食习惯不同,西餐的进餐方法与中餐有着本质上的区别。在餐具使用上,中餐用碗、筷,而西餐通常用盘、碟、刀、叉、匙。

(2)一般西餐宴会大约有9~10道菜点,上菜程序是:①面包、黄油,在宴会前五分钟摆上桌;②冷盘;③汤;④鱼;⑤副菜;⑥主菜(也称大菜);⑦甜品;⑧水果;⑨咖啡;⑩利口酒(liqueur)。

(3)用餐时,应左手拿叉、右手拿刀。吃肉类菜时先用叉固定肉块,再用刀轻轻切,切下的小肉块用叉子送入口内。在用餐过程中,注意刀叉不要碰出响声;不要叉上肉只咬一口,另一半挂在叉上举着。如果不吃桌上的菜时,可将刀叉合并放在盘边。喝汤时用汤匙,方法是从里向外盛汤来喝,不能发出声响。吃意大利通心粉先用叉一层层卷起后再送入口中,不可像吃中国面条那样吸进去发出很大声响。

(4)西餐餐桌上往往有不止一套刀叉。西餐宴会上,不同的刀叉有不同的用途,要注意识别,用法是从里向外一件件搭配使用。参见图4-1。

图4-1 法式正餐摆台图

1.面包盘 2.沙拉叉 3.主菜叉 4.餐盘、餐巾 5.主菜刀 6.黄油刀 7.汤匙 8.水杯 9.白葡萄酒杯 10.红葡萄酒杯 11.点心叉 12.点心匙 13.盐、胡椒瓶 14.烟缸

三、西餐菜点与酒水搭配知识

西餐与中餐的不同之处,是菜点与酒水的搭配很有讲究,而且形成了一定的规律。具体要求如下:

1. 餐前开胃酒

(1)鸡尾酒(Cocktails)。餐前饮一杯鸡尾酒,是大多数西方客人的用餐习惯,一杯色香味形俱佳的鸡尾酒,会令客人胃口大开。

(2)雪利酒(Sherry)。雪利酒也是西方人喜欢饮用的开胃酒之一,在雪利酒系列中,西班牙雪利酒最为著名。

(3)葡萄酒系列。在葡萄酒系列中,波特(Port)、玛德拉(Madeira)、味美思(Vermouth)等也属于开胃酒。

(4)高杯饮料(High balls)。用威士忌或其他蒸馏酒掺入苏打水、汽水等,并加冰块饮用,也是理想的餐前开胃酒。

2. 不同菜肴与酒的搭配规律

(1)鱼类或禽类配以干型或半干型白葡萄酒,或者玫瑰红葡萄酒。

(2)牛排、烤肉等肉类常用红葡萄酒相配。

(3)点心通常佐以香槟酒或甜葡萄酒。

(4)干酪、乳饼可用红葡萄酒相配。

3. 餐后酒

西方人有餐后饮酒的习惯。餐后酒有促进消化的作用。常用的餐后酒有利口酒(Liqueur),或称香甜酒;餐后饮用白兰地酒在西方也较为普遍;香槟酒则在任何时候都可配任何菜肴饮用。

总之,色、香、味淡雅的酒品应与色调冷、香气雅、口味醇、较为清淡的菜肴搭配,如头盘鱼、海鲜类应配以冰冻后的白葡萄酒;香味浓郁的酒应与色调暖、香气浓、口味杂、较难消化的菜肴搭配;咸食选用干、酸型酒类;甜食选用甜型酒类;在难以确定时,则选用中性酒类。

四、不同场合饮酒的注意事项

西方人喜欢饮酒,上一道菜要换一种酒;西餐宴会上常常酒是主角,菜是配角,因此,参加西餐宴会,不懂得西餐饮酒常识,常常会觉得无所适从。那么,西餐饮酒要注意哪些礼仪规范要求呢?

(1)西方人一般不劝酒,喝不喝酒、喝多少酒往往随个人的情绪而定。这与中国人的饮酒习惯正好相反。所以,西餐桌上,应尽量做到不劝酒;即使劝酒,也应当点到为止。在餐桌上饮酒失态是非常丢面子的。

(2)如不会饮酒,不必勉为其难,主动、客气地向主人说明原因,一般都会得到主人的体谅。有时出于宴会礼节的需要,可让服务员在自己的杯子里斟上一点酒,但只用嘴唇碰杯沿,不饮酒,就不会有人再来添酒了。

(3)西餐斟酒,最多只斟八分满,有时更少,如斟酒时酒水溢出来,是很失礼的行为。斟酒的顺序是先主人、次主宾,然后才是其他客人。

(4)吃西餐饮酒忌中国式的干杯。正确的做法,是饮酒时先举起酒杯,认真欣赏一下它的色泽,然后用鼻子靠近杯子闻一闻酒香,最后再小呷一口,细细品味。

(5)干杯应由男主人提议,并请客人们共同举杯,为在座者说些祝福的话,不要忘掉了任何一位。客人一般不宜先提议为主人干杯,以免喧宾夺主;女士也不应当提议为男士干杯。

(6)干杯时如果客人较多,不必一一碰杯,举杯的同时用眼神示意一下即可。

(7)与外宾干杯,不要交叉干杯,否则会形成"十"字形,触犯西方人的忌讳。

(8)在餐桌上闹酒、高声叫喊、猜拳行令,在西方人看来均属粗野、不文明行为,要坚决杜绝。

本章小结

餐饮礼节是社交礼节中的一个重要组成部分。我们经常在一些重要的宴请活动中看到这样的情况,一些重要的宴请活动的参与者,不懂得宴请的礼仪规范,不熟悉西方的饮食习俗,甚至不知道如何使用宴会的餐具,以致出现将净手盅的水当饮料喝、将餐巾当擦嘴布使用等笑话。这些现象轻则成为笑柄,重则影响我们的国际形象和声誉。

思考与练习

1. 宴请的形式是如何划分的?
2. 正式宴会有哪些礼仪要求?
3. 宴请活动可以通过哪些方式调节宴会的气氛?
4. 西餐宴会菜点与酒水的搭配有哪些原则?
5. 出席中餐宴会应注意哪些礼仪规范?
6. 参加西餐宴会有哪些礼仪要求?
7. 中餐的"八大菜系"是哪几个?各有什么特点?
8. 最具特色的西餐菜肴是哪几个?试举三例并说明其特点。
9. 参加家庭宴请要注意哪些事项?
10. 请按100人的规模,做一个自助餐组织计划。

第五章 旅游从业人员的语言修养

引 言

语言是人际间交流和沟通的媒介和桥梁。旅游接待人员的职业素养的高低很大程度上取决于语言修养的高低,语言能力强的员工,常常可以做到在工作中从容应对、游刃有余,让顾客称心、满意;相反,如果旅游接待人员缺乏应有的语言能力的培养和锻炼,没有良好的语言修养,就会在接待与服务工作中无所适从、顾此失彼。

本章将向您详细介绍旅游接待与服务人员的语言规范和基本要求,旅游从业人员语言的职业特点及如何培养、锻炼和提高自己的口才。

学习目标

1. 了解旅游接待与服务人员的基本语言要求。
2. 了解旅游从业人员语言的职业特点。
3. 了解礼貌用语的学习与运用。
4. 了解培养良好口才的途径。
5. 了解语言能力的训练方法。

语言是人们表达思想、交流信息和传输感情最直接、最快捷的基本方法,也是建立良好人际关系的重要途径。旅游企业员工接待服务的过程,就是从问候客人开始,到告别客人结束。语言是完成各种接待工作的重要手段。然而,语言交际不单单是对语言的组织和运用,其关键在于懂得语言交际的礼貌礼仪,即把握语言运用的基本要求、通则和礼貌举止、注意交际的对象和话题的选择。作为旅游服务人员,在工作中讲究语言艺术,使用礼貌用语是十分重要的。

第一节　旅游从业人员语言修养的基本要求

语言是交往的工具,是沟通人与人之间思想情感的桥梁。俗话说:"良言一句三冬暖,恶语伤人六月寒。"可见,在人际交往活动中,良好的语言表达是何等重要。

旅游接待与服务工作,每天必须和形形色色的人打交道,每一件工作的完成、每一件事情的处理,都必须以语言作为沟通的媒介,故语言修养是检验旅游工作者专业素质高低的一个十分重要的标准。

一、目标明确的语言表达能力

春秋战国时期,有一则"晏子谏杀烛邹"的故事,很能反映目标明确的语言表达所产生的积极效果。

☞ 案例分享

晏子谏杀烛邹

齐景公喜欢射鸟,派烛邹为他管鸟,结果鸟飞跑了。景公大怒,传旨开斩。晏子奏说:"烛邹有三条大罪,让我数完了再杀。"景公应允。于是,晏子召来烛邹,在景公面前数他的罪行:"你替君主管鸟而让鸟飞了,这是第一条大罪;使君王因鸟的缘故而杀人,这是第二条大罪;使诸侯得悉此事,以为君主重鸟轻人,这是第三条大罪。"晏子数毕烛邹的罪状后,请景公传旨开斩。景公说:"不要杀了,我明白你的意思了。"

晏子仅用了三句话,不仅救了烛邹一命,而且还有效地阻止了景公为皮毛小事而乱开杀戒的昏庸恶习,使其在情理的感召下幡然悔悟。

然而,在现实生活中,很多人由于缺乏扎实的语言基本功训练,语言表达没有明确的目标意识,要么啰啰唆唆、废话连篇;要么无的放矢、"脚踩西瓜皮",用无关痛痒的话掩盖或冲淡了主题,达不到语言交际的效果。

培养具有明确目标意识的语言表达能力,应从以下几个方面着手:

(1)用征询语,采用商量的方式,先接近对方以唤起对方的倾听意愿。
(2)注意观察听话者的表情,寻找切入正式话题的时机。
(3)一旦切入正式话题,注意归纳谈话要点,做到主题明确、言简意赅。
(4)话题结束,用征询语征求对方的意见,以判断对方的态度及谈话是否达到了目的。

（5）重点、细节如果对方理解不够，应重新提示，并做出易于理解的解释。

二、渗透情感的语言驾驭能力

倾听的意愿是人际交往得以进行的初始阶段。如果谈话者连对方倾听的意愿都无法唤起，人际沟通将无从进行。

自己的演讲有无掌声、自己的谈话有无听众，同样是检验旅游接待与服务人员语言修养高低的一个十分重要的因素。那么，怎样驾驭自己的语言，使自己在侃侃而谈之时成为受人注目的焦点呢？

1. 语言交流须渗透自我情感

人际交流活动中情感的号召力是任何其他东西所无法替代的。要想唤起对方倾听的兴趣，说话人必须使自己的话符合听者的感情需求，充分尊重对方的自尊，唤起对方的共鸣。在交流过程中应尽可能在情感上肯定对方的"是"，又尽可能不否定对方的"非"。而要做到以上两点，谈话者在说出任何话之前都必须考虑听话者的内心感受，要学会换位思考，与其直截了当地对对方说："你的意见是错误的，你不应该这样"等，不如说："从某种角度上看，你说的有一定道理，但是，由于……原因，所以……"或者说："这件事如果这样处理，效果可能更好一些。"在任何情况下，当要用否定词与对方交流时，都应注意语气的婉转，即我们通常所说的"晓之以理，动之以情"，让对方在自尊心得到充分满足的前提下，接受你说的话。

2. 应尽可能取得听者的好感

俗话说："一句话使人笑，一句话也可以使人跳。"语言交流在传达信息的过程中，由于表达方式、措辞、语音、语感、语调，甚至由于面部表情等方面的细微差异，都会给听话者造成不同的听觉反应。善于说话的人，总会让听者凝神静气、洗耳恭听；而不善辞令的人，则总是让听者兴味索然，从内心滋生出抵触、反感的情绪。因此，如果要想让对方倾听你的话，必须把赢得对方的好感放在首位，把让对方了解你说话的内容放在次位。要赢得听者对你的好感，说话者应注意以下问题：

（1）尽量陈述事实，不对事实妄加评论，更不要滥下结论。

（2）和颜悦色，融情于理，以情感人，以理服人，尽量唤起听者的共鸣。

（3）切忌睁眼说瞎话，更不可以势压人。

（4）诚恳、坦率，敢于承认说错了的话，并坦诚地向听者致歉。

（5）语言交流应尽量做到内容丰富，这样既能增多切入听众不同兴趣的层面，同时讲话者还始终掌握交流的主动性。

（6）谈话者要有幽默感，尤其是在较为轻松的社交场合，严肃的话题辅之以适当的健康的幽默语，往往会收到意想不到的谈话效果。

三、倾听他人讲话的耐心和分析概括能力

能耐心倾听别人讲话,并善于分析概括别人谈话的要点,洞察说话人的真实意图及话中的弦外之音,同样也是旅游接待与服务人员语言修养的一种十分重要的能力。

曾有人做过关于说话语速的研究,发现一般人说话的速度是每分钟120~180字,相当于人的思维速度的4~5倍。所以,交流中听话者的注意力稍一分散,别人所说的话就只能听进一半。另外,语速、语调、语感是表达思想内容的辅助方式,既可鲜明地反映说话者的性格特征、表述风格,又能充分表现或隐藏其未用语言表述的强烈的情感倾向。所以,经常会出现说者的本意与听者的理解存在一定差异的情况。同一个人讲话,不同的听者会产生不同的反响。因此,倾听他人说话的耐心和分析概括能力是语言基本功的一个十分重要的方面,要想在人际沟通中掌握主动权,必须先从耐心倾听别人讲话入手。

耐心倾听能力的训练,应注意以下几个方面:

(1)与人交流沟通时,思想要集中,要努力在内心培养对另一方讲话内容的兴趣,这是能使自己集中注意力的关键因素。倾听对方说话应尽量排除个人的主观情绪,克服先入为主的偏见。

(2)要善于概括对方说话的要点,因为想记住别人所说的每一个字、每一句话,既不可能,也没必要。所谓倾听的能力,是指能够将说者所讲的内容加以概括、理顺,并抓住要点和中心的能力。

概括对方谈话的要点,应掌握好适当的时间。不要在对方谈兴正浓时打断对方,而应把握在对方某一个话题切断待转换之时介入,以核定自己理解的正误。如果理解有误,应及时与对方沟通,避免事后引起不必要的争执。

倾听别人说话,应注意观察对方的表情及语调。每一个人语言表达的方式各不一样:有的直率,有的含蓄,有的委婉,甚至有的语无伦次。但如果我们仔细观察就会发现,即使是善于掩饰的人,或不善言辞的人都会从不同角度将他们的内心情感辅以体态语言表达出来。

(3)要协助对方将话说下去。听别人说话时,协助对方把话说下去,既是对说话者起码的尊重,也是交往文明的起码要求。作为一个听者,应当有一定的角色意识,可掌握好适当的机会,介入对方的话题,及时地用适当的评语或诱导性的"搭茬儿"引导对方将话说完。

(4)要善于听出对方的弦外之音。人际交往过程中,有时会因为各种原因谈话者并不直截了当地表达自己的观点、想法,而是用暗示、比喻等方式,有时甚至正话反说。如果听者不善于分析对方的说话意图,而仅从言辞的表面去理解对方的

含义,往往会发生理解的偏差。

(5)要从容不迫、游刃有余于谈笑之间。体现旅游接待与服务人员语言修养的最重要的方面,是能够在人际交往中无论处于什么环境,都能做到从容不迫、游刃有余于谈笑之间。要做到这一点,除了平时要持之以恒地进行扎实的语言基本功训练外,更重要的是适当培养自己在公众面前表现自我的能力。

有些人看到别人交谈时滔滔不绝、旁征博引、条理分明、优美流畅,内心羡慕之余常常会滋生出一种自惭形秽的情绪,这种情绪常常会妨碍自我表达能力的发展。

四、谈笑自如的秘诀

1. 尝试将听众当作自己要好的朋友

语言交流中,常有因心理上出现障碍而导致怯场现象的发生,其原因主要是对说话场面不适应。由于初次踏入社交圈,个人在公众面前说话的锻炼又比较少,所以突然间要面对不熟悉的听者(如领导、社会要人、名流、异性等),而且听者往往不止一个,于是话未出口,自己首先紧张起来,说起话来也就结结巴巴,显得笨嘴拙舌。如果在自己的脑海里换一个场面,如在家里与家人说话,听者是自己最要好的朋友、同事或同学;自己在讲述一件亲身经历的轻松愉快的事情等,压抑的心态就能够较好地得到调整,自卑感自然也就烟消云散。

2. 始终保持一种成功者的心态

说话怯场往往是由失败的教训而引起,一想起过去失败的情景,就背上了包袱,身体能源和精神能源便告冻结,当然就会表现出脸红、心跳、腿发抖这种由于心理弱势而带来的紧张情绪。而要避免与摆脱这种心理的失衡,就必须时时处处表现出一种强者的风范,敢于面对困难和挫折,并始终怀着一种必胜的信念去克服战胜一切困难,坚定不移地朝着成功的目标迈进。

要培养自己的强者意识,应当有意识地造成一种自我成就感,从而在心理上形成一种能抑制自卑情绪产生的良性循环机制。如果你做了一件自己十分满意的事;如果你的一次发言得到了老师和同学的认可和赞扬,你不妨告诉自己:"我真的不错。如果这次准备再充分一点,兴许演讲比赛的冠军就是我的了。"经常性的自我肯定,会让自己拥有一份充实与满足感,从而更加坚定自己的自信心。

世界上著名的心理学博士贝尔曾经说过这样一段至理名言:"想着成功,看着成功,心中便有一股力量催促你迈向期望的目标,当水到渠成的时候,你就可以支配环境了。"的确,假设自己已经成功,又能反复思考这个问题,内心深处便会萌生出一种促使自己积极进取、不断努力向上的原动力,直到迈向成功的目标。

3. 培养自己良好的个性

个性,指一个人独具的性格特点。由于成长的环境和接受教育的程度不同,每个人都表现出较为明显的个性特征，有的热情开朗、活泼、奔放，有的羞涩、寡言、抑郁、内向。从个性上讲，大凡活泼开朗的外向型性格，都有较强的语言驾驭能力和表现能力，在公众场合不易怯场；相反，抑郁、内向型性格的人，则常常在公众面前表现得木讷、呆板，说起话来结结巴巴的。所以要从根本上克服内怯症，还必须努力从完善个性方面入手，广交朋友，积极参加社交活动，多方面培养个人的兴趣与爱好，以使自己的个性适合于职业素质的要求。

4. 多方面、多途径、有意识地进行训练

（1）条件训练。有意识地创造各种条件，多次进行登场前的预演，以便使语言流畅，临场时情绪稳定。

（2）自律性训练。有时没有条件事先准备，临场时感到紧张，应控制情绪外露，使神态自然镇定，身体保持舒适的姿势，做一两次深呼吸，便可很好地起到稳定情绪的作用。

（3）记忆训练。应有意识地记忆一些有用的信息资料，如好的诗歌、散文、名人佳作、名人演讲稿等。良好的语言驾驭能力有赖于个人大量语言信息的储存。有语言资料储存作基础，辅之以反复的语言实践，到真正需要时，便可信手拈来，引经据典，旁征博引。

（4）模仿训练。仿效一些泰然自若、善于交际、活跃开朗的人的言谈举止、风度，然后根据自己的气质，养成自己说话的风格，并在平时利用各种机会经常性、有目的地进行训练。

案例分享

语言表达能力的欠缺导致的误会

随着我国旅游业的迅速发展，我国涉外旅游饭店的境外客源日益增加，越来越多的外国客人进入了我国涉外旅游饭店。熟练地掌握和运用外语（主要是英语）这个基本的沟通交流工具，已成为了我国涉外旅游饭店接待与服务岗位员工日益迫切的任务。

该案例发生在某五星级涉外酒店，一天，酒店有一位美国客人到总台登记住宿，登记时客人用英语询问接待员小宋："Could you tell me your room rate includes breakfast inside or not?"（请问你们的房价里面包含了早餐吗？指欧式计价方式）小宋的听力不是很好，在没有听明白客人的意思便随口回答了个"It will do"（行得通）。次日早晨，客人去西式餐厅用自助早餐，出于细心，又向服务员小刘提出了同样的问题。不料小刘的英语水平欠佳，但又不懂装懂，随口也说了句"It will do"（行得通）。

几天以后,美国客人离店前去结账。服务员把账单递给客人,客人一看吃了一惊,账单上对他每顿早餐都有明细的消费记录并记入了总费用,客人当即对早餐收费不合理提出了异议,明明总台和餐厅服务员两次回答"It will do",怎么结果变成了"It won't do"(行不通)呢?经过反复沟通细节,总台才告诉他:"该酒店早餐费用历来不包含在房价内。"客人将初来时两次获得"It will do"答复的原委告诉总台服务员,希望免费早餐的承诺能得到兑现,但酒店大堂副理在接到客人投诉后,仍以早餐收款已进入电脑账户,不便更改为理由拒绝了客人的要求。客人于无奈中只得支付了早餐费用,但对酒店的不诚信行为耿耿于怀,最后,美国客人怀着满腔怨气离开了酒店。

[案例点评]

1. 涉外高星级酒店外语能力不符合要求的员工是不适合放在前台接待和餐饮点餐这样的重要岗位的。

2. 突出的语言交流与沟通能力是旅游接待与服务人员最基本的素质要求,在需要大量运用语言交流的工作岗位上一定要对被选拔员工进行严格的语言能力考核,而语言的培训更是应当作为酒店员工培训的一个十分重要的内容。因为交流与沟通的不顺畅不仅会直接影响到酒店的服务质量,更重要的是它直接损害了酒店的形象和声誉。

3. 涉外酒店的外语培训应当作为重要岗位员工培训的重中之重。

4. 本案例中总台和餐厅对客人申诉和投诉的处理也是欠妥当的。诚然,该酒店确实有"餐费历来不包括在房费内"的规定,但是,既然饭店总台、餐厅的服务员已两次答复客人房费包括早餐费为"It will do",就是代表酒店对客人作了承诺。客人没理由为酒店工作人员语言能力的低素质买单。

5. 酒店优质服务最重要的任务就是让客人满意,酒店生存最重要的也是诚信为本,为区区几餐早餐费用的收取而伤害了客人、失去了诚信是得不偿失的。

第二节 旅游从业人员语言的职业特点

旅游接待与服务人员在与客人进行交流与沟通时,与其他行业相比具有较明显的职业特点。

一、态度、表情、姿势特点

(1)与宾客交谈时,态度应诚恳、亲切。要能够做到通过耐心的倾听、细致而全面的解答、和颜悦色的面部表情、清晰悦耳的声音,将尊重、热情、关怀等信息传达给宾客,让宾客感受到回家的温暖并从中获得美的享受。

(2)与宾客交谈时,表情要自然、大方,要注意与宾客在眼神上的交流。与宾客保持1米左右的距离,目光的高度要恰到好处,目光始终正视客人,但不盯视。正视客人时,目光停留在客人的鼻眼三角区,这样可以让客人感受到交流者的诚意和专注,而没有被人盯视的尴尬。与宾客交流时,不要畏畏缩缩、躲躲闪闪,更不能表情冷漠、面带倦容。在与客人交谈时,像打哈欠、搔头、掏耳、抠指甲、卷衣角、玩弄小物件等小动作,均属不礼貌的行为。

(3)与宾客交流时,姿势应大方、得体。站立服务时与客人交流应该按照站立服务的规范要求,不要东倒西歪,或将身体倚靠在墙边或柜台上,或将手抱在胸前、放在裤袋里。为更清楚地解释问题,阐明个人观点,或增强谈话的生动性,可适当地做些手势,但动作不宜过大,次数不宜太频繁,更不允许用手指指点点,这在社交场合是不尊重客人的行为。

二、礼貌用语的广泛运用

旅游接待与服务工作表现在语言上的另一个特点,是礼貌用语的广泛运用。礼貌用语作为旅游行业的职业用语,其特点主要表现为敬语、谦语和雅语。

1. 敬语

敬语是表示尊敬、恭敬的习惯用语。这一表达方式的最大特点,是当接待与服务人员与宾客交流时,常常以"请"字开头,"谢谢"收尾,而"对不起"则常挂嘴边。称呼客人须用尊称,如:"您""阁下""贵方""尊夫人"。

"请"字在旅游行业的服务术语中使用频率最高,如:"请进""请稍候""请跟我来""请问您几位?""请问您有什么需要帮忙的吗?""请问我能为您做点什么吗?""请问您有什么意见或要求?""请喝茶""请慢用""请走好",等等。

"请"字包含着接待与服务人员对客人的尊敬与敬重,以及服务人员希望通过优质服务让客人满意的诚意。

"谢谢"在旅游服务用语中,并不仅仅是接待与服务人员就某件具体事情向客人表示感谢,而是作为一种礼貌习语对客人的光顾、对客人的理解与配合、对客人的赞扬与认可,以及对客人在我们出现服务差错时表现出来的宽容大度表示的一种感激之情。如:"谢谢您的光临""谢谢您的合作""谢谢您能体谅我们""谢谢您的夸奖,这是我们应该做的""谢谢您的提醒,下次我们一定改进""谢谢您的建议,条件成熟我们一定采纳"……

"谢谢"在旅游行业中的广泛运用,集中体现于接待与服务行业"客人至上"的待客服务原则上。

"对不起"这一道歉语用在日常生活和一般人际交往活动中,往往是在说了不该说的话或做了不该做的事之后向别人"赔礼"。但作为旅游行业用语,它却能表达多种含义:或由于各种原因,客人的要求未能得到满足;或工作中需要客人的协助与配合给客人带来麻烦;或婉拒客人的不合理要求;或提醒客人一些注意事项时,都可用"对不起"表示歉意。如:同时接待多名客人,需要客人费时等待时,可说"对不起,耽误您的时间了",或"让您久等了";客房服务人员为客人清扫完房间而客人也在场时,离开前应说"对不起,打扰您了";当必须拒绝客人的某些不合理要求时,可说"对不起,我非常理解您的想法和愿望,但是……"

"对不起"这一习语用在接待与服务工作中,集中体现"退让以敬人"的待客服务礼仪的精髓。

使用敬语,应注意神态的专注和语气的真诚,应让宾客感受到敬语后面所包含的谈话人的真情实感,要根据时间、地点、环境、对象的不同准确地使用敬语。

2. 谦语

谦语作为礼貌用语的一种,在旅游接待服务行业应用相当广泛。它是向人们表示谦恭和自谦的一种词语。谦语通常和敬语同时使用,在对宾客使用敬语的同时,在自我称呼、自我判断、自我评价、自我要求时,适于用谦语进行表达。如:在交谈时自称常用"愚人""敝人";自谦常用"寒舍""愚见"等;自评常用"一点小事不足挂齿"或"您过奖了,这是我应该做的""招待不周,请多包涵"等。

自谦体现着一种自律的精神。它以敬人为先导,以退让为前提。当然,随着东西方交流的日益频繁,随着东西方语言情感表达方式的相互交融,有些谦语的表达方式已经改变了,但其精神实质包含着东方民族谦虚、谨慎的传统美德,仍值得我们继承和发扬。

3. 雅语

雅语作为敬语的一种,是一种比较含蓄、委婉的表达方式。在旅游接待与服务工作中,往往用于那些在公众场合或社交活动中需要避讳的情况。例如,用"我去方便一下"或"去一趟洗手间"代替"去上厕所";用"需不需要加一些主食"代替"要不要饭";用"不新鲜"代替"臭了";用"这件衣服不太适合您"代替"您穿这身衣服很难看";用"发福"代替"发胖"……

雅语的使用不是机械的、固定的,需要根据不同场合、不同人物、不同时间灵活运用。

三、口才与旅游职业素质

旅游接待服务行业每天工作的内容就是以各种不同的方式与人打交道。尽量让宾客吃得满意、住得舒适、行得轻松、游得开心、购得实惠、娱得尽兴,这是每一位旅游从业人员所追求的目标。要实现这些目标,就必须具备较高的职业素养,其中最重要的素质即为旅游从业人员的人际沟通能力。

语言是人际沟通的媒介、交际的主要工具,在绝大多数情况下,交际都是通过口语来实现的。所以,成功的人际沟通与交往,需要交际者具有较强的口头语言表达能力,即口才。

(一)口才的内容

口才是一个人说话的智慧和才能,是一个人在交谈、辩论、演讲时,通过综合自己的思想、品德、思维、记忆、应变等能力和经验,从而娴熟地表情达意的口语表达能力。

口才是一个人个人素质的全面体现。它集中反映一个人的文化素质、心理素质、道德素养、智慧和才干。

(二)良好口才的素质要求

1. 观察力

一个人要想具备良好的口才,必须具备对客观事物的较强的反应能力,因为良好口才需要有丰富的语言信息占有量。人的社会实践活动越广泛,接触的事物越多,认识事物的面便会越广,说话的材料也就越丰富、生动,而这一切均取决于人的观察能力的强弱。大凡观察力强的人,其反映客观事物的敏感性就强,不仅能够明察秋毫,而且具有透视力和预见性,在实际生活中可以发现别人发现不了的现象,提出别人提不出来的问题,自然讲起话来也就内容丰富、生动,表达流畅,富有吸引力。

2. 思维力

思维力,即对观察到的情况进行分析、判断的能力。口才好的人往往可以在很短的时间内摸透谈话对方的心理,并能根据对方需要不断调整、控制自己的语言,同时能够抓住问题的要点,使谈话张弛有序、有的放矢。人际交流中往往有这样的现象,有些人说起话来颠三倒四、前后矛盾、次序凌乱,其主要原因是缺乏缜密的思维能力,思路不清晰。相反,思维能力强的人,则能尽快认清问题的实质,概括能力强,言简意赅,表达明晰。

3. 记忆能力

良好的口才要求谈话者掌握大量的语言材料,并在短时间内根据谈话内容对语言材料合理地组织、恰当地运用。这就要求谈话者平时大量地记忆一些语言材料。在大多数情况下,人们进行的都是即兴式谈话,所谈内容事先并无准备,全凭临场发挥,要做到语言生动、内容丰富,没有大量的语言资料储存是不可能的。我们常常可以看到这样的情形,在日常的谈话、授课、发言、辩论中,如能合理地穿插一些历史故事能使说话的趣味性大大增强,诗、词、歌赋赋予语言丰富的文学色彩;翔实的史料、名人警句使谈话内容变得富有哲理,让听话者心悦诚服。丰富的语言资料可以令谈话者在语言的海洋里纵横驰骋、游刃有余,而这一切,都是以良好的记忆能力为前提的。

4. 语言的综合运用能力

语言的综合运用能力包括三个方面:即良好的表达能力、表现能力和表演能力。

(1)表达能力,主要指谈话者对一定的语言材料和结构进行选择和组织的能力,这里面包含了谈话者选词、造句、组段、谋篇的能力。

(2)表现能力,是指谈话者将要表达的内容,用一定的语言形式构架好以后,通过对语言速度快慢、缓急,节奏顿挫、断续,音量轻重、高低的控制,使内容表达更加生动的能力。

(3)表演能力,是指说话时运用身姿、眼神、手势、表情等辅助手段,加强对谈话内容的演示,以增强语言的表现力的能力。

总之,口才是内容与形式的完美结合,是在口语表达中显示出来的智慧和才干的综合体现,它既要求语言资料的丰富与生动,又要求有扎实的语言表达技巧,以及敏锐的观察能力和严密的逻辑思维能力。一席生动、精彩而有说服力的谈话,一定情理交融、声情并茂,是深邃思想与连珠妙语的完美结合。

四、培养良好口才的途径

(一)丰富的个人情感的培养

一个人的个人情感,决定了他(她)是否具有积极健康的生活态度。富有生活朝气、对生活充满了热情和进取精神的人,始终积极地将自己融入社会,融入生活,生活的热情使他(她)充满了灵感,同时也赋予其强烈的人际沟通意识。一个具有良好口才的人,在人际交往中始终占有积极主动的地位,正是由于广泛的人际交往,才使得语言交流与表达能力不断地完善。

反之,情感冷漠的人往往将自己封闭起来,拒绝接触社会,逃避人际间的沟通与交流,更不愿将自己融入社会生活,所以往往导致其在语言表达上的呆板、木讷、沉默寡言、枯燥乏味。

所以要想自己具备良好的口才,应先从培养个人丰富的情感入手,从内心深处激发个人强烈的自我表达的欲望和人际沟通与交往的热情。

(二)丰富的知识积累

良好的口才,依赖于丰富而广博的知识积累,很难想象一个知识贫乏的人能够做到谈话时语言生动、妙语连珠,因为他(她)缺乏构成语言的最基本的东西——语言材料。我们时常惊叹那些有良好口才的人,说起话来口若悬河、滔滔不绝,成语警句信手拈来,名人名言、诗词歌赋旁征博引,这些语言功底无不来自于丰富的知识积累。

大体上说,良好的口才需要文化科学知识、社会学知识、文学知识三种积累。

1. 文化科学知识积累

其包括政治、经济、军事、法律、历史、地理、自然科学知识、风土人情等,这些知识是一个人基本的文化素质修养所必须具备的。

2. 社会学知识积累

其包括教育学、心理学、公共关系学、人际关系学等。通过以上学科知识的学习,可以进一步懂得人的需要,人的情感、气质、性格等心理特征,从而在人际交往活动的语言表达中做到知己知彼、游刃有余。

3. 文学知识积累

文学知识赋予语言丰富的情感色彩,比如名人名言、成语典故、名篇佳作、奇闻逸事等,大大地丰富了谈话的内容,增强了语言感染力,尤其在辩论、演讲中,适当地运用一些文学语言会收到意想不到的效果。

(三)积极的语言实践锻炼

语言表达是一种能力,能力的获得离不开实践的锻炼。语言的实践,很重要的一点就是要勤讲多练。一个人从笨嘴拙舌到口若悬河的过程,实际上就是一个永不疲劳的锻炼与实践的过程。18世纪英国著名的宗教演讲家维士列就是通过勤奋实践创造奇迹的。据记载,维士列从小口舌笨拙,语言表达能力极差,但他不畏艰难,吃苦耐劳精神之坚毅、演说之频繁,到了令人震惊的程度。他曾在一年中做了八百余场布道演讲,不断地实践锻炼使他终于成为了闻名世界的著名演讲家。

语言实践锻炼还应做到持之以恒。从时间的跨度来讲,持之以恒要求口才练习者不懈地努力、不断地进取。口才是一种能力训练,不可能在短时间内达到理想的境界。要想成功,就要有毅力,持之以恒。从空间跨度来讲,它要求练习者严肃认真地对待每一次待人接物、登台发言的机会,充分利用这些机会来锻炼提高自己的语言表达能力。

第三节 旅游从业人员语言规范

一、以宾客为中心

俗话说:"礼貌待人敬为上。"旅游行业中,接待与服务工作的本身就是以满足客人的需要为前提的。而在宾客的各种需要中,求尊重的需要往往是第一位的。所以,旅游行业接待与服务工作的语言规范之一,即语言表达力求体现"以宾客为中心"的原则,讲求言辞的礼貌性。

· 109 ·

旅游行业用语言辞的礼貌性,主要表现在敬语的使用上。敬语包括尊敬语、谦让语和郑重语三个方面的基本内容。

(1)尊敬语。说话者直接表示对听者敬意的语言叫尊敬语。尊敬语应力求让宾客感受到自己在接待与服务人员心目中所占有的地位,以及自己作为一名旅游者在旅游活动中所受到的敬重和礼遇。尊敬语在旅游接待服务中的"五声"要求中,体现得较为明显。五声,即:宾客来时有迎客声;遇到宾客有称呼声;受人帮助有致谢声;麻烦宾客有道歉声;宾客离去有送客声。

(2)谦让语。谦让语是指说话者利用自谦,直接地对听者表示敬意的语言。谦让语充分体现了"退让以敬人"的礼仪原则。即在人际交往活动中,人与人之间本身地位平等,施礼于人者本身应退让一步,将宾客放在自己之上,从而让宾客享受被尊重的快乐。

(3)郑重语。郑重语是指说话者使用客气、礼貌的语言向听者间接地表示敬意。

敬语的最大特点是彬彬有礼,热情而庄重地使用敬语时,一定要注意时间、地点和场合;语调应甜美、柔和。

一般说来,将听者看作上位时使用尊敬语,要表明自己是下位时使用谦让语,郑重语则往往表示一种对对方的礼貌与客气。

敬语只是一种语言形式,不一定都表示敬意。即使在宾客的行为不适合礼节规范要求,或宾客无理取闹、故意挑剔时,我们选择提醒、规劝、暗示等语言,也一定要注意正确地使用敬语,以反映旅游行业员工的职业素养。

使用敬语时,呼客人一定要注意用"您"而不是用"你"。按照行业规范要求,接待与服务人员一定要善于记住宾客的姓氏或姓名,但不能直呼其名。尊称客人时,在"先生、夫人、小姐"前加上客人的姓氏,会让客人有亲切感,要注意使用。

二、赞誉准则

美国心理学家威廉·詹姆士说过:"人的本性上最深的企图之一,是期望被钦佩、赞美、尊重。"有人说得更直率:"无论是元首统帅、学者名流,还是深山居士、村妇顽童,都喜欢得到别人的称赞。"可见,被赞美是满足人们求尊重需求的一个十分重要的方面。但是如何赞美人,怎样的赞美才能真正打动对方,从而起到缩短彼此之间心理距离、沟通双方内心情感的作用,还需遵循一定的规则。

(一)赞美要出于真诚

赞美不能简单地等同于取悦于他人的方式,而应当作为一种语言交流的调味剂,在与客人沟通时适时采用。赞美一定要注意时间、条件、场合和事实情况,而不能毫无根据地盲目赞美,那样不仅达不到预期的效果,还会使对方对你形成"待人虚伪,没有诚意"的印象。

赞美应当出自真诚,应懂得适合对方的心理需求,如女性比较希望被人赞美的,往往是其魅力、风度、青春、容貌、个性及打扮,甚至声音、肤色、服装式样等。对男性,一般则应着重赞美其体魄、气质、风度、事业的成功、学识、技能、谈吐、为人、及作风等方面。

(二) 赞美要明确具体

空泛、含混的赞美,因为缺少明确的评价原因,常使人无法接受,有时甚至会让对方怀疑你的动机与意图,并由此而怀疑你的鉴赏力与判断力。所以赞美对方一定要明确具体。例如:"真想不到你的工作效率这么高""这套衣服很适合你,让你看上去年轻了许多""这个计划立意非常好,市场前景分析很透彻"等,这种赞美要比"你工作很不错""你今天很漂亮""你的计划很好"这种没有具体内容的赞美更易被人接受。

(三) 赞美应当选准时机

要取得赞美的效果还必须相机行事、适时而为。例如,当你得知客人准备做一件有意义的事,你事前赞扬,能够促使和激励他下决心做出成果;事中赞扬,可使对方再接再厉;事后赞扬,可使他肯定成绩,明确进一步努力的方向。

在众多客人在场的情况下,你如果只是赞扬其中一人,会引起在场其他人心理上的不快。这时,你可以寻找别的理由或别的方面提及其他人,来消除他们的不快情绪。

(四) 因人而异,突出个性

有特点的赞美比一般化的赞美更可贵、可信,更能收到赞美的效果。

对于老年客人,可以将他引以为自豪的过去作为称赞的重点,这能迎合老年人喜欢怀旧的特点和引发他老当益壮的豪气;对青年客人则可赞扬他的创造才能和开拓精神,这可以激发他不断进取、继续努力的士气;知识分子最希望自身价值得到别人的承认,所以可赞扬他知识渊博,学术上硕果累累;商人最需要别人与他分享事业上的成就感,可从头脑灵活、生财有道的角度来赞扬他。

总之,赞扬对方,一是要让人感觉到你对他的赞扬发自内心,二是应把握其带有个性特点的心理需求。

(五) 雪中送炭

最有效的赞美不是"锦上添花",而是"雪中送炭"。最需要赞美的不是那些早已声名显赫的人,而是那些被埋没、内心有自卑感的人。他们一旦被当众真诚赞美,就好比干涸的心灵受到了甘露的滋润,重新找回了自信心,从而会使他们精神振作。

对一个人来说,最值得赞美的,并不是他身上早已众所周知的长处。如能发掘出蕴藏在他身上的鲜为人知的优点,并及时予以肯定与赞扬,他一定会倍加珍惜你的真诚,并对你的洞察力产生难忘的印象。

三、得体和谦逊

旅游接待与服务用语的得体准则,要求服务人员的服务用语应符合各种礼貌规范的要求,消除一切违反礼貌规范要求的语言表达,做到有声语言与形体语言全都贴切、得当。

得体和谦逊是礼貌规范要求的重要内容,对旅游接待与服务人员而言,又是因职业特点而需特别强调和必备的个人素质要求。因此,旅游从业人员在与宾客交流、沟通和处理与客人的关系时,应当对此引起高度的重视。

(一)得体

(1)语言表达准确、规范。善于将"您""请""对不起""谢谢"这些常规礼貌习语运用到语言表达中去,使语言表达符合礼貌待客的规范要求。

(2)要将称呼语、问候语、应答语、欢迎语、欢送语因时、因地、因人、因事灵活运用到日常语言表达之中,使服务用语充分体现出文明、亲切、细致、周到的职业特点。

(3)对客交流时,要充分运用语言、语气、语调、语感的变化,使旅游职业规范用语符合声调高低适中、自然柔和,语气热情亲切、充满诚意,语速不急不缓、生动清晰等得体准则。

(4)得体准则还要求接待与服务人员的体态语言表达运用得体;着装要整洁、规范;发式搭配符合职业要求;服务姿态(站、坐、走)标准到位,符合职业规范要求。

只有符合得体准则的礼貌服务——有声和无声语言,才能真正成为协调旅游者与服务接待人员之间关系的润滑剂。

(二)谦逊

谦逊准则主要强调接待与服务人员在选择语言表达方式时,应尽量做到谦虚、恭谨,把"对"让给客人,不能凌驾于客人之上,更不得藐视宾客,以显示自己高明。具体要求如下:

(1)对客交流时尽量以听为主,辅之以点头、微笑、眼神示意,而不应自以为是地在客人面前夸夸其谈。

(2)淡然对待客人的夸赞,不沾沾自喜。如:当客人夸奖时,应当说"谢谢您的鼓励,这是我应该做的",或者说"您过奖了,这是我的职责",等等。

(3)与客人交流时,语言表达应尽量显得宽容而有耐心。如当客人情绪激动时,要尽量宽慰与安抚客人,不得顶撞,更不应该和客人争执。如客人声音较大时,可说"您别激动,有话好好说",或者说"您的心情我可以理解,有什么事情慢慢对我说"等。

（4）谦逊并不意味着低声下气，或者放弃原则，一味迁就客人。而应是不卑不亢，既尊重客人，也不贬损自己，要显示出较高的人格修养。

四、征询与委婉

旅游接待与服务用语要注意采用征询与委婉的方式。

与客人交流，语气要温和，多采用商量式、询问式、建议式、选择式的方法进行表达，避免转达式、通知式、命令式、指责式的方法。让客人始终拥有角色意识，得到被尊重、被重视的精神享受和满足。

委婉语，也叫"婉言"，是指讲话时出于对客人尊重的考虑，不直接说明本意，而是用婉转的词语加以暗示，既能达到使对方意会的语言效果，又不致让对方尴尬，甚至伤害对方的情感。

在旅游接待与服务工作中，委婉语的作用不能低估。它可以减少刺激性，帮助消除矛盾，使交际双方免于难堪，或者使说话者留有余地，免于被动。

得体的委婉语，能表达善意和尊重，体现说话者良好的语言素养，进而显示出文明和高雅的风度。

接待与服务工作征询式用语举例：

（1）我能为您做些什么？（What can I do for you?）
（2）需要我帮您做些什么吗？（Is there anything I can do for you?）
（3）您还有别的事情吗？（Is there anything else?）
（4）这会打扰您吗？（Will it trouble you?）
（5）您喜欢……吗？（Would you like…）
（6）您需要……吗？（Would you want…）
（7）如果您不介意，我可以……吗？（Would you mind if I…）

案例分析

王先生入住一家五星级酒店，头天晚上23时多曾委托接线生叫早，但不知为何接线生并没有准时叫醒客人，从而耽误了航班，引起了客人的投诉。下面是大堂副理（A）与客人（G）的一段对话：

A：G先生，您好！我是大堂副理（A），请告诉我发生了什么事？
G：什么事你还不知道？我耽误了飞机，你们要赔偿我的损失。
A：你不要着急，请坐下慢慢说。
G：你别站着说话不腰疼，换你试试。
A：如果这件事发生在我身上，我肯定会冷静的，所以我希望你也冷静。

G:我没你修养好,你也不用教训我。我们没什么好讲的,去叫你们经理来。
A:叫经理来可以,但你对我应有起码的尊重,我可不是来受你气的。
G:你不受气,难道让我这花钱的客人受气,真是岂有此理!
思考并回答:
1. 大堂副理在处理客人投诉时有什么问题?
2. 写出正确的处理方法。(模拟情景对话形式)

本章小结

良好语言能力的培养与锻炼始终应当作为旅游接待与服务人员素质提高的一个至关重要的环节,其中尤其是礼貌用语的学习与运用,更是应当作为一种语言习惯去进行培养;另外,普通话的规范及外语能力(尤其是英语和日语等应用较为广泛的语种)的培养与提高,都应当作为接待人员语言修养的一个重要组成部分。良好的语言能力会使接待人员与客人之间的沟通更为容易,使服务工作更能得到客人的接受和认可。

思考与练习

1. 在人际交往中,应如何做好语言表达目标的明确?
2. 语言交流时,要赢得听众的好感应注意哪些问题?
3. 怎样克服社交中因怯场而导致的语言障碍?
4. 旅游接待与服务工作对态度、表情、姿势有什么规范要求?
5. 什么是口才?如何培养自己的口才?
6. 赞誉有哪些规范要求?
7. 旅游从业人员的语言表达有哪些职业特点?
8. 人际交往中怎样才能做到谈笑自如?
9. 语言的综合能力训练应从哪些方面入手?
10. 什么是敬语?敬语有哪些特点?

第六章 旅游接待与服务礼仪

引言

旅游接待与服务工作的涵盖面极为广泛,旅游的六大功能"吃、住、行、游、购、娱"都包含着接待与服务,不同的服务门类的接待与服务工作各有其特点,接待的程序、规格、要求也不尽相同,作为接待与服务人员,应当对旅游的不同类型的接待程序与服务模式都有一定的了解和掌握,这样才能在今后的工作中得心应手。

本章将向您较为详细地介绍旅游业不同类型的旅游接待与服务工作,尤其以旅游酒店的接待与服务、旅行社的接待与服务等为重点。

学习目标

1. 掌握旅游饭店的接待与服务礼仪。
2. 掌握导游人员的接待与服务礼仪。
3. 掌握旅游商务活动礼仪。
4. 掌握销售与购物礼仪。
5. 掌握谈判礼仪。

第一节 旅游饭店的接待与服务礼仪

一、饭店前厅部接待服务礼仪

(一)前厅部概述

前厅即前台。它是饭店服务与管理的中心枢纽,担负着协调酒店所有对客服务部门的重任。在酒店经营与销售工作中,它负责最主要的服务设施——客房的销售。可以说前厅人员是住店客人最先接触到的饭店工作人员,客人就是从这个部门形成了对酒店的第一印象和总体印象。前厅部的工作直接反映着酒店的服务质量、管理水平及工作效率。它的业务正常运转维系着酒店的经营管理活动。

(二)前厅部职责范围

(1)负责预订、推销饭店的客房和会议室。
(2)接待客人,帮助客人顺利入住和离店。
(3)解答问题,处理客人的意见、要求和投诉。
(4)提供电信、邮件等一系列商务服务。
(5)帮助客人搬运,并妥善保管行李物品。
(6)提供各种交通工具的票务服务。
(7)负责维护酒店的正常秩序并保证客人的人身、财产安全。

(三)前厅各职能部门礼仪规范

1. 门厅迎送服务礼仪

(1)着制服上岗,按站立服务规范要求立于门厅两侧,注意观察往来车辆和进出客人,随时准备提供服务。

(2)载客汽车到站,负责外车道的门卫迎送员应迅速走向汽车,主动、热情、面带微笑地为客人打开车门,用礼貌语向客人表示欢迎。

(3)开启右车门,并用手挡住车门上方,轻声提醒客人小心,以免碰头。

(4)如老弱病残客人及女宾下车,必要时应助臂;上下台阶时要注意提醒和搀扶。

(5)遇行李随客同车到达,应立即招呼门口行李员帮忙为客人搬运行李,注意轻拿轻放;搬运完毕应再次检查行李有无遗漏,注意清点行李件数,并迅速与陪同或客人核实。

(6)引导客人到接待处办理登记手续。

(7)牢记运送客人或行李的车牌号及颜色,如有问题,可迅速查找到该车辆及其汽车司机的有关资料。

(8)为离店客人开启大门并致欢送语。

(9)帮助离店客人叫车,待车停稳后,替客人拉开车门,请客人上车,主动帮助带行李的客人将行李放入车内,并核实行李件数。一切完毕后,为客人关上车门并挥手,面带微笑与客人告别。

2. 行李部服务礼仪

(1)按站立服务的规范要求,立于大厅门两侧,向抵店的客人微笑、点头以示欢迎。

(2)待行李车到达,卸下行李,放在外车道与内车道之间的斑马线以内。

(3)清点行李件数,并请客人的团队领队核实。

(4)引导客人办理登记手续。客人登记时等候在其身后约1.5米处,替客人看管行李。

(5)待客人办妥手续后,护送客人回房间。引领客人时,要走在客人二三步远的左前方,并不时回头用点头或微笑向客人示意。

(6)搭乘电梯时,将一只手按住电梯门,请客人先进入电梯;进电梯后应靠近电梯控制台站立,以便操纵电梯;出电梯时,应让客人先出;出梯后继续引导客人到房间。

(7)进入房间前,应先按门铃,再敲门;敲门时应先轻敲三声,稍候片刻再敲三声,房内无反应再用钥匙开门。

(8)随客进房后,将行李放在行李架上,或按照客人吩咐将行李放好。然后向客人介绍房间设施和使用方法。介绍完毕后,询问客人是否有其他要求,如客人无要求,则向客人告别并祝客人愉快。

(9)送完一单散客,应迅速返回,并在散客行李入店登记表上逐项登记清楚。

(10)当班行李员如见大厅有客人携带行李离店,应主动上前帮助提携,并送客人上车。

(11)送客人离店时,应再次请客人清点行李件数,然后装上汽车,并提醒客人交回房间钥匙;最后向客人道谢,祝客人旅途愉快。

(12)处理最后事宜,将钥匙牌交还询问处,将行李车还原并注销离店客人的行李牌。

3. 问讯服务礼仪

(1)按规范的站姿要求,站立服务,姿态端庄大方,思想集中,随时接待宾客。

(2)精神饱满,着装整洁,笑脸相迎,主动热情。

(3)耐心回答宾客提出的各种问题,用词恰当,言简意赅。

(4)自己不清楚的问题,应尽可能通过各种途径向其他人征询;政策性问题向主管领导请示,忌用"也许""大概""可能"等模糊语言应付客人。

(5)对左右为难、举棋不定的客人,要选择适当的时间主动介入,热心做好客人的参谋。

(6)客人较多时,接待工作应忙而不乱,条理清楚,井然有序;接待服务要做到"点面"结合,即:办理第一位,询问第二位,再招呼第三位。

(7)待客服务应做到语调柔和、亲切,"请"字当头,"谢谢"收尾,"对不起"常挂嘴边,送客人不忘记"再见"。

4. 总服务台接待与服务工作礼仪

（1）主动热情，面带微笑，问候每一位来店宾客，先说欢迎语，再说问候语，然后询问客人需要。

（2）接受客人预订，应详细询问客人抵离店日期、时间及所需的房间种类、数量和对楼层、朝向的要求，并向客人说明不同房型的价格及收费方式，团队订房的折扣优惠办法，及确认、修改、取消预订的方法和途径。

（3）办理客人入住登记手续应尽量做到准确、快捷，耐心指导客人填写住宿登记表；核对客人证件时应"请"字当头，"谢谢"收尾；递接物品时用双手；为客人分配住房时，要随时与客房部及楼层当班服务人员沟通信息。

（4）重要宾客进房后应电话探询宾客的意见及要求。此举一方面表示酒店对客人的关心与重视，另一方面又可及时掌握客人的满意度，如安排不尽合理，可以进行调整。

（5）管理客人账户应做到明细、清楚、准确无误，对客人的消费情况应负责保密。

（6）办理客人退房结账手续，应向客人说明详细的消费项目及收费标准，对加收服务费的项目要做说明，收钱找零唱付唱收。

5. 大堂副理服务礼仪

（1）以积极的态度听取和处理客人的投诉。

（2）能转换角色设身处地为客人考虑。

（3）耐心倾听，并做好详细笔录。

（4）在不违反规章制度的前提下，尽可能满足客人的要求。

（5）宽容、忍耐，无论何种原因不和客人争执。

（6）尽量维护客人的自尊，哪怕错在客人，也尽量"搭梯"让客人下台。

（7）维护酒店的形象和声誉，原则问题不放弃立场，但时刻注意语言表达的艺术性。可用强调、比喻、暗示等语言表达法使客人知难而退。

（8）对客人的任何意见和投诉，均应给予明确合理的交代，并尽量提出两个以上的处理方法供客人选择。

（9）对客人提出的善意批评、合理建议和可以理解的投诉表示感谢。

（10）将客人的投诉分类、存档，并及时向有关部门反馈信息，督促部门改进工作。

（11）定时、定期小结或总结饭店的服务质量信息，并整理成书面材料，向总经理和分管副总经理汇报，提出合理的改进意见或建议。

 **特别提示**

酒店员工注意事项

1. 非工作需要或未经批准,不得擅自带人、陪人进入客房部区域。
2. 非工作需要,不得搭乘客用电梯或专用电梯。
3. 任何人不得利用职权给亲友以特殊优惠。
4. 未经客人允许和上级批准,不得将房间号码告之其他人。
5. 谢绝客人和业务联系单位人员送礼、请客。
6. 不得和客人兑换外币,不得索取小费,非接不可的应上交。
7. 一切拾物要交公,否则按盗劫论处。
8. 非行李组人员,不得进入行李房。

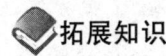 **拓展知识**

酒店金钥匙服务理念

金钥匙的概念

CONCIERGE 是一个非常法国化的单词,通常被译为酒店里的"礼宾司"。1929 年 10 月 6 日,11 位来自巴黎各大酒店的礼宾司聚集在一起,建立友谊和协作,这就是金钥匙组织的雏形。1952 年 4 月 25 日,欧洲金钥匙组织成立,1972 年该组织发展成为一个国际性的组织,目前,国际金钥匙组织共有 34 个国家和地区参加,约有会员 3 500 人。

国际金钥匙组织的国际性标志为垂直交叉的两把金钥匙,代表两种主要的职能:一把金钥匙用于开启饭店综合服务的大门;另一把金钥匙用于开启城市综合服务的大门。也就是说,饭店金钥匙成为饭店内外综合服务的总代理。

国际金钥匙组织利用遍布全球的会员所形成的网络,从而使金钥匙服务有着独特的跨地区、跨国界的优势。

酒店金钥匙的服务宗旨,是在不违反国家法律的前提下,使客人获得满意惊喜的服务。我们提供:从接待客人订房,安排车到机场、车站、码头接客人,根据客人的要求介绍各特色餐厅,并为其预订座位,联系旅行社为客人安排好导游,当客人需要购买礼品时帮助客人在地图上标明各购物点等,最后当客人要离开时,在酒店里帮助客人买好车、船、机票,并帮客人托运行李物品,如果客人需要的话,还可以订好下一站的酒店并与下一城市酒店的金钥匙落实好客人所需的相应服务。

酒店金钥匙对中外商务旅游者而言,他们是酒店内外综合服务的总代理,一个在旅途中可以信赖的人,一个充满友谊的忠实朋友,一个解决麻烦问题的人,一个个性化服务的专家。

酒店金钥匙服务理念

1. 酒店金钥匙的服务宗旨:在不违反法律和道德的前提下,为客人解决一切困难。

2. 酒店金钥匙为客排忧解难,"尽管不是无所不能,但是也是竭尽所能",要有强烈的为客服务意识和奉献精神。

3. 为客人提供满意加惊喜的个性化服务。

4. 酒店金钥匙组织的工作口号是"友谊、协作、服务"(Service Through Friendship)。

5. 饭店金钥匙的人生哲学:在客人的惊喜中找到富有乐趣的人生。

二、饭店客房部接待服务礼仪

销售客房,是饭店经营和运转的主要任务。客房是饭店最主要的投资项目和最重要的产品,其营业收入占酒店总收入的50%以上。饭店要让客人拥有到家的感觉,客房的礼仪服务至关重要,因为它是让客人满意的基础和前提。

1. 客房部的职责范围

(1) 布置客人房间,并经常检查客房的设备。

(2) 为住店客人提供茶水服务。

(3) 为客人清洁整理房间,并按时补充日常起居必需的生活用品。

(4) 接受客人的委托代办服务。如:洗衣、叫早、房间用餐、访客接待等。

(5) 建立完善的各个服务环节的安全防范措施,以确保客人的生命财产安全。

2. 客房服务礼仪规范

(1) 主动、热情、细致、周到,关心客人的每一项需要并尽力满足客人要求。

(2) 当客人每天起床后,应及时将开水送到房间,如客人在房间会客,应按服务要求及时为客人送上所需的茶具,倒上茶水,送上香巾;客房中的开水每天要换三四次。

(3) 为客人整理房间应按规范清扫程序进行,房间拂尘抹布与卫生间洁具抹布严格分开;上午整理房间次序应按拉窗帘、倒垃圾、换烟灰缸、换布巾、扫地、擦家具、补充房间物品、整理卫生间的顺序进行。

(4) 清扫房间应尽量避免干扰客人,最好在客人外出时进行;长住客房的清扫时间应征求客人意见,按客人要求进行清扫。

(5) 房间中客人的用品尽量保持原样,不随便翻动客人的文件、资料、信件,更不得随意扔掉客人的东西,如便笺、纸条等。

(6)进客人房间不能随便用钥匙开门,必须事先征得客人的同意。其程序是:先用手轻轻敲门三声,每次应间隔三秒钟,共敲三次,然后才能将门打开。如客房卫生间门关着或虚掩,应敲三下看里面是否有人。任何时候不经允许擅自闯入客人房间,都是非常失礼的行为。进房前,哪怕门半开也一定要先敲门,待客人同意后方可进入。

(7)房间一经租出,使用权便归客人拥有,动用房间任何一样东西,都应事先征得客人同意,如借用房间电话等。

(8)当班时不允许会见亲朋好友、打私人电话,更不能三五成群扎堆闲聊。

(9)在客房走廊应自觉沿墙边地带行走,如遇客人同行应主动让路。客人迎面上来,应放慢行走速度,在距客人二三米时自动停下来,招呼客人并微笑向客人问好。

(10)时刻注意保持客房楼层安静,不得大声喧哗,更不得追逐、打闹。搬运物品要做到轻拿轻放。

(11)请客人签字应将签字单放在小托盘里,用双手呈上,并亲切地对客人说"请您过目并签字",签字完毕后要向客人致谢。

三、饭店餐饮部接待服务礼仪

(一)餐厅服务礼仪

1. 门厅迎宾

(1)开餐前20分钟左右,迎宾员应直腰挺胸站立在自己的岗位上。见到宾客走近时要点头示意,面带微笑,亲切问好。问候时上半身略向前倾。

(2)宾客来到时,迎宾员要热情迎上前,并致以礼貌用语:"欢迎,请问一共几位?""您好,请问,您预订过吗?"微笑时要表情自然、和蔼可亲。

(3)如果是男女宾一起进来,则应先问候女宾,然后再问候男宾。

(4)见到年老体弱的客人,应主动上前搀扶,悉心照料。

(5)若是客人有外衣或帽子需要存放,迎宾员要帮助客人把这些东西放在就近的衣帽架上。

2. 引客入座

(1)引客入座时,迎宾员应对宾客招呼"请跟我来",同时走在客人左前方距离1米左右的位置,并伴之以手势指引。手势指引的正确姿势应为手臂自然弯曲,手指并拢,掌心向上,以肘关节为轴指向目标。

(2)把客人引到餐桌前,按女士优先的原则拉开椅子,帮助客人入座。待客人坐下前,再在后面将椅子轻轻推一下,使客人将椅子挪近餐桌。

(3)当重要宾客光临时,要把他们引领至本餐厅最好的位置就座。

(4)如果是夫妇、情侣来进餐,最好把他们引至较为安静的餐桌前就座,这样便于他们说悄悄话。

(5)若是年老体弱的客人来进餐,要尽可能将他们安排在出入比较方便的位置就座。

(6)当有容貌漂亮、服饰华丽的女宾来用餐时,要将其引领到众多宾客都能看到的位置。这样既可满足客人的心理需求,又可给餐厅增添华贵的气氛。

(7)若是有明显生理缺陷的客人前来就餐,应尽量将其安排在不太显眼的地方,以能遮掩其生理缺陷为宜。

(8)当餐厅内空位较多时,引座员可以让客人自行选择他愿意就座的餐位。

(9)如果宾客选择的餐位已有人占用时,应向客人解释,表示歉意,然后将客人引领至其他较为满意的座位上去。

3. 恭请点菜

(1)客人入座以后,应礼貌地询问客人需要何种饮料。凡未叫饮料的,都应给客人上茶。上茶时,不要将水倒得太满,一般倒至水杯的3/4即可,以免溢出杯外。

(2)将盛有小毛巾的碟子用托盘送上,并用夹钳依次递给客人享用。同时还要礼貌地招呼客人:"先生,请"或"请用毛巾"。

(3)接受客人点菜时,应双手将菜单递到客人面前,并说:"请您点菜。"不要随意把菜单往宾客手中一塞或扔在桌子上。菜单应干净、无污迹。

(4)点菜时,应准备好菜单和笔,认真、准确地记录下客人所点的每一道菜和饮料。同客人讲话时,要保持面带微笑。回答客人询问时,话语要亲切、和蔼。

(5)不要催促客人点菜,耐心等候,让客人有充分的时间选择。

(6)当客人一时拿不定主意点什么菜时,服务员应热情推荐特色菜肴及时令菜等,为客人当好参谋。

(7)向客人推荐菜肴时,注意说话方式。不要说"这个菜你吃不吃",而要说:"今天厨师长推荐的菜是……您看如何?"这样既不失礼貌,又推销了菜肴。

(8)如果遇到客人所点的菜已无货供应时,要向客人礼貌致歉请求谅解,并向客人推荐其他菜肴。

(9)如果宾客所点的菜是菜单上没有的,不要立即予以回绝。正确的方法应说:"对不起,这道菜菜单上没有,请允许我马上与厨师长商量一下,看能否尽可能满足您的要求。"这样既不失礼貌,又可以体现本餐厅想客人之所想、满足客人特殊要求的良好服务。

4. 餐间服务

(1)在餐间服务中,服务员要做到"三轻"(走路轻、说话轻、操作轻),"四勤"

(眼勤、嘴勤、手勤、腿勤),随时应答客人的召唤,不准倚墙斜靠或者与他人聊天。

(2)为客人上菜时要报菜名,并简要介绍其特色,要从客人的左侧上菜,不可以将菜、汤汁溅落或滴到客人的衣服上。

(3)如果宾客不慎把餐具掉落在地上,要及时迅速地上前清理,并马上为客人更换干净的餐具,绝不可在宾客面前将未摔坏的餐具用抹布擦拭后,再给客人继续使用。

(4)对于不太会用筷子的宾客,要及时为其换上刀、叉、匙等餐具。

(5)如果有儿童用餐,应将儿童专用椅拿来,方便儿童入座。

(6)若有客人的电话,要走近客人轻声告之,切不可在远处高声喊叫,以免引起其他客人的注目。

(7)一视同仁为所有来宾提供主动、热情、周到、快捷、温馨的服务。

5. 结账送客

(1)客人用餐完毕要求结账时,应将账单核实无误后放在收银盘里(账单正面朝下,反面朝上),呈送至客人面前。不可直接把账单递给客人。

(2)如果客人要直接向收款员结账,应客气地告诉客人账台的位置,并用手势示意方向。

(3)如果是住店客人要签单,应立即送上记账单和笔请客人签字,同时礼貌地请客人出示饭店的欢迎卡或房间钥匙核实。不论是何种方式结账,都要向客人道谢。

(4)客人起身离去时,应及时为客人拉开座椅,方便其行走,并注意观察和提醒客人不要遗忘随身携带的物品,代客保管衣物的服务员,要将衣物取递给客人。

(5)以礼将宾客送至餐厅门口,友好话别,可以说"再见,欢迎您再来"等礼貌用语,并可躬身施礼,目送客人离去。

(二)酒吧服务礼仪

(1)同餐厅服务一样,客人进门时,服务员要笑脸相迎、亲切问候、以礼相待,并将客人引领到他满意的座位上去。

(2)恭敬地向宾客递上清洁的酒单,开票时应站在客人的右侧,稍弯腰,手中拿着单据和笔,耐心等待客人的盼咐,并仔细听清、完整记录客人提出的各项具体要求,必要时向客人复述一遍,以免出现差错。

(3)在宾客面前放置酒杯时,应由低向高慢慢地送到客人面前。上酒服务时,身体不能背向客人,即使需要转身从背后取酒瓶,也只可侧身不可转身。

(4)在调制饮料时,要留意客人细小的要求,如"不要兑水""多些冰块"等,一定要严格按客人的要求去做。

(5)客人需用整瓶酒时,斟酒前应让客人看清酒瓶上的标牌,经客人认可后,当面打开瓶塞,以使客人放心饮用。

(6)服务时,不得使用为客人准备的茶杯或酒具,客人之间谈话时不仅不能侧耳倾听,且应主动回避。若需要与客人交谈,要注意适当、适量,不可滔滔不绝、喧宾夺主、乱发议论,更不能影响本职工作,忽视照料其他客人。

(7)接听电话时,语调要温和,态度要耐心,呼唤客人接听电话时,要走到宾客面前轻声告之,切不可高声呼喊,以免惊扰其他客人。

(8)对已有醉意、情绪激动的客人,不可怠慢,要沉着、耐心,在任何情况下都要以礼相待。

(9)客人示意结账时,要用小托盘递送账单请客人核实。客人无意离去时,不可催促或要求客人提前结账付款。

(10)客人离去时要热情送别,表示欢迎他们再次光临。

第二节 导游服务礼仪

一、导游迎送礼仪

旅游团队接送是导游人员的一项十分重要的工作,接团工作的礼仪是否周全,直接影响着旅行社和导游本人在客人心目中的第一印象,而送团则是带团的最后一项工作,如果前面的工作客人都非常满意,但送团工作出现了礼貌不周的问题,同样会破坏旅行社和导游人员在客人心目中的整体形象,并使陪团前期的努力前功尽弃。为此,搞好导游服务工作,迎送礼仪是十分重要的。

(一)导游迎送规范要求

(1)凡导游人员到机场、车站、码头迎接客人,必须比预定的时间早到,等候客人,而绝不能让客人等候接团导游。

(2)接团导游应事先准备好足够旅游团客人乘坐的旅游车,并督促司机将车身和车内清洗、清扫干净。

(3)备好醒目的接团标志,最好事先了解全陪的外貌特征、性别、装束等,当客人乘交通工具抵达后,举起接团标志旗帜,向到达客人挥手示意。

(4)接到客人后,应说"各位辛苦了"。然后主动介绍自己的单位及姓名。

(5)介绍过后,迅速引导客人来到已安排妥当的交通车旁,指导客人有秩序地将行李放入行李箱后,再招呼客人按次序上车。客人上车时,最好站在车门口,用手护住门顶以防客人碰头。

(6)客人上车后,待客人稍作歇息后,将旅游活动的日程表发到客人手上,以便让客人了解此行游程安排、活动项目及停留时间等。为帮助客人熟悉城市,可准备一些有关的出版物给客人阅览,如报纸、杂志、旅游指南等。

(7)注意观察客人的精神状况,如客人精神状况较好,在前往酒店途中,可就沿途街景做一些介绍;如客人较为疲劳,则可让客人休息。

(8)到达酒店后,协助客人登记入住,并借机熟悉客人情况,随后,将每个客人安排妥帖。

(9)客人进房前先简单介绍游程安排,并宣布第二天日程细节。第二天活动如安排时间较早,应通知总台提供团队客人的叫早服务,并记住团员所住房号,再一次与领队进行细节问题的沟通协调。

(10)不要忘记询问客人的健康状况,如团队客人中有身体不适者,先应表示关心,若需要应想办法为客人提供必要的药物,进行预防或治疗,以保证第二天游程计划的顺利实施。

(11)与客人告别,并将自己的房间号码告知客人。

(二)VIP 客人的迎送

(1)迎送贵宾时,应事先在机场(车站、码头)安排贵宾休息室,并准备好饮料、鲜花。

(2)如有条件,在客人到达之前可将酒店客房号码或乘车牌号通知客人。

(3)派专人协助办理出入关手续。

(4)客人抵达前,应通知酒店总台,在客人入住的房间内摆上鲜花、水果。

(5)宾客抵达住所后,一般不宜马上安排活动,应留一些时间让宾客休息更衣。

(三)送客的礼仪

(1)客人活动结束前,要提前为客人预订好下一站旅游或返回的机(车、船)票;客人乘坐的车厢、船舱尽量集中安排,以利于团队活动的统一协调。

(2)为客人送行,应使对方感受到自己的热情、诚恳、有礼貌和有修养。临别之前应亲切询问客人有无来不及办理、需要自己代为解决的事情,应提醒客人是否有遗漏物品并及时帮助处理解决。

(3)火车、轮船开动或飞机起飞以后,应向客人挥手致意,祝客人一路顺风,然后再离开。如果自己有其他事情需要处理,不能等候很长时间,应向客人说明原因并表示歉意。

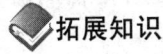 拓展知识

OPEN 票与 OK 票的区别

OPEN 票一般是不指定具体航班信息的飞机票,有半 OPEN 的,就是指定航空公司,不指定航班号,还有全 OPEN 的,就是航空公司、航班号都不指定。国际飞机

票 OPEN 得较多，国内一般不允许 OPEN。往返票、回程不定日期，回程飞机票上标记为 OPEN 字样的飞机票。未订妥乘机日期的客票为 OPEN 飞机票，在机票上标记为 OPEN 字样。

所谓 OK 票，即已经定妥日期、航班和机座的机票。持 OK 票者若在该联程或者回程站停留 72 小时以上，国内机票须在联程或回程航班机起飞前两天的中午 12 时以前，国际机票须在 72 小时前办理座位再确认手续，否则原定座位不予保留。

二、沟通协调礼仪

导游工作的性质与任务，不仅仅是景点介绍、讲解，还包括许多其他的工作。简单地说，在游览过程中游客的一切需要和要求，都属于导游的工作范畴。让客人玩得开心、游得尽兴，是导游工作者的基本职责。

带团旅游，涵盖了旅游六大要素中"吃、住、行、游、购、娱"的方方面面。团员中，兴趣、爱好、要求各不相同，素质参差不齐，要使每个团员满意确实相当不易。对于导游人员来说，要做好沟通协调工作，也应遵循一定的礼仪规范。

1. 善于预测与把握客人的心理

俗话说："凡事预则立。"一名合格的导游，要圆满完成带团任务，并尽量使每个游客忙得开心、游得满意，应对所接团队成员的姓名、国籍、种族、身份、年龄、性别、职业、文化程度等方面的资料进行详细了解，并对他们的旅游动机、心理需求、游览偏好等情况做出大致的预测，从而对合理安排旅游线路、合理分配景点停留时间、确定景点介绍的侧重点，有一个全面的把握，以使整个接团工作在团队未来之前便已经心中有数。

2. 善于激发游客的兴趣

游客游兴如何是导游工作成败的关键。游客的游兴可以激发导游的灵感，使导游在整个游程中和游客心灵相融，一路欢声笑语；相反，如果游客兴味索然，表情冷漠，尽管导游竭尽所能，也会毫无成效。

游客兴趣具有多样性和复杂性，同时也有能动性特点。如何使游客的兴趣由弱到强，并具有相对的持久性和稳定性，与导游的积极调动、引导有很大的关系。激发游客游兴的因素包括两个方面：一是景观本身的吸引力，二是导游借助语言功能调动和引导的作用。

导游的景点介绍，一定要注意讲解的针对性、科学性和语言表达主动性的完美结合，应根据不同的景点（人文景观如故宫、颐和园，自然景观如桂林山水）进行详略不同的介绍，有的具体详尽，有的活泼流畅，有的构思严谨，有的通俗易懂。总之，景点介绍的风格特点和内容取舍，始终应以游客的兴趣为前提。

另外,在游览过程中,要善于变换游客感兴趣的话题,可根据不同游客的心理特点,做如下选择:

(1)满足求知欲的话题;

(2)刺激好奇心理的话题;

(3)决定行动的话题;

(4)满足优越感的话题;

(5)娱乐性话题。

3. 善于调节游客的情绪

情绪是人对于客观事物是否符合本身需要而产生的一种态度和体验。

旅游活动中,由于有相当多的不确定因素和不可控制因素,随时都会导致计划的改变。例如有时由于客观原因游览景点要减少,游客感兴趣的景点停留时间要缩短;预订好的中餐因为某些不可控制的因素,临时改变吃西餐;订好的机票因大风、大雾航班停飞,只得临时改乘火车……类似事件在接团和陪团时会经常发生。这些都会直接或间接地影响到游客的情绪。

案例分享

一个旅游团因订不到火车卧铺票而改乘轮船,游客十分不满,在情绪上与导游形成了强烈的对立。导游面带微笑,一方面,向游客道歉,请大家谅解,由于旅游旺季火车的紧张状况导致了计划的临时改变;另一方面,耐心开导游客,乘轮船虽然速度慢一些,但提前一天上船,并未影响整个的游程,并且在船上能够欣赏到两岸的风光,相当于增加了一个旅游项目……

导游成功地运用分析方法,以诚恳、冷静的态度,幽默、风趣的语言,很快化解了游客的不满情绪。

4. 掌握沟通协调技巧

(1)回答问题技巧。游客来自世界各地,兴趣爱好不同,游览动机不同,提问方式五花八门,提出的问题稀奇古怪,对不同问题所采取的立场态度和所选择的回答方法,是检验一个导游人员灵活运用语言的能力和临场应变能力的标准之一。回答疑难问题可以运用下列技巧:

①原则问题是非分明。客人提出的某些问题涉及一定的原则立场,一定要给予明确的回答。这些问题有些涉及民族尊严,有些涉及中国的国际形象,如"香港的一国两制""台湾问题"等,要是非分明、毫不隐讳,并力求用正确的回答澄清对方的误解和模糊认识。

例如:西方游客在游览河北承德时,有人问:"承德以前是蒙古人住的地方,因为它在长城以外,对吗?"导游员答:"是的,现在有些村落还是蒙古名字。"

又问:"那么,是不是可以说,现在汉人侵略了蒙古人的地盘呢?"

导游答:"不应该这么说,应该叫民族融合。中国的北方有汉人,同样南方也有蒙古人。就像法国的阿拉伯人一样,是由于历史的原因形成的,并不是侵略。现在的中国不是哪一个民族的国家,而是一个统一的多民族国家。"客人听了都连连点头。

②诱导否定。对方提出问题以后,不马上回答,而是先讲一点理由,提出一些条件或反问一个问题,诱使对方自我否定,自我放弃原来提出的问题。

③曲语回避。有些客人提的问题很刁钻,使导游在回答问题时肯定和否定都有漏洞,左右为难,还不如以静制动,或以曲折含蓄的语言予以回避。

例如:有一位美国游客问一位导游员:"你认为是毛泽东好,还是邓小平好?"

导游巧妙地避开其话锋,反问道:"您能先告诉我是华盛顿好还是林肯好吗?"客人哑然。

(2)拒绝技巧。游客的性格各异,要求五花八门,有些合理要求作为导游人员应当尽量予以满足,而有些要求却不尽合理,按照礼貌服务的要求,导游不要轻易对客人说"不"。如何让客人在要求得不到满足时又能处之泰然,不致陷入尴尬境地呢?下面介绍几种符合礼貌服务的拒绝的艺术:

①微笑不语。遭人拒绝是最令人尴尬难堪的事,为了避免遭遇这种难堪,一般人通常选择不轻易求人。所以不论是何种情况,导游人员都不应直截了当地拒绝客人的要求。但有时客人提出的一些要求,我们又不得不拒绝,此时,微笑不语可谓是最佳选择。满怀歉意地微笑不语,本身就向客人表达了一种"我真的想帮你,但是我无能为力"的信号。微笑不语有时含有不置可否的意味。

②先是后非。在必须就某个问题向客人表示拒绝时,可先肯定对方的动机,或表明自己与对方主观一致的愿望,然后再以无可奈何的客观理由为借口予以回绝。

例如:在故宫博物院,一批外国游客看到中国皇宫建筑的雄伟壮观,纷纷要求摄影拍照,而故宫的有些景点是不允许拍照的,此时导游员诚恳地对客人说:"从感情上讲,我真想帮助大家,但这里有规定不许拍照,所以我无能为力。"这种先"是"后"非"的拒绝法,可以缓解对方的紧张情绪,使对方感到你并没有从情感上拒绝他们的愿望,而是出于无奈,这样在心理上他们容易接受。

③婉言谢绝。婉言谢绝,是指以诚挚的态度、委婉的方式,回避他人所提要求或问题的技巧。即运用模糊语言暗示客人,或从侧面提示客人,其要求虽然可以理解,但却由于某些客观原因不便答复,为此只能表示遗憾和歉意,感谢大家的理解与支持。

拒绝客人的方法还有不少。如顺水推舟法,即拒绝对方时,以对方言语中的某一点作为拒绝的理由,顺其逻辑性得出拒绝的结果。顺水推舟式的拒绝,显得极有涵养,既能达到断然拒绝的目的,又不至于伤害对方的面子。

总之,多数情况下,拒绝客人是不得已而为之,只要措辞得当、表达得法、态度诚恳并掌握适当的分寸,客人是会予以理解和接受的。

三、引导讲解礼仪

1. 致欢迎词的语言艺术

致欢迎词是沟通导游与旅游者的第一座桥梁。所以导游人员在接团时应认真准备,并根据不同客人的特点(如国籍、年龄、职业、旅游动机等方面的因素),选择不同的欢迎词模式。但无论采用何种模式,欢迎词通常应包含以下几项内容:

(1)向团队客人问候;
(2)自我介绍;
(3)代表旅行社向客人表示欢迎;
(4)表明自己愿竭尽全力为客人搞好导游服务的态度;
(5)祝客人旅途愉快等。

如果简单地将以上内容拼凑、堆砌在一起,不免让听者感到枯燥乏味。一段好的欢迎词,应该给客人留下热情、友好、亲切的感觉,起到尽快缩短导游与客人的心理距离、融洽导游与游客的关系并调节游客情绪的作用。

致欢迎词除了要表达以上五项基本内容外,并没有一个固定的模式,在形式上可以不拘一格。下面介绍几种致欢迎词的模式:

(1)风趣式。这种欢迎词的形式比较轻松,旨在增强与游客的情感,制造一种活泼、愉快的气氛,缓解游客旅途的疲劳。

风趣式欢迎词的特点,是出语幽默、亦庄亦谐、妙趣横生。

请看一位导游员在接待一个由医生组成的旅行团时所致的欢迎词:

"各位朋友,你们好!我是××旅行社的导游。我姓谭,单名一个金字。大家一定奇怪我为什么叫这个名字,告诉大家一个小秘密,我的命是捡(金)来的。我出生的时候难产,多亏了医生,我才得以'死里逃生',所以今天见到各位,我感到非常亲切。我从小就有一个心愿,长大后一定要为重新给我生命的医生做点什么。今天我终于有了这样一个机会。我一定会尽力而为,让大家玩得开心,游得尽兴……"

在致欢迎词时,轻松的开场白往往是导游与游客建立友好关系的最有效的手段之一。它不仅能够缩短导游与游客之间的感情距离,而且能够调节游客的心理,制造活泼的气氛,激发游客的兴趣。而导游自身也能在游客心目中建立起良好的第一印象。

(2)闲谈式。闲谈式的欢迎词语言朴实、自然,语气平和,如同拉家常似地缓缓道来,使人更觉贴近生活。

这种方式看似平淡,但字里行间都透着随和、亲切,虽是第一次相逢,却似老朋友一样没有拘束感,有利于旅游者与导游之间情感的交融。这种模式的欢迎词用于中老年归国探亲访友旅游团,效果相当好。

(3)感慨式。感慨式的欢迎词大都渗透较为浓郁的情感,以善解人意的语言有感而发,句句都能唤起游客心灵的共鸣,从而起到激发和调动客人情绪的作用。

感慨式欢迎词一定要有真情实感,要求导游致欢迎词时的所言所述,犹如身临其境,绝不能无病呻吟,那样会使游客大倒胃口,并从心里滋生出一种对导游矫揉造作的厌烦情绪。

2. 讲解服务的礼仪规范

(1)要注意树立自己良好的服务形象。导游人员从第一次接触宾客时起,就要注意自己的仪表风度和言谈举止,做到称呼得体、握手文雅、谈吐大方、态度热情友好、办事稳重干练,给游客留下良好的第一印象。

(2)工作走在前面。导游作为旅游活动的组织者,时时处处要以身作则,走在游客的前面。带团时,导游应提前10分钟到达出发地点,以便与领队交流沟通信息、协商工作;要有礼貌地招呼早到的旅游者,听取他们的意见和建议,不断提高服务质量。

(3)端正讲解姿态。在旅游车上讲解时,应面对游客,而不能背对游客坐着导游;讲解时目光要巡视全体游客,不可仅注视一两个人,面部表情要亲切、自然;姿态端正、优美,给人以落落大方的感觉。

(4)要尽其所能为游客介绍景点。导游在工作中要尽职尽责,不可只游不导,应该充分发挥自己的口才,为客人介绍景点。

(5)遵守导购职业道德。旅客在旅游过程中,会选购一些有地方特色的土特产以作纪念或馈赠亲友,导游应积极主动给游客当好向导和参谋,将他们带到商品质量好、物价公平合理的商店,而不应该唯利是图,为了一点好处费,昧着良心违背职业道德,把游客带进贩卖假冒伪劣商品的黑店,给中国旅游业抹黑。

3. 欢送词的内容及一般模式

欢送词是带团导游在结束了所有计划安排的景点游程后、在即将与客人告别之时所说的最后一段话。好的欢送词就犹如一篇好文章的精彩结尾,会给游客留下长久的余味,为前面的导游讲解工作锦上添花。如果在游程中曾出现过这样或那样的遗憾和不足,也可以通过欢送词再一次向客人表示歉意,以宽慰游客,使之心态平衡。任何不辞而别或草率收场,都是对游客不礼貌、不负责任的行为。

古人云:"结句如撞钟。"一次成功的导游,应有一个好的欢送词来为它画上一个圆满的句号。那么,如何致欢送词呢?

致欢送词应该包括的内容如下:

(1)表示惜别之情;

(2)对游客的配合与支持表示感谢;

(3)期待下一次重逢;

(4)祝游客一路顺风。

由于每一个旅行团情况各不相同,欢送词在形式上可以随团而异。比如:对东方人可以讲一些关怀体贴的话,而对西方人则大可不必。因为,东方人需要的关怀与温暖,在西方人看来是对他个人自理能力的怀疑和轻视。

欢送词大致可分为抒情式和总结式两种:

(1)抒情式。借助抒情语言的感化力,往往能够打动人心,使交流双方产生强烈的情感共鸣。导游人员以热情洋溢的语言,抒发惜别之情,对巩固和加深与游客相处期间所建立的友情具有积极的作用。

采取抒情式的欢送词应注意以下几点:

①强调情感真挚,有感而发,倾注个人的真情实感。

②遣词造句中比喻要恰当,切忌情感过分夸张,以免使游客产生虚伪之感。

③可借助声调效果、体态语言造成一种情景交融的气氛,以弥补欢送词创作方面的不足。

下面的例子,是重庆一位导游员在送别一个日本东京汉诗研究旅游团时所致的欢送词:

"两天来,由于各位的盛情和通力合作,我们在重庆的游览就要结束了。在此,谨向各位表示深深的谢意!重庆和东京相距几千公里,但只不过是一水之隔。'我在长江头,君住江之尾',中国和日本是一衣带水的友好邻邦,我唯一的遗憾是不能按照日本古老的风俗,给你们一束古老的纸带,一头牵在你们手里,一头系在我们手里。船开了,纸带一分两半,但却留下不尽的思念。虽然没有这条有形的纸带,但却有一条无形的彩带,那就是友谊的纽带……"

"中国有句古话说:'物唯求新,人唯求旧',东西是新的好,朋友还是老的好。这次我们是新知,下次各位有机会再来重庆,我们就是故交了。祝各位百事如意、健康幸福、一路顺风!谢谢各位。"

这位导游针对该团是文学艺术团队的特点在欢送词中运用了大量的文学语言,借"诗"抒情,热情洋溢,感情奔放,收到了良好的效果。

(2)总结式。总结式的欢送词情感朴实,主要用叙述性的语言对全程旅游情况做一个简单的回顾,并对游客合作配合表示感谢,期待重逢,然后用祝福语收尾。

总结式欢送词简单、朴实,导游采用较多。

四、处理突发事件的礼仪

由于旅游活动有较多的不确定因素,加之涉及需要协调、衔接的部门、环节较多,很难预料在组织游览过程中,会发生怎样的突发事件。一旦突发事件发生,导游应该如何面对呢?

(1)尽量在带团出游前对游览计划、线路设计、搭乘交通工具、景点停留时间、沿途用餐地点等做出周密细致的安排,并根据以往的带团经验充分考虑容易出现问题的环节,准备好万一出现问题时所采取的对策及应急措施。

(2)应准备一些常用的药品、针线及日常必需品,将应付突发事件需要联系的电话号码(如急救、报警、交通票务服务、旅行社负责人、车队调度等)随时带在身上。

(3)出发前应亲切询问团队客人的身体健康状况,对老年团队成员尤其要细心。

(4)游览有危险因素的景点或进行有危险的活动,如爬山、攀岩、游泳等,一定要特别强调安全问题,并备有应急措施。

(5)事件发生以后要沉着冷静,既要安抚客人、稳定客人情绪,又要快速采取周密的处理方案和步骤,尽量减少事件带来的负面影响。

 **特别提示**

导游十忌

在导游服务中,关心、体贴和爱护旅游者的感人事例不胜枚举,这些导游员堪称热心为旅游者服务的典范。在颂扬热心为旅游者的导游员的感人事迹的同时,也必须大力纠正和克服导游员中缺乏起码的服务热情、遇事向钱看的错误思想和言行,归纳起来有十条之多(且称为"十忌"),导游员应引以为戒:

1. 游而不导

或静坐不语,或打瞌睡,或与同位聊天。

2. 假公济私

借陪团之机办私事,或索取回扣,或采购便宜货。

3. 大吃大喝

乘就餐之便另设餐座,暴食暴饮。

4. 态度冷漠

对旅游者的合理要求和询问不尽力解决,而是敷衍了事。

5. 违法乱纪

少数导游员不顾国法政纪,套汇炒汇,私自降低服务标准,甚至丧失人格和国格以致走上犯罪道路。

6. 懒散拖沓

不遵守时间,缺乏工作热情,因怕累而让旅游者自行活动等。

7. 本位主义

为了小单位的利益而不顾对外影响,甚至影响工作和行程。

8. 言行失态

称外国游客为"老外",或当众议论内部事情或贬低同伴,甚至吵嘴、打架。

9. 崇洋媚外

个别导游对中外旅游者遇事"两张"脸,借外国人之势盛气凌人。

10. 临阵脱逃

在遇到意外事件时,怕负责任,怕遭危险,竟自脱身。

第三节　旅游商务活动礼仪

旅游商务活动,在整个旅游活动中是一个十分重要的方面。随着人们生活水平的日益提高,旅游购物已逐渐成为旅游消费的特点。所以,搞好商务礼仪服务,对塑造旅游服务行业良好的整体形象具有很大的促进作用。

一、售货与购物礼仪

(1)要为消费者创造一个良好的购物环境。良好的购物环境,能使顾客一进入商场就感受到和谐、优雅、亲切的气氛。

服务人员每天要清扫货柜、地面的卫生,商品柜台要精心布置,商品应摆放有序,既布局美观,又方便顾客挑选。

(2)服务人员应当统一着装,佩戴好工牌号,淡妆上岗。应面向顾客站立,随时准备接待顾客,营业员之间不能聚在一起谈笑、聊天,或做其他与工作无关的事情。

(3)顾客进店要微笑迎接,热情欢迎。实行"三到"服务,即"顾客到、微笑到、敬语到"。顾客浏览商品时,不管其买与不买,服务员都应端庄站立,表情自然,用目光与客人交流以示关心。

(4)接待顾客时,应面带微笑,目光亲切,要随时注意观察客人的动向,当客人用目光寻找服务员时,应主动上前打招呼。

(5)顾客较多时,要做到"接一、顾二、招呼三",耳灵目敏,不冷落每一位顾客,既要让购物的顾客享受到高效、优质的服务,又要让待购的顾客感受到温馨的气氛和人格的尊严。

(6)推销商品应尊重顾客的选择,不得硬性推销,更不能为推销故意夸大商品的优点,掩盖商品的不足。应当客观地向客人介绍商品,对举棋不定的顾客,要适时介入做好客人的参谋。

(7)要全面掌握所售商品的有关知识,认真耐心地解答客人的每一点疑问。

(8)收取货款时要做到迅速、准确、唱付唱收,遇到假钞要没收,但要耐心地向顾客解释清楚,以取得顾客的理解与支持。

(9)顾客离店时,应口头道别,并对其光临表示感谢。

(10)对于顾客的意见、建议和投诉要认真对待。正确的意见要听取,合理化的建议应采纳。客人的投诉一定处理,并以合适的方式将处理意见通知客人。如果客人情绪激动,应迅速将客人带离营业区域,并耐心询问导致客人情绪激动的原因,做好安抚工作。

(11)应重承诺,讲信誉,自觉维护消费者的利益,售后服务措施一经许诺必须按承诺办事,否则会失信于客人。

二、旅游产品推销礼仪

推销礼仪,是指销售人员在推销过程中应遵循的行为规范与准则。它是指导和协调销售人员的言行举止、促成良好商务关系的润滑剂。

(一)推销人员的修养

1. 总体要求

作为一名推销人员,要讲究仪表仪容,要有良好的职业道德和服务意识,要有扎实的业务知识和良好的口才,要熟悉产品及产品性能。

2. 着装要求

服装是推销人员的外包装。从某种意义上说,它决定着客户对销售人员的第一印象。销售人员的着装应重点体现出较强的时代特点和职业特点,既不要太过保守,又不能太过新潮。只有端庄、大方、得体,才能给客人留下稳重、可靠的印象,以赢得客户的好感与信任。

要注意服饰的细节,如衬衫要熨平、皮鞋要擦亮,以示对客户的尊重与认真。

3. 能力要求

(1)开拓、创新能力。开拓,是指战胜艰难险阻的信心和勇气;创新,是指能够做好别人未做或未做好的事。开拓创新精神是一种能力状态,也是对销售人员的基本素质要求。

(2)预测、决策能力。作为一名销售人员,要能够依据顾客要求判断和决定市场取向,并能预测本企业产品与市场同类产品的竞争能力、差异性、未来发展趋势和潜在顾客。

(3)公关社交能力。公关社交能力的强弱是决定一个销售人员能否把握市场机会、建立稳定的客源网络的关键因素。

(4)决策能力。市场瞬息万变,商机的把握与丧失常常取决于一念之差。这就要求销售人员不仅要有准确判断市场机会的能力,而且要有果断的决策能力。瞻前顾后、缩手缩脚的销售人员,会在瞬间痛失商机。

4. 知识要求

(1)要熟悉了解企业各方面的知识和信息,如企业的发展历史、生产规模、经营方针等。

(2)要熟悉本企业商品的性能、价格、品种、质量特色及与市场竞争对手同类产品的区别等。

(3)要熟悉了解市场,懂得市场及市场营销的基本常识和手段;学会做市场调查和销售预测的基本方法。

(4)要懂得一些心理学常识,善于观察、分析和把握客户心理,并能针对不同客户的消费心理,采取不同的销售对策。

(二)推销礼节

1. 约见客户的礼仪

约见客户,是指推销人员事先征得客户同意、协调相互见面接触的活动。约见礼仪要求如下:

(1)约见的时间要适宜。约见应以方便客户为标准,而不能由自己事先做出决定。时间一旦约定,一定要注意守时。

(2)约见地点要方便。约见地点的选择,最好尊重客户的意见,如果推销方自己决定,也应选择客户熟悉、安全、无其他外界干扰、交通较为方便的场所。

(3)约见方式要得当。无论是电话约见、信函约见,还是采取其他方式约见,都要显得郑重严肃,尊重客户。

2. 面见顾客礼仪

(1)服装整洁、仪表端庄,称呼顾客要用尊称。

(2)举止要大方、得体,交谈时与顾客保持适当的距离,坐姿要端正,不要有不良习惯和小动作。

(3)介绍产品要客观,不要夸大产品的性能、特点,但对产品本身优点可做详细介绍。

(4)不要急于求成,始终保持一种平和心态,耐心等待。推销工作较为顺利时不要喜形于色,遇到客户推辞拒绝时也不要垂头丧气。成功的推销员,往往是先推销形象,再推销产品。

(三)推销技巧

1. 赢得顾客信任的技巧

(1)应尽量真实而全面地向顾客展示能证明自己身份的证件和有关材料。

(2)备好样品,必要时抓住机会向顾客演示产品功能,给顾客以直观的感性认识。

(3)随时提供顾客所需的产品型号、规格、性能、价格等有关信息。

(4)注意收集媒体对产品的宣传、介绍、广告,及用户的信息反馈资料。

(5)提供免费试用产品,或赠送有产品标记的小礼品,以联络感情。

首次面见顾客,重要的是要赢得客户的接受和认可,进而赢得对方的信任。

2. 实物推销

实物推销是一种较为直观的推销方式。采用这种方式进行推销,顾客可以直观产品及产品性能,比介绍、讲解效果要好得多。

拓展知识

客人常见的忌讳推销禁忌包括别人谈及自己的生理缺陷和过胖、过瘦、过矮等被认为是不美的生理特征。例如,不应说"像您这样长长的脸,戴这种眼镜较好",而应该将那些渲染性的词语删去,如可说"这种眼镜配您的脸型正好"。又例如,国外有家商店对某些衣服不用"特肥型""特大号"和"特瘦型"等名称,而分别用"玛丽号""黛丽号"和"茜茜号"等名称来代替,这样,即使是特别肥胖的女性来买衣服,她和售货员都用不着说出那句使人难堪的话:"请给我拿那件特肥型的衣服"或"您穿这种特肥型的才合适",而可以采用比较委婉的说法来代替,如"请给拿那件'玛丽号'的衣服"或"您穿这种'玛丽号'正合适"。

客人另一个忌讳点就是囊中羞涩。客人站在柜台面前,总希望腰包鼓鼓的,若是有钱,他便理直气壮;若是无钱,他便觉得不自在。所以售货员绝对不能说这样的话:"你买得起吗?"甚至连"你要贵的还是便宜的?"这种问话都不宜采用,因为这样会伤害客人的自尊心,正确的做法是根据客人的实际情况,从便宜的商品逐渐介绍到贵的商品,或由贵的商品逐渐介绍到便宜的商品。当客人买下商品时,还可适当评价两句:"先生,您真有眼力!"或"小姐,您真会买东西。"适当的奉承可以进一步满足客人的自尊心理,但绝不能过分夸奖,以免引起对方的不快。

三、谈判礼仪

谈判是交易双方为促成交易,或者为了争取或维护各自的经济利益而进行不断磋商,以求解决双方的争端、达成协议、签订合同的过程。谈判既是双方为自身经济利益而进行较量的过程,同时彼此又都希望在谈判过程中获得对手的礼遇,并在相互间建立起某种程度的合作关系。所以,谈判双方代表的端庄的仪表仪容、礼貌的言谈举止、不卑不亢的绅士风度和恰到好处的礼节,是谈判过程得以顺利进行的重要因素之一。

1. 谈判礼仪规范

(1) 参加谈判,出于尊重对方的原则,应尽量穿出席正式场合的服装,如果着休闲装参加谈判,显然是不合时宜的;服装应熨平,以给人整洁、规范的良好印象。

(2) 谈判者的行为、举止应热情、豁达、庄重,表现出良好的个人气质。

(3) 谈判开始前,双方代表见面,应当热情、友好,相互招呼,融洽彼此间的关系,创造良好的谈判气氛。

(4) 谈判之前最好从中性话题(与谈判内容不相干的话题)开始,使彼此感觉轻松。

(5) 谈判进行中,应始终遵循平等互惠、友好合作、诚实守信的原则。

(6) 谈判期间对方代表发言时,要善于倾听,并从中悟出其谈话的真正含义;要恰当地运用插话形式,引导对方透露出更多隐含的内容,并想方设法使对方在兴致勃勃的谈吐中忘乎所以,流露出对己方有利的信息。

(7) 要注意观察对方。随着谈判的深入,对方个人的地位、角色、谈判风格、政策水平和策略水平便会逐渐显露无遗。应耐心观察,保持沉默,在等待中做出判断,寻找对方漏洞,创造机会为谈判成功开辟道路。

(8) 谈判结束无论是否达到预期的结果,都应尽量保持良好的教养和风度,主动伸手与对方握手言欢,不要表现出愤怒,做出拍案或其他有失风度的举动。

2. 谈判语言规范

谈判的规范语言,应以协商性为主,适当运用风趣、幽默和刚柔相济的综合性语言技巧。具体表现在发问、应答和实力对策三个方面:

(1) 发问的技巧。①引导式发问,指对答案具有强烈暗示性的问句。这种发问易引导对方对自己的观点产生赞同的反应,句式一般采用反问句。②坦诚式发问,指推心置腹的友好性发问。这种发问方式语句中含有对对方的关切和理解,往往能够制造出某种和谐的气氛。③求证式发问,即对对方的答复重新措辞,以对自己的理解做进一步的确认,或希望商讨内容能够继续延伸,同时也表明发问者对对方答复的重视。例如:"您的意思是……""您是说可以同意给我们30%的优惠……"④封闭式发问,是指能够带出一定答复的问句,这种问句一般用在提问者想获得特定资料或确定回答的场合。例如:"请问您能否给我们一个确切的答复"或"如果我们付现,是否能给我们最优惠的价格?"这类问句把握不好有时会显得生硬,或使得回答者左右为难。

符合礼节性并易于为对方接受的发问,应当注意:首先,发问前最好先征得对方同意;其次,要注意发问时机的选择,要尽量避免提出敏感性问题,更不能在发问中带有威胁性、讽刺性、盘问式和审问式的词语。

(2)应答的技巧。①非原则问题可从容应答,尽量表现出宽容和大度。②原则性问题坚持立场,细节问题求大同、存小异。③难以回答的问题避实就虚,重要细节以问代答,模糊带过,并用非重要细节掩饰和转移目标。④谈判形势不甚明了,不轻易将立场观点和盘托出。

总之,谈判时语言的运用,要掌握一定的技巧,既要尊重对方,表达合作的诚意,又要尽量实现己方目标,维护企业的形象和切身利益,还要表现出良好的礼仪风度。另外,谈判语言切忌运用带有教训、嘲弄或挖苦的语气,否则会因小失大,由于措辞不当而导致谈判的失败。

3. 实力对策技巧

商业谈判,运用一定的策略非常重要,在对谈判对手各方面情况较为了解的情况下,根据谈判对象的实力状况运用不同的谈判策略,往往能产生事半功倍的效果。

(1)实力相当的谈判对手,一经接触,双方都有达成协议的良好愿望,应选用征询、商量式的谈判口吻,并尽量创造一种友好和谐的气氛,使谈判按照预定的目标进行。

(2)对实力较弱的谈判方,应该坦诚以对,主动就某些容易达成协议的事项提出建议,而对该拒绝的方面则礼貌回绝。既不能将己方底牌和盘托出,也不宜以大欺小,使对方感到合作的不平等。

(3)如己方实力较弱,应当以静制动,不轻易暴露自己立场;在合作条件方面,可适当做一些让步,但应尽量避免将条件放得过宽,使己方遭受重大损失。让步的幅度一般控制在己方能够接受的范围即可。

四、商务庆典礼仪

(一)开业庆典

开业庆典实则是一个企业或公司向新闻媒体、社会公众发布和传播企业信息、宣传企业形象、促进企业与社会外界及新闻媒体沟通与交流的公关宣传活动。开业庆典的组织应遵循一定的原则和礼仪要求。

1. 开业庆典策划原则

开业庆典的策划,要遵循热烈、隆重、节俭的原则进行。

2. 开业庆典礼仪要求

(1)制订周密、详细的开业庆典计划。计划包括所需要的人员、物资、资金、场地、设备,并应成立相应的组织机构,每一项工作要进行系列分工,具体细节问题考虑周全并落实到人。准备时间要仔细安排,并要经常督促检查落实情况。

(2)邀请宾客。开业庆典前一周,应向政府有关部门、主管部门、社区负责人、新闻媒体、社会知名人士、同行业代表发出正式邀请,以便宾客安排时间。

3. 开业庆典现场环境布置

开业庆典现场环境的选择,应尽量考虑宽敞、醒目的开阔地带,如大门口。

布置现场应考虑如下内容:

(1)张挂开业庆典的横幅。

(2)悬挂有条幅的大型氢气彩球若干。

(3)大门两侧摆放花篮。

(4)八名以上身披绶带的礼仪小姐在门口两旁迎宾。

(5)统一着装的乐队。

(6)成套的音响设备(卡座、话筒、碟机、功放、音箱)。

(7)如邀请文艺团体演出,应搭临时舞台。

(8)宾客签到台、签到册,并配有礼仪小姐服务。

(9)礼品发放台。

4. 开业庆典一般程序

(1)主持人宣布仪式开始,并介绍重要嘉宾。

(2)企业主要负责人讲话。

(3)主管经营负责人介绍经营目标、产品特色、服务宗旨等。

(4)上级领导及重要来宾代表致辞祝贺。

(5)上级领导、社会名流为开业剪彩。

(6)文艺表演。

(7)由企业领导带领宾客参观或开门迎接首批顾客。

(二)签字仪式

在商务活动中,双方或多方经过谈判,最终达成协议,按照较为正式的程序,通常应举行签字仪式。签字仪式礼仪规范如下:

(1)准备工作。在举行签字仪式之前,签字各方应做好文本的准备工作,并对文本进行定稿、翻译、校对、印刷、装订。

(2)主方要安排好签字的场地。场地应安排在较正规的会议室或多功能厅进行,要备好签字的文具。

(3)签字现场应安排服务人员提供茶水或饮料服务。

(4)签字各方共同商定签字人、参加人及签字仪式的各项细节问题。

签字仪式的礼仪要求和一般程序为:

(1)签字人员一般为参加谈判人员,任何一方安排未参加谈判的人员参加签字仪式,均应征得其他方同意,否则不得参加。

(2)参加签字的人数各方大体相等。

(3)签字人的身份、职务,各方应大体相当。

(4)签字人签字时,先在己方保存的文本上签字,再由助签人交换文本,请签字人在对方保存的文本上签字;然后双方签字人交换文本,握手致意。

(5)签字完毕,由礼仪小姐送上香槟,出席签字仪式的各方代表一同举杯庆贺。

(三)剪彩仪式

剪彩仪式是商业庆典活动采用较多的形式之一。如:大型工程破土动工的奠基仪式、揭牌仪式,公司成立、商场开业等都需要剪彩。

剪彩仪式礼仪程序如下:

(1)庆典活动即将开始时,排列整齐的礼仪小姐手托花球(花球用红色彩带扎成,放在红色托巾的精致托盘上,托盘上还摆放有剪刀),伴着喜庆热烈的音乐声入场,并面向观众站成一排。

(2)主持人入场,音乐停止。

(3)主持人致辞,介绍重要来宾及与会代表。

(4)剪彩开始,由主持人宣布剪彩人员名单及职务。

(5)剪彩人步履稳健、面带微笑地走向彩带。拿剪刀时应用眼神和微笑向礼仪小姐示意。

(6)剪彩人相互用眼神示意,配合默契,一起下剪,同时剪断。

(7)剪彩完毕放下剪刀,转身向观众鼓掌致意。

(8)音乐声起,礼仪小姐整齐退场,观众退场。

案例分享

××饭店中餐厅午餐开餐时间,服务员小田在值台巡视时,忽然看到一位客人正用脚踩灭刚扔在地板上的烟头,干净的地板立刻被弄脏了。小田匆匆走上前去,大声指责客人,并让客人将扔在地上的烟头拾起来。客人一抬头,看到服务员怒气冲冲的面容和同桌其他客人复杂的眼神,觉得自己很没面子,于是也提高声调反驳道:"你们餐桌上为什么没有烟缸,没有烟缸,当然只好扔在地下了。"小田强调说:"没有烟缸你可以向服务员要,可你随便乱扔烟头是破坏公共卫生的行为……"双方各执己见,眼看争吵就要升级,领班及时上前妥善地处理了这一事件。

思考并回答:

1. 服务员处理问题方法是否妥当?
2. 发生这类问题的原因是什么?
3. 如何杜绝这类问题的再发生?
4. 模拟一段情景对话,由你出面解决这个问题,当时客人会说些什么?

本章小结

旅游的接待与服务礼仪是渗透在各种不同形式的旅游活动中的规范、程序、要求以及一些在长期的接待活动中所形成的约定俗成的习俗和习惯,作为旅游接待与服务人员,应当熟悉和了解这些不同的礼仪规范,只有这样,才能全方位地为客人提供优质服务。

思考与练习

1. 试述前厅部问讯、接待的礼仪规范。
2. 大堂副理处理客人投诉要注意哪些问题?
3. 客房服务应注意哪些礼仪规范?
4. 试述餐饮部服务礼仪规范的特点。
5. 带团出游,导游在沟通、协调方面要注意哪些礼仪规范?
6. 游览过程中导游的哪些话题容易引起客人的兴趣?
7. 如何巧妙地拒绝客人?
8. 销售人员约见顾客应注意哪些礼仪?
9. 试述参加谈判人员的礼仪要求。
10. 开业庆典场地布置要考虑哪些因素?

第七章 我国少数民族礼仪

引言

随着"西部大开发"政策的实施,许多人产生到西部去看一看、走一走的旅游动机,而西部是我国少数民族聚集的地区。因此,不管是旅游经营者还是旅游消费者,都有必要了解我国少数民族礼仪,知晓少数民族的节日,使工作或旅途更愉快!掌握少数民族禁忌,以免在旅游中发生不愉快的误会。

学习目标

1. 了解我国主要少数民族的习俗与礼仪。
2. 熟悉少数民族节日。
3. 掌握少数民族禁忌。

第一节 我国主要少数民族的习俗与礼仪

接待好少数民族客人,对加强民族团结、促进祖国统一,都具有十分重要的意义。因此作为旅游接待人员,一定要贯彻执行党的民族政策、宗教政策,尊重少数民族的宗教信仰和风俗习惯。

一、回族

(一)分布

回族是一个人口较多、分布较广的民族。主要分布在宁夏回族自治区。除此以外,甘肃、河南、河北、青海、山东、云南、安徽、辽宁、新疆等地,都有不少回民居住。

(二)礼仪

回族人信奉伊斯兰教,伊斯兰教对穆斯林(伊斯兰教信徒)的日常生活做了种种规定,伊斯兰教的教规和民族习俗已经融合,不论是否信教,其礼节礼仪都明显地表现出伊斯兰的特点。有念经、礼拜、封斋等仪式,还要缴纳"天课"(宗教税)。在礼俗方面,尊敬长者;禁止用食物开玩笑;不用禁忌的东西做比喻;禁止背后议论别人的短处;外出必须戴帽,不能露顶;等等。

（三）习俗

回族非常讲究卫生,饭前饭后都要洗手。回族的主食为蒸馍、包子、饺子、馄饨、汤面、拌面、牛羊肉泡馍和油炸食品等;副食中的肉类为牛肉、羊肉、鸡鸭和有鳞的鱼类;蔬菜大部分都爱食用。

回民喜欢喝茶。华北地区回民喜欢喝茉莉花茶,西北地区回民喜欢喝砖茶,西南地区回民以饮用红茶和花茶为主,东南地区回民多饮清茶。饮酒则一般不是他们的嗜好。

二、维吾尔族

（一）分布

维吾尔族主要分布在新疆维吾尔自治区。信奉伊斯兰教。

（二）礼仪

维吾尔族人很讲礼貌,对长者很尊敬,走路、说话、就座、就餐等,都先礼让长者。维吾尔族人在与亲朋好友见面时,必须握手问候,互道"撒拉木",意思是"你好"或"你们好"。城市中有一定身份者和知识分子多用右手扶胸,躬身后退一步说:"亚克西姆赛斯。"汉族人与维吾尔族人相见时,只要握手即可。维吾尔族人总是请客人坐在靠大墙的一边,以表示尊敬。吃饭时,客人应跪坐,以表示对主人的尊敬。主人一般请客人动手先吃,出于礼貌,客人应回让主人。

维吾尔族人热情好客,有时喜欢送一些吃食给服务员。如果服务员坚决拒绝,他们会不高兴,因此婉言拒绝不行时,要用双手接受,忌用单手接东西。

（三）习俗

维吾尔族的主食有馕(用面粉制成的圆形烤饼,有时还要加上肉、蛋和奶油),节日待客常用帕罗(用羊肉、清油、胡萝卜、葡萄干、葱和大米做成的食品,即手抓饭),还有包子、馄饨、面条和玉米粥等。副食有羊、牛、鸡肉以及各种蔬菜。炒菜必须加肉,做素菜者极少,有"无肉不算菜"的习惯。一般地说,每日三餐早餐吃馕、喝奶茶;午餐食各类主食,并以副食助餐;晚餐与早餐相似,有时也吃副食。饭前饭后必须洗手;吃抓饭时,预先还要剪指甲。

饮料方面一般喜欢各种奶类和奶茶(砖茶熬开后加牛奶)或清茶,还爱喝葡萄酒,且酒量颇大。

三、藏族

（一）分布

藏族是我国历史悠久的民族之一，约有280多万人口，分布在西藏自治区的大部分和青海、四川、甘肃、云南的部分地区。

（二）礼仪

藏族人互相见面时，习惯伸出双手，掌心向上，弯腰躬身施礼。有些藏民在与人见面时，还有点头吐舌头的习惯，对方应点头微笑以答礼。初次见面或迎接尊贵的客人，还有献哈达的习惯，而且，献的哈达越宽越长，表示的礼节就越隆重。藏族人不喜欢别人直接称呼他"藏民"，而愿意称呼他们"唠同"（同志），如果称呼他们的姓名时在后面加一个"拉"字，则表示对他们尊敬。

（三）习俗

藏族人多信奉喇嘛教（藏传佛教），每天早晨起床后及饭前念经。他们最忌别人用手抚摸佛像、经书、念珠和护身符等圣物，认为这是触犯禁规，对人畜不利。

藏族有着较特殊的饮食习惯，主食是糌粑（用炒熟的青稞或豌豆磨成的炒面），每日三至四餐。牛、羊奶煮熟后冷却下来凝结在上面的一层脂肪叫酥油，是藏族人非常喜欢的饮料。牧民以牛羊肉和奶类为主食，一般不喜欢吃稀饭、肥肉和蔬菜等；农业区的藏民主食大米、蔬菜和面食。城镇居民多吃用大米饭和酥油、葡萄干做成的叫"哲色"的食品。大部分人饮酒和吸烟，有些藏民在进餐前先用手蘸酒在桌上滴三滴，这是表示敬佛。

早点一般是酥油茶、点心、糌粑；午餐喜欢"哲色"、肉包子、馅饼；晚饭爱吃手抓羊肉、面条、猫耳朵片儿汤等。吃菜并不要求花样多，但质量要好，不喜欢吃粗制滥造的菜肴。另外就餐时餐具也很简单，只用一把小刀和一只木碗，藏族人不喜欢用别人的餐具，吃糌粑和肉食品时，习惯用手抓着吃。

藏族人对客人必以酥油茶招待，对客人说："雪冬加"（请坐），"恰通"（喝茶）。按当地习惯，客人把杯中茶喝光，表示不想再喝了；如果剩下一点，则表示要继续喝。

藏族人能歌善舞，男性的舞蹈动作朴实、粗犷、憨厚，女性的舞姿优美、细腻、轻柔。综合艺术"热巴"舞以及民间舞蹈"锅庄"和"弦子舞"颇为出名。

四、蒙古族

（一）分布

蒙古族是一个勤劳勇敢的民族，有近200万人口，主要分布在内蒙古、黑龙江、辽宁、吉林、新疆、甘肃、青海、宁夏、河北、河南等地区。其中一部分生活在牧区，另一部分生活在农业区。

(二) 礼仪

蒙古族人性格豪爽,并很讲究礼节。对长者很尊重,也希望受到别人的尊重。他们热情好客,有客人到来总是出帐篷迎接。客人进帐应从左边走,入帐后席地而坐。他们往往用"艾拉克"(酸马奶)招待客人,而且客人必须一饮而尽,以表示对主人的尊重。尽管有些食品客人吃不惯,也不能坚拒,应尝一尝,并点头称是以表示谢意。

蒙古人很尊重长者,接受长者赠与的东西,必须屈身去接或跪下一条腿伸右手接。

(三) 习俗

蒙古人也信奉藏传佛教。

蒙古牧区以肉食为主,主要是牛羊肉,也吃猪肉、鹿肉和黄羊肉等。自食和招待客人常用手扒肉(一种不加盐和其他作料、原汁煮熟的肉);招待贵客用整羊席,其中请客人吃羊头和羊尾巴是最隆重的招待。饮料是用马、牛、羊奶做成的奶茶,还有泡子酒(用小米酿成)和奶子酒等。农业区以粮食为主,主要以面食类的馍、面条、饺子、炒面等为食物。炒米是他们喜爱的食品,拌上酸奶和白糖,吃起来非常清香爽口。

蒙民,特别是牧区的蒙民,一般不食各种鱼类、鸡鸭、虾蟹和动物内脏等,但在农业区,尤其是汉民较多地区的蒙民偶尔也食用一些。

蒙古族人也能歌善舞,其舞蹈热情奔放、刚劲有力,而且含蓄细腻,表现力很强,比较有名的有"安代舞"和"筷子舞"。

五、朝鲜族

(一) 分布

朝鲜族约有 150 多万人口,主要居住在吉林、辽宁、黑龙江地区,其中以延边朝鲜族自治州和长白朝鲜族自治县最为集中。

(二) 礼仪

朝鲜族人非常讲究礼节礼仪,尊老爱幼,待人礼貌和气,对老年人非常尊敬。长辈外出,全家躬身礼送,归来则晚辈出接。父辈在座,晚辈不可抽烟、喝酒。

(三) 习俗

米饭是朝鲜族人的主食,还有打糕、片糕、冷面等;荤菜朝鲜族人喜欢狗肉、精猪肉、鸡和各种海味,特别喜欢狗肉;素菜则爱吃黄豆芽、卷心菜、粉丝、萝卜、菠菜和洋葱等。泡菜和汤是不可缺少的食物,一日三餐几乎顿顿离不开这两样东西。在调味上爱用辣椒、芝麻油、胡椒粉、葱、姜、蒜等,口味喜辣,偏爱有香、辣、蒜味的菜肴。

在饮料方面,一般爱喝花茶,还爱喝豆浆;饭前、饭后还有喝冷开水的习惯;男子爱喝酒。

朝鲜族人也过传统节日春节,家家户户贴对联和年画,吃猪肉饺子,还爱吃用枣粉、松子、糯米拌蜂蜜煮成的甜饭。这种类似八宝饭的食品,甜蜜无比,以示日子过得甜甜蜜蜜。届时亲友团聚,酒菜丰盛,席间谈笑风生,划拳猜令,兴高采烈;饭后翩翩起舞,歌声荡漾,并以筷击碗伴奏,具有浓厚的民族色彩。

朝鲜族人能歌善舞,而且舞姿优美,感情含蓄细腻,以农乐舞和长鼓舞最富特色,此外,顶水舞、扇子舞、剑舞等也很出名。

六、壮族

(一)分布

壮族是我国除汉族以外人口最多的一个民族。主要分布在广西壮族自治区及云南、广东、贵州。

(二)习俗

壮族的生活习惯与居住地的汉族相似,并爱吃狗肉、猫肉。

广西边远山区的壮族,有一种"入赘"的婚姻习俗,即男子出嫁到女方。男方不备嫁妆,一切均由女方准备。结婚的当天按女方的姓氏给女婿更换姓名,并与女方的兄弟和平辈男子称兄道弟。婚后其子女随母姓继承母亲的财产。

壮族人能歌善舞,而且舞的名目繁多,如球舞、捞虾舞、扁担舞、采茶舞、戽水舞、春牛舞、蜂鼓舞、燕球舞等,舞姿雄健,诙谐活泼。

七、苗族

(一)分布

苗族主要分布在贵州、云南、湖南、广西、四川、海南、广东、湖北等地。

(二)习俗

苗族主食一般为大米饭,副食是酸鱼、酸汤、酸菜。

苗族青年结婚前,先由男女双方各聘请一名歌手在女方家唱酒歌,一般要唱一天一夜。酒歌有固定的曲调和成套的歌词,内容丰富,包括谦词、本寨情况、双方祖宗三代的基本情况、双方结婚原因和大致过程等。唱完酒歌,迎亲队伍在辞别歌声中开始起程将新娘迎走。

苗族人也善歌舞,舞姿特点是情绪欢快、热烈,腿部动作比较多。

八、侗族

(一)分布

侗族主要分布在福建泉州、湖南、广西等地。

（二）习俗

侗族饮食习俗是喜食酸味食品,如酸草鱼、酸猪肉、酸鸭肉、酸辣椒等。爱喝打油茶,送上打油茶时,再另加炒黄豆、爆米花、腊肉等,并给一根筷子,其意思是:抱歉,碗里没什么东西可捞,只能算作半餐。

侗族比较出名的舞蹈是踩歌堂(集体舞)。男女分成两队,互相牵手或搭肩围成两圈,女在内,男在外,以踏步或拍手统一节奏,大家转着圆圈边舞边歌,气氛友好团结。

九、傣族

（一）分布

傣族主要分布在云南的西双版纳。人口有近84万。

（二）习俗

傣族的饮食主要是大米饭或糯米,喜酸,不吃羊肉和蒜,而以猪肉为主,习惯用油炸而不爱爆炒。常吃的主食是竹筒饭,即把米装入竹筒,灌入适量的水,塞住筒口后放在火上烧烤,当竹筒表面烧焦,筒内的饭也就熟了,非常清香可口。

傣族人喜欢跳舞,舞姿特点是下体多保持半蹲状,身体、手臂每一个关节都有弯曲,模拟孔雀的动作,并以脚鼓和铃锣伴奏。

十、彝族

（一）分布

彝族主要分布在四川、云南、贵州、广西、海南等地。

（二）礼仪

彝族人常自称"彝家",十分好客,凡有客人到来都要隆重欢迎,热情招待,对贵客"打羊"招待。

（三）习俗

主食,彝族人一般爱吃大米饭,副食爱吃红辣椒,爱喝酒。

彝族人一般在十月上旬择吉日过彝族年,主要是庆贺丰收,祈求风调雨顺、五谷丰登。彝族年各地时间不统一。过节时,人们身着节日服装,举行各种文化娱乐和体育活动:吹、奏、弹、跳、赛马、射箭、摔跤等,非常热闹。

十一、哈萨克族

（一）分布

哈萨克族主要分布在新疆、甘肃、青海等地区。

(二)礼仪

哈萨克人待客十分热情、直率,太阳落山后绝不放走客人,对拜访和投宿的客人,不管相识与否,都会热情接待,而客人须入乡随俗,尊重主人的礼俗。哈萨克人往往拿出最好的食品招待客人,通常要宰羊,进餐时把羊头献给客人。

(三)习俗

哈萨克族的主食,主要是馕和油炸果子、面条、抓饭;副食以牛、羊、马肉为主;还喜欢吃一种用黍子、糖、油、奶酪混合制成名叫"金特"的甜食;也习惯吃抓羊肉、清炖羊肉;爱喝茶。

哈萨克族人信奉伊斯兰教。

十二、土家族

(一)分布

土家族主要分布在湖南、湖北、四川等地,人口约283万。

(二)礼仪

土家族人热情好客,有客人来,常常以糖开水招待客人。

(三)习俗

土家族人民过春节有个特别的习惯,在腊月二十九团拜,比汉族的除夕提前一天。

而最有特色的是"哭嫁"。

我国有不少民族的新娘在出嫁时要哭嫁,表示对娘家亲人的依恋,而不能看作是对婚姻的不满。

土家族姑娘在出嫁前三天就开始哭嫁,有时还有新娘的姐妹一道陪哭。在旧社会,甚至有提前半个月或一两个月就开始边哭边唱的。哭嫁是为了感谢父母、告别姐妹,表达对家乡和亲人的深情。过去哭嫁的一个重要内容是控诉包办婚姻的不幸。在出嫁前夜,所有到新娘家吃喜酒("戴花酒")的人都要陪哭。有些地方全村姑娘陪哭,称为"伴嫁""坐歌堂",小伙子们只能在门外以歌惜别。长辈在陪哭中对新娘进行劝慰,告诉她到婆家后要与家人和睦相处,要勤劳肯干。同辈在陪哭中希望新娘不忘家乡姐妹,经常回娘家来看望。三天后的凌晨,亲人们用五尺长的大红带子把姑娘背到堂屋酒席前,新娘面对酒席,又开始哭歌。首先哭桌子、凳子、筷子,然后入座,坐下后就哭菜,哭一个,端上来一道菜,直到餐桌摆满。新娘面对茶哭道:"吃了父母一杯离娘茶,家也发来人也发。"面对酒哭道:"吃了父母一杯离娘酒,家也有来人也有。"哭完之后,新娘不吃不喝,即上轿出发。

土家姑娘在十一二岁时就要学习哭嫁,因为民间把是否会哭嫁看作女子是否有德才的表现。

第二节　少数民族节日

每一个少数民族都有自己的传统节日,每一个节日都有自己独特的传统风俗习惯和礼节礼仪。

一、主要少数民族节日介绍

（一）开斋节

信奉伊斯兰教的回族、维吾尔族、哈萨克族等几个少数民族的盛大节日是开斋节。按照伊斯兰教教义规定,伊斯兰教历九月为斋戒月,在斋戒月内,凡成年穆斯林从每日破晓到日落,整个白天无论怎样饥渴,也不准饮水进食。日落后人们才可以自由吃喝。待斋月期满后,即伊斯兰教历十月一日,就是开斋节。这天清晨,穆斯林们沐浴净身,纷纷到清真寺参加节日礼拜,人们身着节日服装,参加茶话会、联欢会、扫墓、赛马、叼羊等活动,一般要持续三天。走亲访友,互致"撒拉木",相互祝福、畅谈,各家各户都准备好精心制作的食品,如家家都炸"油香",有"白油香""肉油香""糖油香"等,以招待客人。整个节日内容丰富、气氛热烈。

（二）藏历年

藏历年是藏族人民最盛大的节日,拉萨把藏历一月一日作为新年,也有地方以十二月一日、十一月一日为新年。

为了欢度藏历年,藏族人民一般提前一个月就开始准备吃（家家都用酥油和白面做美味糕点,酿制青稞甜酒）、玩和供佛用的年货。家家户户在大门上用干面粉画个象征吉祥如意的"卍"字。除夕之夜,各家各户都在佛像前摆好供品,全家围坐欢聚,共吃"糌粑"。新年初一,各家一般都闭门自家欢聚,互不访问,从初二开始,亲朋好友互相拜年。比较亲近的朋友,还互相献哈达,以表示敬意。喝酒时,客人先用无名指在酒杯中点三下弹向空中,以示祝福,然后才开始喝酒。客人为表示对主人的尊敬,第一杯应分三口喝完,然后接着干三杯,以示谢意。

（三）泼水节

泼水节是云南傣族人民的节日,时间是在公历4月12日到14日,为期三天。节日的第一天人们通常不泼水,大都到江边观看龙舟竞赛。节日的第二天是泼水日,是三天里最热闹的一天。上午十点左右,人们拿着盆、桶纷纷拥上街头,开始泼水,不论男女老少,也不分亲友宾客,不同地方、不同民族的人都可以参加泼水。人们争先将水泼向对方,以相互洗尘祝福,谁被泼得多,说明他受到的祝福多,其人即因此而感到体面、高兴。节日的第三天,要数"丢包"活动最有趣,也是青年男女最喜欢的活动。丢包时,小伙子站在一边,姑娘们站在另一边,荷包在他们之间飞来飞去,非常惬意好看,姑娘们往往将包投给自己喜爱的小伙子,每丢一次就带来一阵欢声笑语,伴随着笑声,爱情的种子深深地埋在了双方的心中。

(四)三月三和三月街

壮族人民把三月三作为自己的节日,这一天,是壮族人民举办歌圩的日子。从三月三起,歌圩进行三天,有成千上万人参加,从早到晚歌声如潮,此起彼伏,处处都是欢声笑语。男女青年都身着漂亮的服装,兴高采烈地对唱山歌,选择意中人。

三月街是云南大理白族的传统节日和物资交流大会。每年的农历三月十五至二十,大理的街上人山人海,商品聚集,汉、藏、傣、侗等各族人民都来参加这节日的盛会,购买自己需要的各种商品。节日期间还举行赛马、射箭、球赛、棋赛、唱歌、跳舞等各种文化娱乐和体育活动。商品琳琅满目,有花纹绮丽的大理石制品、雕刻精美的剑川木器,还有腾冲的玉器、永胜的瓷器、巍山的竹帘、邓川的乳扇、云龙的木耳、漾濞的核桃、祥云的辣子、临沧的茶叶、保山的竹笋、滇西北的药材等。三月街一般举办五天至七天,是一个文化娱乐大集会。

(五)苗年

苗年是苗族人民最隆重、民族色彩浓郁的传统节日。苗年,苗语为"朗卯",是苗族人民共度的年节。然而由于苗族居住地区甚广,苗年没有统一固定的日期,一般选择在稻谷进仓、麦种落地后的农历十月至十二月之间。过节的时间不一致,但日子必须是逢单,最长的过十三天。在苗族人比较集中的地区,往往几个寨子联合起来过节,或先由一个寨子开始,然后依次接着过。苗族年节之前,家家户户都忙于烧(酿)酒、杀鸡、捉鱼、打糍粑,富裕一些的人家还要宰一头肥猪。

节日的第一天早上,人们在家摆好酒饭,先以简单的仪式祭祀祖宗,然后全家美餐一顿,开怀畅饮,以示怀念老人和庆祝丰收。

节日期间,还举行内容丰富多彩的节日活动:斗牛、赛马、走寨、坐妹、对歌等。

节日的最后一天叫"刹搁年",是来人最多、最热闹的一天。这一天清晨,欢乐的人们身穿新装、吹着芦笙、唱着飞歌来到寨外的草坪,兴致勃勃地观看斗牛。

斗牛,是苗家节日里最富特色的活动。当一名有威望的老人把葫芦酒洒在斗牛场上宣布开始后,两条膘肥体壮的犍牛,分别由寨里的勇士给蒙上眼罩牵上场来。两牛相遇,勇士迅速把眼罩取下,两头牛便猛斗起来。这时观众欢呼雀跃,呐喊助兴。经过几个回合,方见胜负。裁判人给获胜的"牛王"披红挂彩,好不威风。

到了傍晚,男女青年便开始进行传统的社交活动"游方"。开始时由一群男青年到村寨里唱游方歌、吹木叶。女青年听到后,便相约而至。他们唱歌周旋,彼此询问,表达爱情。歌兴过去,情投意合者一对对傍倚树下,或坐在山坡上对话谈天,有的从此结为终身伴侣。

"走寨"是苗年富有民族特色的文娱活动。由二三十个穿着艳丽民族服装的青年男女组成芦笙踩堂队,在几位老人的带领下,到附近各寨去走寨子(拜年)。每到一寨,就在芦笙坪上跳芦笙舞。舞罢,观众齐声高呼"务啊,务啊!"(好啊好啊的意思),表示热烈欢迎。随后,分别邀请客人到家里做客。

苗族人民还喜欢在节日期间举行婚礼,更增添了节日的喜悦气氛。

(六)那达慕大会

每年的七八月,蒙古族聚居的地方纷纷举行传统的那达慕大会。

"那达慕"在蒙古语中是"娱乐""游戏"的意思,来源于摔跤、射箭和赛马三项游戏。历史上,"那达慕"受喇嘛教影响,特别是庙会、祭敖包等"那达慕",成为传播宗教的场所。新中国成立后的"那达慕"仍然沿用了传统的民族形式,但是加入了许多新的内容,如下棋、田径、拔河、篮球等,使传统的"那达慕"更加丰富多彩。

每到节日那一天,从清晨开始,蒙古族男女老少穿着色彩缤纷的新装,满怀着丰收的喜悦乘车、骑马,一同向会场奔去。

蒙古人特别喜爱摔跤,正式摔跤比赛的仪式十分隆重。运动员要穿上传统的服装,先由歌手用蒙古族长调唱一段歌曲,然后摔跤手从两边手舞足蹈地跳跃着出场。他们展开双臂,最初低头瞪着对方,接着就像猛虎一样迎上去,使出浑身力气来压倒对方。按规定,膝盖以上的任何部分着地就算失败。摔跤手每获得一次冠军,就在胸前挂上一条彩色布条。力冠全旗的"布和"(大力士、摔跤手)被人们称为"纳钦"(雄鹰,勇敢敏捷的意思);力挫群雄的冠军则称为"阿布儒吉"(巨人),在群众中享有很高的声誉。

赛马是"那达慕"大会最吸引人的项目。比赛即将开始时,骑手们一字排开,腰扎彩带,头缠彩巾,英姿勃勃地等候在坐骑上。只听号角长鸣,骑手们便纷纷飞身上鞍,一时红巾飞舞,如箭矢齐发。最早到达终点的骑手,牧民给他和赛马披红戴花,成为草原上最优秀的骑手。

夜幕降临,草原上飘荡着悠扬动听的马头琴声,年轻人跳起欢快的舞蹈,老人们围坐在帐篷前,品味着香甜的奶茶,谈论着美好的生活。

(七)古尔邦节

"古尔邦"节,是伊斯兰教传统的年节,于每年伊斯兰教历十二月十日举行。

古尔邦节又称"宰牲节"。顾名思义,是具有宰牲献祭特色的节日。"古尔邦"节在阿拉伯语中称为"尔德·古尔邦",也称为"尔德·阿祖哈"。"尔德"即"节日","古尔邦"含有"牺牲""献身"之意。

传说古代阿拉伯人的始祖易卜拉欣,受伊斯兰教真主安拉的启示,要宰杀自己的儿子伊斯玛仪勒以表示对安拉的虔诚。当易卜拉欣遵命执行而举起刀的一瞬间,安拉派特使牵着一只羊匆匆赶到,命令以宰羊代替献子。从此,就在阿拉伯民族中形成了每年宰牲献祭的习俗。伊斯兰教产生后,以先知易卜拉欣为圣祖,并把伊斯兰教历太阳年十二月十日定为"古尔邦"节。

"古尔邦"节是伊斯兰教重大的节日。节前家家户户打扫得干干净净,忙于宰牛羊,精制糕点。节日这天,穆斯林们便沐浴礼拜。凡经济条件许可的穆斯林都要宰牲,接待宾客,馈赠亲友。这些穆斯林在清真寺里集中,彼此握手、拥抱、互相祝福;然后由教长带领,边颂赞词边步入寺内大殿,举行节日会礼,观看宰牲仪式,听阿訇朗诵《古兰经》。有的成群结队,到亲友家中拜访,主人按照传统的礼节,摆出丰盛的筵席,大家同食羊肉、油食糕点和瓜果等,亲密畅谈。盛装的青年男女尽情地在庭院、广场上载歌载舞,从白天直到深夜,沉浸在无比的欢乐之中。

(八) 望果节

望果节是藏族人民预祝农业丰收的传统节日。按藏语,"望"是田地,"果"是转圈,从字面讲,"望果"就是转地头的意思。望果节没有固定的日子,一般在谷物成熟之际的七月举行。节期三天至五天。

节日的早上,藏民们穿着鲜艳的服装,带着青稞酒、酥油茶和油炸饼,扶老携幼奔向旷野。他们搭起五颜六色的帐篷、帷幕,在草地上铺开美丽的卡垫、地毯。一张张漆桌上摆满糕点、糖食等食物,垫子上放着六弦琴、收音机等。座座帐篷都是酒茶飘香、笑语不绝,人们畅叙友情,预祝丰收。中午,二十六匹骏马披红挂绿,骑手们头系红绸,腰系彩带,足蹬长筒马靴,手持系了红绸的青稞穗和蚕豆角等象征丰收的实物,围绕一派丰收景象的田地举行望果仪式。紧接着,人们抬着用青稞、麦穗搭成的丰收塔,有的还背着经卷,敲锣打鼓地绕着田地转圈。顿时万众欢腾,节日的气氛达到了高潮。傍晚,旷野燃起一堆堆篝火,青年们围在一起跳起踢踏舞。随着舞姿的摆动,小伙子们头上的毡帽、腰间的佩刀、脚上的马靴在不停地晃动。轻盈似仙的姑娘们,身上五光十色的珠宝和饰物光彩熠熠。一曲未终,一曲又起,舞圈越跳越大,歌声此起彼伏,直至深夜。

(九) 火把节

每年农历六月二十四至二十六的火把节,是云南彝、白、傈僳、纳西、拉祜等族人民共同的盛大节日。

关于火把节的由来,各族人民有着不同的传说。纳西族的传说是:玉皇大帝在天上看见天下青山绿水、牛羊肥壮,非常生气,命一员天将去烧毁人间。天将到了人间,看到这里的一切都是由劳动人民流汗创造的,不忍心烧毁。玉皇大帝发现后,把那员天将斩了首。六月的一天,天上滴下一滴鲜血,到地上变成了一个娃娃,哭泣着告诉人们,玉皇大帝今晚要把人间烧毁,只有点燃火把,连烧三天,迷惑玉皇大帝的眼睛,才能渡过这场灾难。消息立即传遍乡村,家家户户都在门前点燃了火把,免除了灾难。以后,为了纪念那位拯救人民的天将,就有了火把节。

火把节的第一天,男女青年穿着节日的新装,到野外对歌谈情,采摘各种野花、野果。成年人选择又好又长的松木,劈成细条,中间夹上易燃的松明子,捆扎成火把。太阳落山,村寨里便当当地响起一片锣鼓声。各族青年高擎熊熊燃烧的松枝,来回奔驰在田野里。村寨里的大型火把这时也点燃了,火光把村寨照耀得如同白昼。全村的人们兴高采烈地走出家门,围坐在大火把周围,喜气洋洋地谈论这一年的风调雨顺、五谷丰登。

第二天,亲戚朋友互相拜访,一些妇女回娘家探亲,青年男女到野外会餐,成年人又准备晚上的火把。

第三天是火把节的高潮,人们举行摔跤、斗牛、射箭等活动。到了晚上,大家汇集在村头、寨边或广场,燃起千百支火把,举行篝火晚会。青年男子吹起激扬的笛子,弹起动听的月琴;姑娘们跳起优美的舞蹈,欢快地拍着手掌。半夜,人们举着火把汇成一条火龙,在田间、山野奔跑,表示驱除虫害邪恶,以求幸福昌盛。火光照亮山川,照亮村寨,直到天明。

二、组织团队游客参加少数民族活动的注意事项

我国是一个多民族的国家,从祖国的北部边陲漠河到南海明珠海南岛,从无边无际的草原到人烟稀少的戈壁,都有少数民族同胞聚居。

随着民俗旅游的兴起,组织团队游客参加少数民族节庆活动的旅游项目日渐增多。在组织这些活动时,应注意端正态度、尊重习俗、加强团结。

(一)要端正对少数民族的态度,自觉热爱少数民族同胞

少数民族语言、生活习俗各有不同,大多数少数民族又人口稀少、居住分散、所居住地区多数交通还不发达,经济文化还较落后。面对这种情况,汉族人要端正对少数民族的态度,要认识到少数民族同胞在中华民族大家庭中,也在用自己勤劳的双手,不断做出自己的贡献。他们是可亲可爱的。

(二)要尊重少数民族的风俗习惯

少数民族的风俗习惯已成为旅游资源的一大特色。我们在组团参加少数民族活动时应做到:

(1)不干涉少数民族群众正当的宗教活动;

(2)不准品头论足,议论少数民族的举止穿戴;

(3)不准用歧视、侮辱性的语言称呼少数民族同胞等。

(三)要加强民族团结

少数民族地区,尤其是僻远的少数民族地区,如西藏、新疆等位于边境,情况复杂,组团进入这些地方要注意加强民族团结。

第三节 少数民族禁忌

由于宗教信仰和生活习惯的不同,各族人民都有某些不同的禁忌。

一、主要少数民族的禁忌

(一)回族

回族人忌吃猪、驴、狗肉以及凶猛禽兽的肉和无鳞鱼类,谈话时也忌讳"猪"字或同音字。维吾尔族、哈萨克族、乌孜别克族、塔吉克族、柯尔克孜族、撒拉族、东乡族、保安族也都不养猪,不吃猪肉。有回族人在席,严禁一切与猪有关的食品上桌,也不要将信奉伊斯兰教的民族成员与其他民族成员混坐于餐桌前,端菜时也不宜从其旁边走过。回族人外出戴帽子,忌露顶;忌用忌讳的食品开玩笑;忌别人在背后议论其民族风俗。

至于那些可食用的畜禽,对于回族人而言,也不能随随便便拿来即食,还必须经过阿訇宰杀,然后方可进食。

回族人在家宴客,还忌主人陪客,通常请族中男性长者或亲朋好友作陪。这些禁忌在其他穆斯林民族的家庭中也都或多或少地存在着。

(二)维吾尔族

维吾尔族人睡觉忌头东脚西,忌别人随意挪动和翻看他们的东西,忌当面模仿和取笑他们独特的习俗和衣饰。

同维吾尔族人在室内交谈,禁忌吐痰、擤鼻涕、打哈欠,尤其是忌讳放屁,否则,便认为是对人的极大不敬。接拿维吾尔族人送的东西时,要用双手,忌用单手,尤其是忌左手接拿。

在维吾尔族人家做客、进餐时,忌讳随便拨弄盘中的食物,不要随意靠近锅灶。如果吃抓饭,食前要洗手。一般是洗三下后,用手帕揩干,禁止不擦手,否则,是对主人的不敬。与他人共吃一盘食物时,忌讳将掉落的食物再放入盘内。

(三)藏族

藏族人忌讳别人在他们面前捂鼻子;忌在室内放屁,认为这是大为不敬的事情;家中有病人或妇女生育时,忌生人入内。

藏族人民多信奉喇嘛教,每天早晨起床后及饭前念经。他们最忌别人用手抚摸佛像、经书、念珠和护身符等圣物,认为这是触犯禁规,对人畜不利。

藏民一般不吃鱼、虾、蟹等水产品及海味,忌食驴、骡、狗等肉类,部分地区的人(如昌都、甘肃南部、青海部分地区)不吃鸡和鸡蛋。藏族人饮酒时须用无名指从杯里蘸一点儿酒,弹向空中或地下,以示敬献神灵,而后方能自饮。

（四）蒙古族

蒙古族忌讳坐在蒙古包的西北角。蒙古族以及西北牧区的少数民族哈萨克族、柯尔克孜族、塔吉克族等，都忌讳骑快马到门口下马，因为这意味着报丧事或其他不吉利的消息，一般应慢步绕到毡房后面下马。蒙古族忌讳手持马鞭进入毡房，认为这是前来挑衅；忌讳别人当面赞美他们的孩子和牲畜，认为这会给孩子和牲畜带来不幸；忌讳用手或棍棒指着清点人数，因为这意味着清点牲畜。

蒙古族人，特别是牧区的蒙民，一般不食鱼类、鸡鸭、虾蟹和动物的内脏等，他们认为水族鸟类的内脏和血液不洁净，禁止沾唇食用。

（五）满族

满族忌食狗肉，忌戴狗皮帽子。若戴了，必须在进门前摘下来放在腋下夹着。相传古代有一位满族主人在危难之际，为义犬所救，后来世人感恩于义犬，所以有此忌讳。满族的另一忌讳是不许随便坐西炕，因为西炕是供奉祖先的地方。

（六）哈萨克族

哈萨克人忌当着主人的面数羊、马的数目；忌跨过拴牧畜的绳子；忌遇羊群不绕行；不允许用手背擦摸食物，不准乱丢食物；严禁坐在装有食物的储存器具上；绝对不得跨过进餐用的餐巾。青年人禁忌当着老年人的面饮酒；忌讳别人赞美他们的小孩肥胖；忌讳小辈坐卧长辈的床铺；忌讳客人坐在火炉的右侧，因为他们有以右为上的观念。

过去哈萨克族人吃饭时忌讳摘帽子，假如因为有急事来不及戴或者忘记戴帽子，必须先用一根草茎插在头发上暂时替代帽子，而后才可进餐；否则，会被认为缺乏教养，不懂礼仪。

（七）土家族

土家族不许小孩和未上学的人吃鸡爪子，怕上了学读书时写字似鸡爪，写不好字；不能吃猪鼻子，说长大了，会像猪那样高声打鼾；不得吃敬奉神灵的肉、菜、饭等，否则就会降低记忆力；禁止吃猪尾巴，怕一生落后、事事掉队。

土家族禁止未婚男女（包括儿童）吃猪蹄叉，据说吃了将来就会找不到对象；即使结了婚，也会被吃过的猪蹄叉叉开，即离婚之意。

土家族人吃饭时，不许端着碗站在他人背后，认为这样是在吃别人的背，别人会因此而"背时（食）"（意即运气不好）。过去，土家族还忌讳男女同桌共餐，特别是儿媳和公公更是如此。这大概是源于男尊女卑、"男女授受不亲"的观念。

土家族的姑娘和产妇不能坐在堂屋的门槛上；不能扛着锄头、穿着蓑衣或担着空水桶进屋；不能脚踏火坑和三脚架；遇戒日不动土，吉日不能说不吉利的话；客人不能与少妇坐在一起，但可以和姑娘坐在一条长凳上；祭神时忌闻猫叫，死者停灵的地方不能让猫出现。

（八）高山族

台湾地区高山族中的布农人禁止小孩吃山猪肉和山羊肉，认为吃了山猪肉，长大后就会害怕猎获山猪；吃了山羊肉就会染上山羊的野性，喜欢攀登悬崖，有坠崖丧生的隐患。

台湾地区部分高山族规定未满十六岁的女子不能食用鸡血或鸭血；大祭时忌食鱼；忌食动物的头和尾巴。

高山族忌讳接触死者的家属与遗物；与高山族人说话时打喷嚏，被认为是不祥之兆；出门遇见百步蛇和山猫，则认为不吉利。

（九）鄂伦春族

鄂伦春族主要分布在内蒙古、黑龙江两个地区。

鄂伦春族人平时多食肉，或用火烤，或用水煮，但制作或进餐时均忌讳用刀子叉肉。

鄂伦春人外出狩猎前，不许将自己的去向告知他人；打猎前不做任何计划，因为他们相信野兽肩胛骨有预测的本领；对猛兽不敢直呼其名，称虎为"宝如坎"（神）或"木奴才文格齐"（长尾巴）；叫熊为"阿玛哈"（大爷）。猎到熊后，要把熊的骨头用草包好放到树上，举行仪式，敬烟、叩头，并哭泣以表示悲哀；忌讳说自己长辈的名字和死人的名字。

（十）鄂温克族

鄂温克族同鄂伦春族一样分布在内蒙古、黑龙江两个地区，但他们的禁忌有所不同。

鄂温克族忌食病死的野兽和家畜的头、五脏、淋巴腺、膝下骨髓等。这主要也是因为此类动物食品在他们心目中是不洁的缘故。有些习俗还认为食用某些禁食的食物，有可能影响进食者以外的事物，即受害范围会扩大。比如鄂温克族人不允许小孩子吃羊的肥肠，否则，将来会找不到好的草场，影响放牧，给家人的生产和生活带来不便。

鄂温克族人在猎获鹿、狍子等野兽时，当天忌食猎物的舌头。吃肉也要待到祭火、祭神的活动结束后进行。

鄂温克族吃饭时最为忌讳的是单只脚穿着鞋进餐，认为这样做，儿媳就会变成小偷。

鄂温克族人忌讳将奶制品洒在地上，如洒了就喻示着洒掉了自己的福分。倘若由于不注意，在进餐时出现了这一违忌现象，也要采取相应措施，及时纠正。如果奶制品一旦不慎洒在地上，要立即用手指从地上蘸取一点奶制品涂抹在额前，相传这样就可以确保福气不失了。

(十一) 赫哲族

赫哲族主要分布在黑龙江省。

赫哲族人认为"火"是"火神",因此,对火的忌讳很多。如,不准从火上跨过,不能蹲在火堆上面;不能骂火,着火后用水泼火,也要先说:请火神爷把脚挪一挪;外出打猎遇到烧过火的灰堆要磕头。

(十二) 苗族

倘若在苗族人家里做客,吃饭时,家长会将鸡心、鸭心分拣给客人。此时客人忌一人独自食完,而要同在座的老人们一起分享,否则,会被视为不懂礼貌、没出息。苗族人不吃羊肉和面条,姓龙的苗族人忌食鸡肉。

(十三) 佤族

佤族分布在云南地区。

佤族人在吃新收获的粮食或瓜果之前,要举行迎谷神、小米神和瓜神的仪式。佤族和藏族一样,饮酒时须敬献神灵。

佤族青年人还有禁吃黄牛心、肝的习俗,盛传违者会生灾患病,殃及家人。

佤族忌用芭蕉叶盛饭,认为芭蕉叶中藏有鬼的魂灵。盛好饭后,不许把筷子插在米饭碗上。相传这是丧葬时敬奠鬼神的方式,倘若违反,容易使人联想到死人,是不吉祥的。

(十四) 傣族

傣族人不吃蒜,一般不喜欢吃稀饭;忌讳别人在其屋内吹口哨或剪指甲。

(十五) 朝鲜族

朝鲜族人一般不吃稀饭,不喜欢吃鸭、羊肉、肥猪肉和河鱼。不喜欢在热菜里放醋,也不爱吃放糖和花椒的菜以及油腻过多的菜。

(十六) 羌族

羌族人分布在四川省。

羌族人饭后忌讳把筷子横放在碗上,也严禁倒扣酒杯,因为这样做是敬鬼仪式中的内容。倘若食毕,碗中有剩饭,在收拾碗筷时,切忌将剩饭倒入剩菜碟中。吃在灶中烧烤的面馍时不得用手拍打馍上的灰,吃完后要用手把碗盖一下。

二、我国的少数民族政策

这里主要介绍尊重少数民族风俗习惯的有关政策。

中国宪法规定,各民族"都有保持或改革自己风俗习惯的自由"。无论是保持还是改革自己的风俗习惯,都是各民族的平等权利和民主权利。尊重各民族的风俗习惯,有利于各民族平等与团结,有利于对民族传统文化的保护和发展。中国《刑法》第147条规定,国家工作人员非法侵犯少数民族风俗习惯,情节严重的,处二年以下有期徒刑或者拘役。

为了尊重少数民族风俗习惯，中国政府制定了一系列政策措施。

(一) 尊重少数民族饮食习惯

在中国，为保证少数民族特需食品的生产和供应，尤其对回、维吾尔等十个信仰伊斯兰教、食用清真食品的民族，给予特别的照顾。

1. 妥善解决好信仰伊斯兰教职工的伙食问题

对公职人员较多的机关、学校、企事业单位，设立清真食堂或清真伙食；对因客观条件限制、单位没有设立清真食堂或清真伙食的，按规定发给适当的伙食补助费等。

2. 广设清真饮食网点

在城市和信仰伊斯兰教民族来往较多的交通要道、饭店、旅馆、医院及列车、客船、飞机等交通设施上，设清真食堂或清真饮食点，国家对经营清真饮食的企业，在政策上给予优惠。

3. 在经营、销售食品中，尊重和照顾少数民族的饮食习惯

凡供应信仰伊斯兰教民族的牛羊肉，做到单宰、单储、单运、单售，不与其他肉食混杂，并注明"清真"字样；供应糕点及其他食品也应照此办理。

(二) 尊重和照顾少数民族年节习惯

我国尊重和照顾少数民族年节习惯，各民族可以自由地按本民族的传统欢度节日。国家规定，各地人民政府应按照少数民族年节习惯，制定放假办法、节日特殊食品供应等优待办法。《中华人民共和国国旗法》第七条第二款还规定："不以春节为传统节日的少数民族地区，春节是否升挂国旗，由民族自治地方的自治机关规定。民族自治地方在民族自治地方成立纪念日和主要传统民族节日，可以升挂国旗。"

(三) 尊重少数民族婚姻习惯

我国依法尊重和保护少数民族的婚姻习惯，我国《婚姻法》第36条规定："民族自治地方人民代表大会和它的常务委员会，可以依据本法的原则，结合当地民族婚姻家庭的具体情况，制定某些变通条例或补充的规定。"

(四) 尊重少数民族丧葬习俗

我国各民族丧葬习俗各有特点，有火葬、土葬、水葬、天葬等不同葬法。在我国，除对汉族推行火葬外，其他民族的丧葬习俗，都得尊重。

(五) 大众传播媒介中防止侵犯少数民族风俗习惯的事情发生

在尊重少数民族风俗习惯的同时，反对歧视和侮辱少数民族，禁止使用歧视或侮辱少数民族的称谓和地名。在大众传播媒介中，明确对少数民族的正确称谓。

(六) 尊重少数民族改革自己风俗习惯的自由

客观地说，少数民族有些风俗习惯是不利于生产、生活和民族进步的，是需要

改革的。我国的政策是,少数民族有保持、也有改革自己风俗习惯的自由,但这种改革由少数民族自己决定并实施,政府不予强迫和干涉。我国尊重少数民族风俗习惯的政策,受到各民族人民的普遍拥护和欢迎,尊重少数民族风俗习惯已成为一种良好的社会风尚。

本章小结

通过本章节的学习,我们了解了傣族的泼水节,维吾尔族、哈萨克族的开斋节,蒙古族的那达慕大会,藏族的望果节,彝族、白族、傈僳族、纳西族、拉祜族等族的火把节,还了解了土家族的"哭嫁"、苗年的"走寨"等有趣的话题,以及三月三和三月街有什么不同等;得知我国少数民族有十分丰富的节日。在这些风俗民情中,又蕴藏着深厚的文化内涵。

思考与练习

1. 说明傣族的泼水节有何意义。
2. 三月三和三月街分别是哪个民族的节日?
3. 那达慕大会是哪个民族的节日?通常要举行哪些活动?
4. 古尔邦节是什么宗教的节日?有何宗教意义?
5. 回族人有哪些禁忌?
6. 高山族人为什么禁止小孩吃山猪肉和山羊肉?
7. 土家族人女儿出嫁为什么要"哭嫁"?
8. 苗年的"走寨"是什么意思?

第八章 我国主要客源国和地区的风俗与礼节

引 言

你知道为什么不能给日本人送梳子吗？新加坡人为何忌讳说"恭喜发财"？泰国人为什么不能摸小孩的脑袋？在港澳台为什么不能说"新年快乐"或"节日快乐"？英国人为什么忌用打火机或同一根火柴同时为三个人点烟……通过本章的阐述，你一定了解得比这更多。

学习目标

1. 了解各旅游客源国和地区的概况。
2. 掌握各地区的饮食习惯、各国的风土人情、礼貌礼节、节庆风俗，以及各种禁忌。

在旅游接待和礼仪服务过程中，要接待来自各国的客人，他们有不同的宗教信仰、不同的习俗。每一个民族和国家的习俗礼仪都凝结着本民族民众、本国人民的感情。旅游服务人员必须较全面地了解各国，尤其是主要客源国的宗教信仰、习俗和主要禁忌，这样在服务时才能真正满足客人的心理需求，使客人有一种得到尊重和礼遇的切身感受。因此，了解各国习俗礼仪与做好旅游社交礼仪服务密切相关。

第一节 亚洲国家和地区

亚洲(Asia)是亚细亚洲的简称，是世界七大洲中面积最大的洲。其绝大部分土地位于东半球和北半球。人口总数约为41.643亿(2014年统计)，占世界总人口的60%。大致有两大人种,即亚细亚人种和亚力安人种。亚洲是佛教、伊斯兰教和基督教三大宗教发源地。

一、日本

(一) 礼俗

日本和中国是一衣带水的邻邦。日本是个勤劳的民族,日本国人的好胜心较强,这和日本资源匮乏以及传统教育有关。日本人注重礼仪,在待人接物上谦恭有礼。在语言和举止方面讲究礼貌。日本妇女对男子极为尊重。日本人的等级观念很深:上下级之间、长辈晚辈之间的界限分得很清。日本人的性格和意志力在遵章守纪和办事认真负责方面表现较为突出。

在日本,自古以来家家都有父系尊长的传统,俗称"家长制"。此制曾是日本封建制度的社会基础。至今,一家之长在许多家庭依然是最有权威和尊严的人。自古以来,日本还一直流行"长子继承制",俗称"护家",这是与日本的"家长制"密切相连的:为了确保一家之长的权威和严防家业分散,日本几乎家家户户都极力维护长子继承权,并把其他子女排挤出去。于是,长子就成了老一辈家业当之无愧的合法继承人,而其他子女则只能外出另谋生路。

日本的工作年度和学业年度的计算,都是从每年的4月1日开始,至次年的3月31日止。各级公署、企业、公司和学校,都把4月1日当作新年度的首日。日本人认为,元旦是人们每年新生活的起点,而4月1日则是每年工作与学习的起点。每到4月1日,各单位都要举行接纳新成员的仪式,各党校也要举行开学典礼,中央与地方则要开始执行新年度的财政预算。

日本人喜好柔道。柔道是日本传统的以健身养神为目的的攻防武术。它不使用武器,进行攻防较量的双方,巧用对手的攻击力量,将对手击倒、摔倒或压倒,从而取胜。日本女子喜好花道。花道是一种传统的室内插花造型艺术,源于古代的供佛艺术。从17世纪中后期起,花道从公卿及僧侣中渐渐普及到平民之家。"明治维新"以后,花道更受到社会的广泛重视,并成为日本女子品德教育与生活技艺修养的必修课。第二次世界大战后,花道进一步受到现代美学的影响,成为社会生活艺术的一部分。

日本还喜好书法,称其传统的书法为"书道",并视为修身养神的艺术。现代的日本,书道极为普及,其爱好者遍及全国,各种书道组织共有正式成员一千万余人。日本政府明文规定:小学必须普及书道教育,中学教师必须精通书道。当今,日本书道分为两大派,即旧派与新派。旧派注重中国的传统功力,运笔飘逸遒劲,讲求内韵之美;新派力求摆脱中国的传统书法及字的义、音、形的限制,讲求纯美造型和派绘画的抽象神韵。

日本人的宗教信仰比较复杂。按日本的传统,多数人信奉本国固有的神道和佛教。神道是日本民族的宗教,大体分为神社神道、教派神道和民俗神道三大系统,它是从日本原始宗教发展起来的,最初是以自然精灵崇拜和祖先崇拜为主要内容,五六世纪中国儒家学说和佛教相继传入日本后,日本又吸收了儒家的伦理道德观念和佛教的某些教义,逐步形成了自己比较完整的宗教体系。神道信仰多神,特别崇拜作为太阳神的皇祖神天照大神,并以之作为日本民族的祖神。天皇是天照大神的后裔,并且是其在人间的代表,皇统就是神统,地方称神社或神宫,神职人员为词官、词掌等。

(1)日本礼节教育。日本素有重礼节、讲礼貌的传统风尚。儿童从懂事时起,就开始接受严格的礼貌礼仪教育,各类学校都将此当作日常大事来抓;青年人就业时,还必须根据所从事职业的特点,再继续进行严格的礼貌礼仪教育,凡不合格者,一律不得就业。日本人日常的礼貌口号是"不烦扰他人"。在社会生活中,为了不给人添麻烦,在公众场合讲话声音很小,尽力避免爆发性的高声说笑,女士们往往以手掩唇而微笑轻言。同时,人们以吵闹哄笑给他人带来不便为不道德的行为。

(2)日本人见面常礼。在日常生活中,日本人相见时极重礼节:他们通常要脱帽鞠躬,互致问候。鞠躬的规矩是:头部微微低下,目光顺势而下,躬身15度、45度或90度。若首次相见,双方相互鞠躬致意之后,还要自我简介或互赠名片,一般不相互握手。如果是老友相见,则可握手或拥抱。在接待客人或在比较正式的场合,递物和接物都需使用双手,以示礼貌。在交往时,日本人经常使用自谦语贬己抬人。常用的见面礼节语有"您好""您早""晚安""再见""拜托了""初次见面,请多关照"等。

日本人宴请友人时,桌上总要摆一碗清水,并在客人面前摆上一块白纱巾。主人先将自己的杯子在清水中涮一涮,杯口朝下在白纱布上将水擦净,然后斟酒并双手敬给客人,同时目视着客人干杯。继而,客人也以同样的方式向主人敬酒,如此交杯把盏,宾主亲密无间,此为"交杯礼"。

(二)婚俗

在婚姻方面,日本实行一夫一妻制。大多数日本人把结婚看作人生最重要的大事之一。当代日本青年在婚恋观上多注重独立自主的个性因素,他们通过自由恋爱或媒人介绍并相处一定时间后,便郑重其事地举行订婚和结婚仪式。婚后,女方要把姓氏改为丈夫的姓氏;男方到女方家中入赘者,男方要把姓氏改为女方的姓氏。

"接纳"是日本一种传统的订婚仪式,其主要内容是男女两家互赠礼品。现代的"接纳"礼仪日趋豪华。婚礼的前一天,女家要举办一次家宴,并邀请亲友参加,意在象征女家的女子将与家人告别。宴罢，女子必须奔赴墓地向祖先行祭。之后，父母还要向女儿进行一次"尊天敬长"的传统教育。在婚礼上，日本的新郎新娘总要互换戒指。如果所交换的戒指镶有宝石，那么，按照日本的风俗，由于新人各自的生辰月份不同，戒指上的宝石也必须不同。1月份要选用石榴色的，以象征热爱与忠诚；2月份要选用紫水晶的，以象征平安和真诚；3月份用血色石的，以象征勇敢与聪明；4月份用金刚石的，以象征纯洁无瑕；5月份用翡翠石的，以象征幸福与恩爱；6月份用珍珠的，以象征长寿与富足；7月份用红玉的，以象征热情与庄重；8月份用红玛瑙的，以象征美满与甜蜜；9月份用蓝宝石的，以象征慈爱与名望；10月份用白玉石的，以象征温情与祥和；11月份用黄玉的，以象征贞操与友情；12月份用松石的，以象征功绩与荣耀。

日本的婚礼仪式较多，常见的有"人前式"和"祈神式"。"人前结婚式"比较简便，其程序是：双方亲朋好友入场→媒人引导新人入场→司仪或媒人简介新人恋爱经过→新人宣读盟誓→全场干杯庆贺。"祈神结婚式"是一种传统的婚仪。当新娘来到男家时，要喝下一杯新郎送的由男女两家共制的混合水，以祈求水神保佑；然后在众人的"恭喜"声中，新娘必须走过院内的火堆，继而到厨房绕炉三圈，并将锅盖顶在头上，以祈求火神赐福。当代的日本婚礼仪式还有"自宅式""神前式""佛前式""基督式"等。

日本人对于婚姻纪念很重视，认为结婚是人生中极为重要的一幕，他们往往进行纪念活动，以增进夫妻的感情，并已形成一种风俗。

（三）日本人的姓名

日本人的姓名，通常由四个字构成，姓前名后。如"福田武夫"，前两字是姓，后两字是名。由于姓与名的字数不固定，二者不易分辨，所以在正式场合，日本人的姓与名宜分隔书写。

日本人通常使用汉字书写姓名，但字音不同于汉语发音。在日常交往中，日本人往往只称呼姓，不称呼名，如"吉野"。但在正式场合，宜称全名。

（四）服饰

日本人较注重服饰。一般场合下都不允许穿背心和打赤脚；在正式场合一般都穿礼服，男子可穿成套的服装，特别是深色的西装，他们认为这样才有男子气概。

日本人传统的民族服装是"和服"，也称"着物"。公元8—9世纪，日本盛行"唐风"服装，和服便是由中国隋唐服饰演变而来。和服的特点是：领口宽大，衣襟和腰身更宽大，绝不紧身，衣袖宽而短，甚至宽至1公尺直坠地面。

有些和服用一块整布制成，且一律不用纽扣，仅以腰带固定。夏天，穿和服易于散热，但冬季则不易保暖。另外，和服的腰带是一种极讲究的装饰物，最初只有6厘米宽、2.4米长，以后分别发展到30厘米和3米。腰带不仅种类繁多，质料与花样不断变化,而且打结方法也很多。另外,腰带也是表现女式和服美的重要手段之一。

(五)饮食

日本是四面环海的岛国,特殊的地理环境决定了日本民众独特的饮食习惯。日本的饮食有本国固有的"日本料理",有从中国传去的"中华料理",也有从欧洲传去的"西洋料理"。

"日本料理"的主食是米饭,副食最大的特点就是以鱼、虾、贝等海鲜品为烹、食主料,多不用油或少用油,做法一般是火烤、水煮。至于吃法,或热吃、或冷吃,或生吃、或熟吃。

日本人还喜欢吃面酱汤、酱菜(称"渍物")、紫菜和酸梅(称"梅干")。吃菜采取分食制。日本人做冷菜时,在菜装好以后,习惯在菜上撒上一些芝麻、紫菜末、生姜丝和白糖,这一方面是点缀和调味,另一方面也作为这盘菜没有被人动用的标志。这几乎是一个惯例。随着经济的飞速发展和生活水平的不断提高,日本人越来越讲究食品的营养,讲究菜肴的色泽和形状。日本人在口味上喜欢味鲜带咸、清淡素雅,有时稍带甜酸和辣味。

日本人酷爱吃鱼,其做法也五花八门:煮、炸、煎、烤、汤煮等。但无论何种吃法,都要去掉骨刺。日本人还有吃生鱼片的习惯(日本人称生鱼片为"刺身"),但要求生鱼片非常新鲜,并且吃时一定要蘸加了辣椒末的酱油。日本还喜食牛肉、(猪)瘦肉、蔬菜、豆腐等,对(猪)肥肉、猪内脏及羊肉等则不感兴趣。

每逢喜事,日本人都爱吃红豆饭,且不加任何调料,只在碗里撒一些芝麻和盐。日本人也有端午节吃粽子的习俗,中秋节则吃用糯米做成的实心团子。但不管是吃粽子还是吃团子,都必须有一盘用糖和水炒成的豆沙做配料。过春节时,日本人则家家都吃年糕。

"便当"和"寿司"在日本是最受欢迎的两种传统方便食品。"便当"就是盒饭,"寿司"就是人们在逢年过节时才吃的"四喜饭"。"四喜饭"的品种和做法很多:最简便的是先用糖、醋、盐调成卤汁,然后拌入饭里,再用紫菜把饭卷起来切成段;另一种做法是将拌好的米饭加进煮熟的蘑菇、胡萝卜、笋丁等配料,装在盘子里,然后上面放些紫菜末和盐水虾,这样携带方便,又很符合人们的传统口味。日本青年人的饮食习惯已逐渐受到西方的影响,如早餐喜欢吃鸡蛋、面包、牛奶和咖啡。日本人到中国来喜欢吃广东菜、北京菜和上海菜,喜欢喝中国的绍兴酒和茅台酒等。

(六)节日

(1)元旦。日本民族最隆重的节日是春节,时间是公历的元旦。按照日本的一般风俗,除夕前要大扫除,并在门口挂草绳,放橘子,门前摆放松、竹、梅,取其吉利之意。此外,家家户户还要做年糕,若在春节吃不上年糕,一则会被认为太穷或寒酸,再则也无过节气氛。

(2)成人节。日本青年进入20岁时,就要举行"成人节"。"成人节"在1月5日举行,是固定假日。这一天,城乡街坊往往为20岁的青年举行集体"成人式"。仪式结束后,青年多相约去拜神访友。女子过成人节时,都穿民族服装——"和服"。

(3)男孩节。5月5日是日本的"男孩节",又称"子供日"。过节之际,无论城乡,只要有男孩的家庭,各家屋顶上都用竹竿挂起尼龙布、纸或塑料制的各色空心鲤鱼帜,其数与家中男孩之数相等。日本人认为,鲤鱼喜欢逆水而上,鲤鱼帜正好体现男孩的勇敢与上进精神,同时,这也可以起到激励的作用。

(七)禁忌

(1)馈赠忌。日本人讲究送礼,而且注重实惠,但切忌选购玻璃、陶瓷之类的易碎破品,也不要将上面装饰有狐狸和獾的图案的物品,以及菊花和装饰有菊花图案的物品作为礼物送人,因为日本人认为,狐狸象征狡猾,獾象征奸诈,而菊花是皇室家庭的标志,一般人不敢也不能接受。在日常的友好馈赠中,切忌用"4""6""9""42"这些数字或数量的礼品。日本人认为,这些数字是不吉利的。另外,梳子在日本受到冷遇,切忌以梳子为礼品赠人。日本的酒店服务行业也很少主动摆梳子让宾客使用,这是因为在日文中"梳子"的发音与"苦死"同音,意为极其辛苦。所以,送梳子意味着给别人送苦。

(2)衣着忌。在正式场合,忌穿便服或只穿衬衣或短衫。进入主人室内后,忌讳不脱外套和不脱帽。宾主均忌讳衣着不整或赤脚、光背、袒胸、露腿、挽袖和半赤膊的行为。和服是日本民族传统盛装,但在日本一些地方,除非隆重仪式,和服颜色一般不选用白色和红色,因为白色代表神圣和纯洁,红色则象征魔力。

(3)礼让忌。到别人家做客时,切忌不经礼让而直接走进主人室内。日本人抽烟,但不用香烟待客。日本人一般不愿在室外或是走廊拉着客人交谈,而喜欢在休息室或房间里交谈。

(4)语言忌。在交往时,日本人忌问"您吃饭了吗",忌问青年女子的年龄及婚配等个人私事。对老年人忌用"年迈""老迈""老"之类的词语。与残疾人谈话时,忌说"残疾"之类的词语,应称之"身体障碍者"。如将盲人称为"眼睛不自由的人",将聋者称为"耳朵不自由的人",将哑巴称为"嘴不自由的人"。

(5)筷子忌。日本人就餐时,忌讳用一双筷子给每个人夹菜,因为这样做容易让人联想起死者家属在佛教火化仪式上传递死人骨头的场面。筷子也不能插在米饭中,因为一碗垂直插着筷子的米饭,是用米祭祀死者的。除此之外,在使用筷子时还要注意忌舔筷(用嘴吸舔筷子上的卤汁);忌迷筷(执筷在餐桌上四处游寻食物);忌移筷(动了一个菜之后却不吃饭,紧接着又去动另一个菜);忌扭筷(扭转着筷子迎吃所粘的饭粒);忌刺筷(以筷当叉,挑扎着菜肴往嘴里送);忌掏筷(用筷子掏弄饭菜);忌跨筷(将筷子跨置于器皿上);忌用签筷(以筷当牙签用,挑捅牙齿)。

(6)颜色忌。日本人忌绿色,他们认为绿色是不祥的颜色。

二、韩国

(一)礼俗

韩国人勤劳勇敢,性格刚烈,民族自尊心、组织纪律性及群体意识均较强。近年来,韩国经济发展速度较快,人民生活较为富裕。韩国人好客,且能歌善舞,妇女对男子很尊重。韩国人的生活习惯在许多方面与中国东北地区相近,如早起床,爱清洁,讲卫生。近年来受西方生活方式影响,某些方面有欧化趋势。

(二)服饰

韩国的主要传统服装是长袍。女子传统着装一般上穿短袄下穿格裙,服装线条柔和,显得身材苗条匀称。年轻女子多穿艳丽的服装,色彩常常因季节而异。现代韩国人在许多场合多穿西装。

(三)饮食

韩国人的主食是米饭,大酱汤和泡菜是副食中不可缺少的两道菜。酱是韩国各种菜汤的基本作料;泡菜的主料是白菜、萝卜,作料是辣椒、大葱和大蒜,有时还加入鱼虾酱一并腌制。韩国人喜欢吃牛肉、(猪)瘦肉、鸡肉和海味,烹制方法上多采用烧烤。他们不喜欢吃羊肉、鸭肉和(猪)肥肉。素菜中他们喜欢吃黄豆芽、卷心菜、细粉、萝卜、菠菜和洋葱。韩国人到中国来喜欢吃中国的川菜。

(四)禁忌

韩国人对"4"字非常反感,如楼房的编号忌讳出现"4楼""4栋""4室""4号"之类,军队、医院等也绝不用"4"字编号。韩国人饮茶和饮酒时,不但忌饮"4壶""4杯""4碗"等,还忌饮双壶、双杯、双碗。待客时,主人总是以1、3、5、7这些数字单位来敬酒或献菜,并力避以双数停杯罢盏。

三、新加坡

(一)礼俗

新加坡人多信奉佛教,也有信奉伊斯兰教、印度教和基督教的。新加坡华人占全国总人口的76%。当代新加坡人极重视法纪,同时也很重视"礼貌之道重于行"的准则。他们的礼貌口号是"真诚微笑",生活信条是"真诚微笑,处世之道""人人讲礼貌,生活更美好"。他们尤其尊老敬贤,其通行的敬上准则是:对父母和其他长辈,要用亲切的称呼;父母或其他长辈讲话时,不要插嘴;父母或其他长辈呼唤时,要做到随叫随到。

(二) 婚俗

新加坡伊斯兰教徒的婚典,多在"结婚登记所"举行。按照教规,新郎穿白礼服,戴白帽子;新娘上身着西服,下身穿长裙,长发白纱。新人共诵《古兰经》的有关章节。婚礼将结束时,新人还要举行宣誓仪式,以表永世忠诚。

非伊斯兰教公民的婚礼,通常要在非宗教的"结婚登记所"里举行,其仪式主要是宣誓。新人在登记官面前按照规定反复共同高诵"我绝不背叛我的配偶"的誓言,接着再交换戒指。

(三) 饮食

新加坡人中有相当一部分人喜食西餐,并爱吃炒鱼片、油炸鱼、炒虾仁等。不信佛教者爱吃咖喱牛肉。主食为米饭和包子。爱吃的水果是桃、荔枝、梨等。新加坡人到中国来爱吃广东菜。

(四) 禁忌

新加坡人忌讳说"恭喜发财"。他们认为"发财"二字含有"横财"之意。因此,如果说"恭喜发财",将被认为是别人的侮辱和嘲弄。当代新加坡人将男子蓄长发视为"鬼怪式"而列为禁忌。许多公共场所的标语牌上明文写道:"长发男子不受欢迎。"

四、马来西亚

(一) 礼俗

马来西亚人多信奉伊斯兰教,并将伊斯兰教奉为国教。由于地理位置处于热带,马来西亚的穆斯林同阿拉伯的穆斯林在习俗方面有许多差异。如在节日里青年穆斯林可以自由地跳舞,甚至有时男女间可以通宵达旦地跳舞,有的还趁机谈情说爱。在日常生活中,他们可以赤脚,在室内可以不用床,而以地铺代替。

马来西亚人十分重礼节。见面时男子常行抚胸鞠躬礼,行此礼时,他们一边深深鞠躬,一边举右手抚于自己胸前,以示真诚和敬意;女子则常行屈膝鞠躬礼,行此礼时,双膝微微弯曲,然后再深深鞠躬,以示崇高敬意。见面时马来西亚人还常行拍手抚唇礼:将两手手指并紧,再将手背手面相互轻拍一下,然后用右手贴一下自己的嘴唇或额角,以示亲近。在行以上之礼时,往往由一方先祝愿说:"愿真主保佑您安好!"另一方则回答说:"愿您一样安好!"

(二) 服饰

马来西亚男子的服装很具特色,他们素有穿裙子的习惯。这种裙子是一种长至足踝的纱笼,俗称"卡因",上身穿的,俗称"巴汝",这种上衣无领且宽大,很适应炎热气候。马来西亚的女装,主要是纱巾、上衣和纱笼。纱巾颜色单一鲜艳,薄如蝉翼,其长至胸;上衣无领无袖,十分宽大,其长至臂,俗称"巴汝古隆";纱笼也很宽大，其长及足。现代马来西亚人为工作方便起见，多穿西服。

(三) 饮食习俗

马来西亚人在进餐时，不用刀叉或筷子，而直接用右手取食。餐毯上往往要放上几碗清水，以供"洗手"之用，这是一种象征性的礼节。进餐时，人们不用椅子，男子盘腿，女子屈腿，席地而坐。菜肴食物摆在地上的草席或餐毯上。在宴席上，主人用冰水或茶水待客，忌用酒类。

(四) 禁忌

马来西亚男子与宾朋相见必须戴"宋谷"帽，以示敬意，摘下就是一种失礼。探亲访友时，忌衣冠不整，忌穿鞋进屋。鞋要脱放在门口或楼梯口，因为马来西亚人的厅内是祈祷的地方，神圣不可侵犯，穿鞋入室被认为有渎神明，不能宽容。

当主人挽留吃饭时，如果不吃不喝，会被认为是对主人的极不尊重，从而引起主人强烈的反感，客人也将被看作不受欢迎的人。

此外，切忌触摸马来西亚人的头部，因为这被认为是对他们的冒犯和侮辱。同时也忌触摸马来西亚人的背部，因为这被认为会带来厄运，只有教士可以例外。在日常生活中，人们忌用左手递物和进食。

五、泰国

(一) 礼俗

泰国是佛教国家，佛教为该国国教，全国90%以上的人都信奉佛教。佛寺是整个社会的活动中心。在泰国，几乎处处都可以见到佛寺和僧侣，全国佛寺达1.8万座，全国僧人有15万之众。按照传统教规，男子一般在20岁左右都要过3个月削发为僧的生活，有的甚至一生，否则，国王不得执政，贵族不得袭爵，平民不得结婚。在这一教规面前，无论尊卑一律平等。男子受戒削发的意义，除了表示对佛的忠诚外，还表示对父母养育之恩的报答。

泰国人很讲礼貌，晚辈对长辈处处表示尊重，泰语中敬语用得很多。

(1) 躬身合十礼。在泰国的日常生活中，晚辈在向尊长行礼时，必须躬身且双手合十。行"合十礼"时，要双手合拢，掌尖和鼻尖持平，手掌向外倾斜，头微微低下。双手合十的位置越高，所表示的敬意越深。尊长还礼时，手不高过胸。

在行此礼时，双方可互致问候。行礼后，可不必再握手，尤其男女之间更是如此。

(2) 僧人不答礼。在泰国人的生活中，佛处于至高无上的地位，无论是上层人物，还是平民百姓，遇见僧人时都必须行礼，僧人却概不答礼，即使对国王也不例外。僧人如若答礼，则被视为犯法，因为僧人所穿的袈裟时刻代表着佛，而包括国王在内的任何人的行礼，都是献给佛的，而不是献给僧人的。

（二）婚俗

由于泰国是佛教国家,因此,男女必须经过"剃度"才能进行婚恋,即男女必须过一段僧侣生活后,女子必须举行"剃发礼"后,才能够进行婚嫁。泰国人举行婚礼时,新人先向双方父母行礼,然后父母用一壶清水浇在新人相合的手上,亲友则贺赠竹琴、香蕉、甘蔗等礼物,以祝婚姻美满幸福。

（三）姓名

泰国人的姓名是"名前姓后"。未婚女子用父姓,已婚女子用夫姓。按照传统习惯,泰国人姓名均有冠称。常见的平民冠称有:成年男子"乃"（先生）,未婚女子为"娘少"（小姐）,已婚女子为"娘"（女士）,男孩为"德猜"（男童）,女孩为"德英"（女童）;僧侣的冠称是"颂德""拍""拍摩哈"。

在日常生活中,对别人的尊称一般只呼名而不呼姓。

（四）服饰

泰国人常用项链将金制、银制、铜制或陶制等做工极精细的小佛像挂于胸前。由于该佛像多经高僧或主持抚摩祷告过,所以更被人们格外重视:不仅日常挂于胸前,而且早晚还要将其放于掌心,然后合掌祈祷。

（五）饮食

泰国人素以稻米为主食,副食主要是鱼和蔬菜。他们最喜欢具有民族风味的"咖喱饭",它主要是用大米、肉片（或鱼片）或者青菜调以辣酱油做成。餐时,人们围桌跪坐,不用碗筷而以右手抓食。刹生牛肉是泰国人喜爱的美味。鱼露和辣椒被当作最好的调味品,无论做菜、烧汤或吃面食都要加入鱼露、虾酱或辣椒糊。否则,人们就会觉得没有口味。

泰国人喜欢吃中国广东菜和四川菜。口味特点是爱吃辛辣的菜肴,不喜欢吃红烧食物。槟榔和榴梿是泰国人最爱吃的水果。

（六）节日

(1)宋干节。它是指4月13—16日。"宋干"是求雨之意。宋干节作为泰国的传统吉祥节日,一直沿袭至今。节日期间,全国放假两天。4月13日,人们要举行"浴佛"庆典。人们提着食品,手捧鲜花或托香烛赶到寺庙去祈祷,聆听诵经。僧人以桃枝将浸着花瓣的香水洒在人们头上,然后把佛像从宝座上搬至院里,将香水洒于佛身,以涤除邪恶,祈吉求雨。

(2)水灯节。10—11月的月圆之际,为谢水神并消灾祈福,泰国城乡各地分别择定三天举办水灯盛会。当夜幕降临时,身穿节日盛装的男女老幼涌到江河两岸,漂放和观看水灯。人们把水灯点燃后,安放在用厚纸或竹木片做的"小船"上,并装上各种贡品,然后将这些载灯的"小船"放于江河之中。无数水灯随波而行,人们双手合十祈祷,以感谢河神造福,同时庆祝丰收。

(七) 禁忌

泰国人有许多传统性的忌讳,如购买佛饰时,忌讳用"购买"之类的词语,而必须用"求租"或"尊敬"之类的词。

与亚洲许多信佛的国家和地区一样,泰国人认为头颅是智慧所在,是高贵的,因而忌讳随便触摸。在日常生活中,凡是与接触别人头部有关的动作,均在忌讳之列。用手摸小孩子的头部被认为是极大的侮辱。拍打肩、背等行为也会引起反感。

泰国人认为左手不洁,因而严禁用左手与别人相握;行见面礼时,也不能挥动左手,并忌讳用左手给别人传递东西。否则,将被认为是对别人的轻蔑。

泰国人认为脚是最低下的部位,因此,忌讳将脚伸到别人面前,更忌用脚为别人指点东西,或将东西踢给别人,忌讳以脚踢门,或将脚底对着别人。

泰国人忌盘腿而坐,他们认为盘腿而坐是失礼的。女子坐时,忌露出大腿。泰国人睡觉时,忌讳头朝西,因为西方是日落的方向,象征死亡。

泰国人在交往时忌讳用红颜色的笔签字,因为人死后才用红笔将其姓氏写在棺木上。

泰国人做客时,忌讳客人坐到男主人的固定座位上。上楼忌讳穿鞋,更忌讳拒受主人敬上的茶水、食品、水果等待客之物。

六、印度

(一) 礼节礼貌

见面礼节所用较多的是传统的合十礼,其具体做法同其他国家大同小异。印度人所用的较有特色的见面礼节有以下三种。

(1) 贴面礼。它流行于印度的东南部地区。具体的做法是:与客人相见时,将自己的鼻子与嘴巴紧贴在对方的面颊上,且用力地吸气,同时还要念道:"嗅一嗅我"。

(2) 摸脚礼。它在印度是一种礼遇极高的见面礼。具体的做法是:晚辈在拜见长辈时,首先弯腰用右手触摸长辈的脚尖,然后再用它去回摸一下自己的前额,以示用自己的头部接触对方的脚部。

(3) 举手礼。它是合十礼的一种变通。当一手持物,难以双手合十时,则举起右手,指尖向上,掌心内向,向交往对象致敬。与此同时,还须问候对方"您好"。

目前,印度也流行握手礼。但是,在一般情况下,印度妇女仍不习惯于异性握手。用左手与人相握,也不许可。在迎接嘉宾时,印度人往往要向对方敬献用鲜花编织而成的花环。为了表示诚意,主人通常要亲自将花环挂在客人的脖子上。

印度人的着装讲究朴素、清洁。在一般场合,印度男子的着装往往是:上身穿一件"吉尔达",即一种宽松的圆领长衫;下身则穿一条"陀地",即一种以一块白布缠绕在下身、垂至脚面的围裤。在极其正规的活动中,他们则习惯于在"吉尔达"之外,再加上一件外套。印度妇女的最具民族特色的服装是纱丽。它实际上是一大块丝制长巾,披在内衣之外,好似一件长袍。其具体穿法是:从腰部一直围到脚跟,使之形成筒裙状;然后将其末端下摆披搭在肩头,自成活褶。印度妇女所穿的纱丽色彩鲜艳,图案优美,非常漂亮。

出门在外时,尤其是在正式场合,印度人大都讲究不露出头顶。印度的妇女,大都习惯在自己的前额上点上一个红色"吉祥痣"。过去,它用于表示妇女已婚,而今则主要用于装扮。

（二）饮食习惯

印度人的主食为大米、面食。在做饭的时候,他们喜欢加入各种各样的香料,尤其爱加入辛辣类香料,如咖喱粉,等等。印度人在饮食方面最大的特点,就是食素的人特别多,而且社会地位越高的人越忌荤食。大多数印度人都不吸烟,也不喜欢饮酒,不太爱喝汤。用餐时,一般不用任何餐具,而习惯用右手抓食。许多印度人认为白开水是世间最佳的饮料。红茶也是他们的主要饮料。

（三）节庆习俗

印度的节庆较多。国庆节1月26日。独立节8月15日,为庆祝印度实现独立。洒红节,也称泼水节,在印历12月（公历2—3月）举行。十胜节是印度教三大节日之一,于每年9月、10月举行。灯节在印历9月（公历10—11月）举行,富有浓厚的东方色彩,前后要庆祝三天。众多节日中尤以"屠妊节"为最,它是印度教徒的新年,在印历8月见不到月亮后的第十五天举行（大约在公历10月下旬或11月上旬）。

（四）禁忌

印度人忌讳白色,忌讳弯月图案,忌讳送人百合花。黑色亦被视为不祥的颜色。"1""3""7"三个数字,均被他们视为不吉利。印度人不喜龟、鹤及其图案。在印度,当众吹口哨乃是失礼之举。以左手递、取东西和接触别人,或摸别人的头,也是不允许的。在印度南部的一些地方,人们惯于以摇头或歪头表示同意,点头表示不同意。这种做法,与众大不相同。

七、缅甸

（一）礼节礼貌

缅甸人采用的见面礼节,主要有三种:合十礼、鞠躬礼、跪拜礼。缅甸人在走路时遇佛、法、僧、父母、师长及德高望重者,要施合十礼。在缅甸,男女通常不握手,不接触对方身体。在公共场合,男女若是在举止动作上过于亲密,比如携手而行,相拥相抱,热烈亲吻,都会令人侧目而视。缅甸对待中国人极为亲切、友好,且往往直接以"胞波"相称。"胞波"一词,在缅语里意即"同母所生的亲戚",或是"同胞兄弟"。

缅甸人在极为正式的场合会穿着西式的套装、套裙和皮鞋。在日常生活中,绝大多数缅甸人都喜欢穿自己的民族服装。男子的着装通常为:上穿对襟无领长袖短外衣,下穿以方格布缝制而成的类似于筒裙的纱笼,且在正面用结子束好。在他们的头上,往往要裹上一块素色的扎头巾,名为"岗包"。妇女的着装则大多是:上穿斜襟长袖短衫,内衬白色胸衣;下穿花布长身筒裙,且在侧面束住,但不用腰带。她们的上衣往往透明或者半透明,出门在外时大多还要披上一条彩色披巾。

(二) 饮食习惯

缅甸人以米饭为主食,喜食水产品。喜欢将菜拌入饭中一道吃。爱吃加入椰子汁的椰浆饭,拌有椰丝、虾松、姜黄粉的糯米饭。在用餐时,通常讲究质精量少。口味偏重于酸、辣、甜,不爱吃太咸的食物。吃饭时,多爱加入辣酱。

(三) 节庆习俗

泼水节也是缅甸人民的新年,每年公历4月中旬举行。点灯节又称光明节,在缅历7月15日前后三天举行。关天门节在公历7月中旬开始,那是雨季的农忙季节,按习惯三个月内不得婚嫁。雨季过后就是开关门节,过了开关门节,婚嫁也就开禁了。

(四) 禁忌

拜访缅甸人时,进门前最好首先脱鞋。在参拜佛寺时,尤其要注意脱鞋。与他人一同就座时,缅甸人忌讳坐得高于僧侣,且不允许露出膝盖或者大腿。有三种人在缅甸是不可轻视的。一是僧侣。任何场合都要对僧侣礼让三分。二是妇女。妇女在缅甸地位较高,她们可以自主婚姻,且拥有经济收入,故此,有人称该国为"亚洲第一女权国"。三是军人。缅甸军人在国家政治生活中拥有极大的权力。对军人失敬,弄不好便会惹火烧身。

八、蒙古

蒙古民族是一个游牧民族,善于骑马,因此也被称为"马背民族"。蒙古人爱马,并将其视如珍宝,在蒙古的国徽上就画有一匹骏马。

蒙古包是蒙古人祖祖辈辈住惯了的移动房屋,是牧民在草原上逐水草而居的家。首都乌兰巴托曾被称为"毡包之城",就是在今天的这座现代化城市里,也能在林立的高楼之间见到蒙古包。

蒙古民族有重情好客的传统美德,这种美好习俗从古代一直流传至今。假如你有机会到蒙古包里做客,会立即被好客的牧民拥着进入蒙古包。蒙古包里铺着毡子或地毯,大家都席地而坐,在毡子上坐着是可以不脱鞋的,这不算失礼。但待主人让座后方可就座,然后要顺次向主人全家致以问候。见面礼仪过后,才开始说明来意,谈正事。

客来敬茶,是一种高尚的蒙古族传统礼仪。在蒙古历史上,不论是富贵之家,还是贫穷之家,不论是上层社会,还是平民百姓,也不论在交际上,或在家里,在旅途,或在其他一切场合,莫不以茶为应酬品。家中有客人来,茶是必不可少的款待物。因此,牧民们招待客人,照例是先向贵宾献上一碗奶茶,通常是要喝的,不喝有失礼貌。接着主人又端上来炒米和一大碗一大碗的奶油(蒙古语称"交和")、奶豆腐和奶皮子等奶制品。当主人请客人品尝时不要拒绝,否则,会伤主人的心,使主人感到遗憾。但这些奶食品都是很饱人的,所以若你不便多吃,掰一小块奶豆腐或舀一点奶油表示品尝就行。这样会使主人高兴。

接着,穿戴民族盛装的家庭主妇端来清香扑鼻的奶酒款待客人,这也是蒙古族的传统礼节。要是你表现出几分客气的样子,大家就唱起感人肺腑的敬酒歌,主人则用诗一般的语言劝酒:"远方的客人请你喝一杯草原佳酿,这是我们民族传统食品的菁华,也是我们草原人民的厚意深情"。当你接受主人的盛情,接过酒杯一饮而尽时,主人会感到极大的愉快。因为你尊敬主人,并接受了主人像奶酒一样纯洁的友情。此时,好客的主人遇到知心朋友,和你对酌,多喝几盅酒。确实也有那种"相逢意气为君饮"的豪迈气概。只有在这时你才真正置身于蒙古"酒文化"的欢乐气氛中。

蒙古族人民尊重礼仪,习惯成自然,至今仍然如此。一事一物,无不依据其礼为之,敬长慈幼,同胞相见,长幼有序,宾朋有礼,客至如归。当然其礼仪的表达形式,随着时代的演进,物质文化水平的提高,在原有基础上,有所发展,有所丰富,有所改进,如鞠躬、握手礼、互赠纪念品等,均在蒙古族中盛行起来。

九、我国港澳台地区

(一)香港

香港由香港岛、九龙半岛、新界以及周围235个小岛组成,土地总面积1 060平方公里。居民中98%是中国血统的华人,非中国血统的居民主要是英联邦国家的公民,还有少数美国、葡萄牙、巴基斯坦、印度尼西亚、德国和日本人。

过去英语是官方和商界通用语言,现在大部分的官方文件中,中英文并用。最通用的汉语为广东话、客家话和潮州话。香港回归祖国后,普通话正逐渐成为当地的主要语言。

香港是世界自由贸易港,是进入亚太地区的交通要道。旅游业是香港比较稳定和成功的行业,常年保持持续增长,已成为香港经济的第二大支柱产业,也是仅次于纺织和电子的第二大创汇行业。

香港、澳门地区民间流行一种叫"指致谢"的礼节。当别人为他们献茶、敬烟、斟酒、布菜或端饭时,他们立即将手弯曲,用几个指头轻叩桌面,以示谢忱,叫作叩指礼。据说,此礼是从古时中国的叩头礼演化而来的,叩指即代表叩头。早先的叩指礼是比较讲究的,须屈腕握空拳,叩指关节,随着时间的推移,才逐渐演化到当今只弯曲手指而叩其指尖的这种叩指礼。

香港人有一些禁忌。在内地,逢年过节时,互相说句"新年快乐"或"节日快乐"乃是人之常情,但在香港,人们习惯讲"恭喜发财",而不愿说"新年快乐"和"节日快乐",因为香港人忌讳"快乐"的谐音,叫起来与"快落"相似。澳门人过年过节也特别忌讳"落"字,尤其是做买卖和上了年纪的人,更不愿听到"快落"之类的话。另外,在香港还有喜"8"厌"4"的习惯,这是因为香港人大都讲广东话,而其中"8"与"发"谐音,人们为讨吉利,故特别喜欢"8"这个数字;同样,"4"与"死"在广东话中同音,因此,人们都避免用"4"这个数字。在其他场合,也尽量少用"4"字,在遇到非说不可的场合,就用"两双"或"两个二"来代替。

(二)澳门

澳门由澳门岛、凼仔岛和路环岛三部分组成,总面积3.28万平方公里,人口约63.62万。在澳门长期定居的葡萄牙后裔约1万人。在澳门,葡萄牙语为官方和商界通用语言,但民间通用汉语。澳门回归祖国后,普通话正逐渐成为当地的主要语言。澳门旅游业相当发达,是世界著名的传统旅游城市,有"东方赌城"之称,赌博业在澳门旅游业中占有非常重要的地位。

(三)台湾

台湾省由台湾岛、澎湖列岛、钓鱼岛等岛组成,面积3.6万平方公里,人口约2 000万。台湾是我国面积较小、人口密度较大的一个省,省内生活着汉族、高山族等。台湾民间有"送巾断根""送巾离根"的说法。按照民俗,办完丧事送手巾给吊丧者作留念,其含义是让吊丧者与死者断绝往来。因此,平时切勿将手巾赠人。忌以扇子赠人,因有"送扇勿相见"的说法,其意是一到深秋,扇即抛弃不再用。忌以剪刀赠人,因其意为"一刀两断",含"永别"之意。忌以伞赠人。台湾话"伞"与"散"谐音,"雨"与"与"同音,因此,"雨伞"与"与散"谐音。台湾有丧家既不蒸甜果,也不包粽子之忌。倘以甜果或粽子送人,即把对方视作丧家,为不祥之兆。此外,台湾人吃饭时忌把筷子插在饭碗中央;忌用筷子敲碗;忌拔白发,认为会越拔越多;忌拔脚毛,认为拔了会见到鬼;忌夜晚洗烫头发,认为洗了会中风;等等。

第二节　美洲国家

美洲分为南美洲和北美洲。南美洲面积1 797万平方公里,人口3.25亿;北美洲面积2 422.8万平方公里,人口约5.5亿,主要国家是美国和加拿大。旅游业在这两个国家也很发达。其礼仪习俗既继承欧洲传统,又有创新,比较开放和现代化。

美洲除了美国、加拿大以外的区域,称为"拉丁美洲",包括南美洲和北美洲南部。拉丁美洲的礼仪习俗主要继承西班牙、葡萄牙的传统,也受当地传统的影响。

一、美国

(一)礼俗

美国位于北美洲,人口中85%是白人,居民中30%左右的人信奉基督教,20%左右信奉天主教,还有一些人信奉东正教、犹太教和佛教等。美国是一个多民族的移民国家,建国二百多年来各民族彼此相融,兼收并蓄,在习俗和礼节方面形成了以欧洲移民传统习惯为主的特色。美国人幽默诙谐,浪漫奔放,为人随和,动作敏捷,处事果断,性格开朗,乐观健谈,不拘小节。美国人自由平等观念较强,个人自主意识也较强,绝大多数美国人反对保守,喜欢猎奇和刺激,注重实利,进取心很强。

在日常礼俗中,美国很注重平等待人。为此,许多美国人都不愿因自己的年龄、声誉、常识、资历或社会地位高而被置于突出或显要位置。否则,他们就会因"不平等感"而显得不自在。平时,不论是在家,还是外出乘船坐车,人们往往不把贵宾置于特定的"贵宾席"。在许多场合,除对子女外,人们都习惯于平等相待。

美国人在与人接触时十分讲究文明礼貌。他们落落大方,没有过多的客套。与欧洲人一样,美国人见面时一般施点头礼、举手注目礼、握手礼、接吻礼或吻手礼。但与英国人比较,美国人又显得有些不拘小节。初次见面时,人们往往不行握手礼,而是直呼对方名字,但有时也会极其随便地握一下,并笑着说声"嘿"或"哈罗"。直呼其名,是美国人一种表示亲善友好的礼俗。所以,当介绍别人时,不论年龄大小、社会地位高低,人们总喜欢直呼其名,如"戴维""罗伯特"等。即使在社交场合需要提前退席时,也往往不用向每个人正式告别,而只是一边退席一边挥挥手,或说声"好啦,再见"即可。

美国人很健谈,且在交谈中比较注重礼貌。在谈话中,彼此之间往往保持一定距离,以50厘米左右为宜,以便边谈边做手势。若谈话人之间相距太近,人们便会觉得失礼。美国人言谈中经常使用敬语,如"谢谢""请原谅""没关系""对不起",等等。当两人谈话时,其中一人突然咳嗽一声,紧接而来的就是一声"对不起"。而当有事需要请教别人时,首先听到的一句是"请原谅"。当别人帮了自己的忙,无论事大事小,都要道声"谢谢"。在谈话时,美国人不喜欢沉默,不喜欢冷场。否则,他们便觉得不够热情和礼貌。当美国人对对方的谈话内容持不同观点时,为了表示对对方的尊重,他们在道出自己的观点前会先沉默一会儿,以示无意与你争论。在这方面,美国人表现得极有教养。

美国人素以好客著称,但在美国,人们若要登门拜访,必须事先打电话约好。如果事先未约好而突然光临,将会被认为是不礼貌的行为。在日常生活中,美国人几乎没有不预先约定就随便闯入别人家里去的。所以即使走到人家门口时,如果没有具体约定时间,也不宜马上按门铃,而应先到附近电话亭给对方通个电话,表示自己已经来到,以免对方来不及准备而难堪。有些美国人去亲朋好友家送礼时,往往不入内,而是将礼物放在门口,然后到电话亭或回到家里打电话,以通知对方到门口取礼物,这当然是由于事先未用电话约定所致。

在美国,无论城镇,还是乡村,人们在工作中都十分认真,且工作节奏很快。各单位和部门主管的基本责任就是"使每个受管辖者保持忙碌"。在工作过程中,人人都能紧张而有序地埋头实干,绝无看报、喝茶、聊天、串位或怠工等现象,甚至多接几次私人电话也会被人指责。为了适应社会生活的快节奏,当代的美国人在各个领域内均崇尚简化,各个机关、学校和工矿企业的所有繁文缛节,几乎被统统删除,就连观赏体育活动比赛,人们也喜欢诸如篮球、橄榄球、拳击、赛车等快节奏的项目。在工作和各种社会生活中,简写与缩写的美国文字,不仅日趋增多,而且日渐普及。在出售物品时,商店均不开发票,仅将现金登记机所打出的计款条交付顾客而已。在日常生活中,人们喜欢省时而简便的快餐,服饰也日益简化。事事崇尚简化,已成为当代美国人的普遍原则。

美国人乐于奋斗,在社会生活中,他们很重视靠个人的努力而不靠什么"后台"或门第来达到事业或生活的成功。为此,许多美国人经常力争调换职务或工作单位,以求在新的地方、新的单位、新的岗位和新的职务上有机会大展其才。世称"跳槽"的现象,在美国非常普遍。此外,美国人还喜欢迁居。他们从出生、求学到谋职、退休,往往要迁居许多地方。据说,美国人每五家之中,就有一家平均每两年就要迁居一次。每次搬迁,他们总要精心考察当地的房屋及环境,还要把新居重新装饰美化一番,并把旧的家具尽量换成新的。他们认为,新的总比旧的好。对居所的谈论、思考、改善等,是美国人生活情趣的重要组成部分。之所以如此,一方面是因为美国人爱国的缘故,他们向往祖国的每一个地方;另一方面则是因为美国人爱旅居,他们总想体味一番异域的生活方式。

对多数美国人来说,休息也是一种忙碌。他们的休息,往往不是闲居静养,而是爬山、打猎、滑雪、越野、赛球、观赏影剧等。美国人认为,只有忙忙碌碌地工作与生活,才算"够味"。美国人旅游的特点是来去匆匆。在旅游过程中他们每到一处,总要匆匆地乘车周游一番,然后向所住的旅馆要一张"标签"贴于皮箱上,次日便又急急忙忙奔赴另一旅游地。在短短的时间内,美国的外出旅游者,往往能走马观花一连跑上十几个、甚至几十个城市,然后匆匆返回家里,并沾沾自喜地指着皮箱上所贴的许多"标签"说:"瞧,我已经环游了世界。"

美国人很重利。在美国,金钱是维系人际关系的生命线。无论城市,还是乡村,人与人之间总是事事、时时涉及金钱。一般而言,请人帮忙或做事,都不是无偿的,你必须付钱。即使兄弟姐妹之间,甚至父母与子女之间相互帮忙做事,也总要"等价交换"地向对方付钱。请别人做事时,若需速度快一点,则必须加钱。在社交活动中,美国人善于广交友和交新友。当你刚与美国人相识时,他往往就会热情地邀你到他家做客,或邀你去进餐、观剧、旅行或参加其他活动。彼此熟识后,他会对你的一切表现出多方面的好奇,同时也会想方设法地带你去做点什么,并千方百计地去结识你的亲友。过一段时间,当他结交上更多的新朋友时,也许就会把你忘得一干二净了。美国人常说:"再没有比我们结识朋友更容易的了,但是也再没有比建立真正的友谊更难的了。"美国人为了表示友好,他们会尽力让客人感到随便和舒适,他们一般是在自己家里宴请客人,而不在餐馆里请客。在通常情况下,若应邀去家中进午餐、晚餐或参加酒会、茶会,客人可以不必向主人赠送礼品或鲜花,因为在这种情况下,有的主人接到礼物时会显得有些难为情,如果碰巧他们没东西可以回敬时,就更如此。但在节假日或周末,人们往往习惯于带点礼物送给女主人。这种礼物可以因人而异,一般为儿童玩具、烟酒糖果、化妆品或一张礼券。若赠以礼券,主人可以择日凭此券到有关礼品公司按券面款额选购礼品。向女主人赠送的礼品还可以是一本优秀的书、一束雅致的鲜花,或是一些自己烤制的蛋糕等。

美国人探病时大多赠鲜花,有时也赠盆景。在习惯上,如果是自己亲自去探望,通常送插瓶的鲜花,不必附名片;如果是请花店直接送去,就须附名片。送朋友远行时,也常赠礼品,礼物通常是鲜花、点心、水果或书籍杂志等,同时礼品上要附上名片,并祝他一路平安。

美国人在日常生活中,习惯于晚睡晚起。请美国人用餐,他们一般不提前到达。在适应气候方面,美国人大多怕热不怕冷。有些旅游在外的美国人,特别是一些有身份的人,在某些方面十分讲究,比如他们居住在酒店时,从不自己动手洗衣服。从理论上讲,美国人是很注重"女士优先"原则的,尤其是在社交场合,女士总是会受到格外的优待。

美国人喜好和善于写信：接到朋友的礼物要写信致谢；应邀参加宴会后要写信致谢；亲朋好友结婚、过生日要写信祝贺；赠送礼品要附上贺礼信；邀请别人参加活动要写邀请信；等等。名目繁多，不胜枚举。

（二）婚俗

美国人在婚姻问题上，讲求感情第一：交往自由，择偶自由，爱情自由。男女恋爱，一般不需要媒人介绍，也很少有父母干涉，且注重感情投合，不注重门当户对或其他条件。讲求性爱自由是美国许多人的爱情观。他们认为，男女双方不必做过多的了解，美丽的外表、强壮的体魄、性感的诱惑，足以构成感情的基础。他们讲求婚姻合同：在举行婚礼前，男女双方到律师事务所签订一份"婚姻合同"，其主要内容是婚后的钱财归属问题、家务分担问题、离婚的前提条件等。他们还讲求离婚自由，美国社会离婚率高正是这一思想的突出表现。许多美国人均把离婚当作喜事予以宴庆。他们认为，结婚是误会，离婚才是了解的开始。

美国的传统婚礼在仪式方面可谓无奇不有。一般来说，在婚礼上着重突出"新、旧、借、蓝"的特点。所谓"新"，是指新娘须穿着崭新的雪白长裙，以示新娘从此开始新的生活；"旧"是指新娘头上的白纱必须是旧的，白纱一般是其母结婚时用过的，以示新娘不忘父母的恩情；"借"是指新娘的手帕是向自己的女友借来的，以示新娘不忘友情；"蓝"是指新娘身披的缎带必须是蓝色的，以示新娘已获得了赤诚的爱情。现代美国人的婚礼日趋简化。一些新式婚仪多在当地法院举行，届时，由一名法官证婚并主持，新人往往不穿礼服，不收礼品，也不设喜宴。还有的婚礼则在户外以野餐的方式举行，届时，仅有双方的父母、兄妹等人参加即可。美国人对于结婚周年纪念日十分重视，他们为各个婚后周年都分别取了有趣的名称。第一年叫纸婚，第二年叫棉婚，依次下去是皮革婚、木婚、铁婚、铜婚、陶器婚、水晶婚等。从第十年以后，每五年有一名称，它们是：搪瓷婚、银婚、珠婚、珊瑚婚、红宝石婚、蓝宝石婚、翡翠婚、钻石婚。顾名思义，这些名称象征夫妻感情随着岁月的流逝，一年坚似一年，一年比一年珍贵。在美国，每逢这些纪念日，夫妻常常互赠礼品，并说一些互相赞美和致谢的话，让对方感到欣慰。

（三）姓名

美国人取名的方法各式各样，但最常见的有四种：①继承父母或祖父母的名字，如 Johnson 就是约翰的儿子，中文译为"约翰逊"；Nixson 则是尼克斯的儿子，中文译为"尼克松"；②用地名、地形或地势来命名，如河流、田地、森林、桥梁和银行等；③以祖辈的某些生理或行为特征来命名，如黑色、棕色、高、矮等；④以祖先的职业来命名，如面包师、铁匠、木匠、屠夫等。采用这类命名方法的主要是英国人的后裔。美国人的姓氏多达150多个，其中最大的姓氏有：史密斯、约翰逊、威廉斯、布朗、琼斯、米勒、马丁、安德森、威尔逊、戴维斯等，其中史密斯为美国第一大姓。

(四)服饰

美国人着装日趋随便和实用。在日常生活中,那些西装革履衣冠楚楚的人已日渐减少。现代的美国青年很喜欢多口袋的服装。这种服装的特点是实用、耐脏,众多大大小小的口袋可以分别装上随时用的各种东西,不需要勤洗勤换,也不必拘泥于衣冠整齐的形式,紧身夹克衫便是这种服装的代表。这种夹克衫有两个大大的斜口袋和四个手袋。穿上这种夹克衫,天热时可以拉开前面的拉链透气。还有一种厚布背心,前面有六个口袋,可分别装上各种小物品,许多美国男子经常穿着这种背心睡觉。不仅如此,一些裤子也从腰部到裤腿设计了许多口袋,颇有裤子口袋化之势。

尽管美国人日常着装日益随意化,但在不同场合对衣着仍然有一定的要求。美国人在办公室或商务谈判等正规场合,对着装的要求较为严格。另外,美国人在宴会或舞会上都要求穿着比较讲究的正式服装。美国的正式服装有燕尾服、大夜礼服和小夜礼服。尽管小夜礼服略次于燕尾服和大夜礼服,但却受到人们的普遍欢迎,因而在一些正式场合穿得较多。

美国男子中许多人都备有料子好而且剪裁得体的小夜礼服。

(五)饮食

美国人的食谱以菜式、口味而论。可以说美式菜是由英式菜演变而来,但又因吸收了印第安人以及德、法、意等国家的烹饪精华而显得丰富多彩。美国的烹调方法以煎、炒、炸、烤为主。菜的特点是生、冷、淡,且生菜居多。美国人喜欢咸中带甜的菜肴,口味清淡。牛排、羊肉、家禽等是较普遍的食物。美国人在饮食上没有什么禁忌。鸡、鸭、鱼、肉、禽蛋、海味和野味都吃,特别喜欢吃火鸡、牛肉、鹅。他们喜欢吃中国菜。中式餐馆几乎遍布美国所有城市,经营改良了的中式菜肴,生意很好。

目前美国人越来越重视食品营养。吃肉的人渐渐少了,或是食入量小了,而海味和蔬菜对人们越来越有吸引力。水果成了菜肴中不可缺少的配料,如菠萝焖火腿、苹果团鹅鸭、紫葡萄焖野味等。在蔬菜方面,美国人喜欢吃青豆、菜心、土豆、西红柿、豆芽、刀豆和蘑菇等。在调料上,美国人喜欢根据自己的口味选择食盐、胡椒、沙司、辣酱油或其他,他们一般不用生酱油,也没有食醋的习惯。

美国人对第一次见到的菜肴不会轻易动口尝试。他们不喜欢吃肥肉,也不喜欢吃红烧和蒸的食品,更忌讳食用各种动物的趾。美国人若是在进餐时嗅到虾酱、臭豆腐等异味时,再好的饭菜也会吃不下去。饮料在美国人的生活中占有重要地位,他们不喜欢喝茶,爱喝矿泉水或冰水,平时把威士忌、白兰地加水和冰块后当茶喝,也不需要另配小吃。

美国人一日三餐都要喝一些饮料。一般是饭前饮些开胃、增进食欲的饮料,如番茄汁和橙汁等;就餐时饮牛奶、汽水、啤酒、葡萄酒等,一般不喝烈性酒;饭后通常喝咖啡或茶。

美国人喝酒时对菜一般不讲究,有时只是吃炸土豆片或干果类食品,喝烈性酒时通常掺些苏打水并加满冰块。在喝茶时,他们往往在茶里放上冰块和蜂蜜、柠檬,制成具有酸、甜、涩三种味道的清凉饮料。美国人不论男女老幼对冷饮都颇感兴趣,尤其对冰激凌有特殊的嗜好。

到美国人家中做客时,主人往往以家庭式的便宴来热情款待。吃饭时,主人全家老小与客人共同坐在餐桌周围,有时,客人也可能被置于主人或女主人的右侧,以示敬意。在融洽的气氛中,大家边吃边谈,主客可自由用餐,也可由坐在桌子两端的男女主人为客人盛饭菜。一般而言,家庭式便宴不用佣人做饭或侍餐,炊务均由全家人分担,通常情况是女主人烧菜,男主人调制鸡尾酒,有时客人也可"一试身手",以增进主客间的亲密气氛。饭后,往往是主客继续叙谈,而收拾打扫及洗涤餐具,就多是孩子们或女主人的事了。为了更方便、更随意地款待客人,美国人往往在家中设"自助餐"。特别是招待两名以上的客人时,这种形式的自助餐更能营造一种亲近温馨的氛围。自助式家宴多为非正式的宴请,它不设餐桌。进餐时,主人在一张桌子上把各种食品摆放好,众宾朋各持盘子到桌前自取喜好的食品,这就更有助于主客之间及诸位客人之间的随意交谈和自由接触。

为了适应现代化快节奏的生活方式,近二十年来,美国饮食业中的快餐应运而生,并发展很快,备受欢迎。现在,快餐店不仅遍及整个美国,而且风行加拿大、澳大利亚、日本等许多国家,中国的一些大中城市近年来也开设了美式快餐店。快餐店所经营的食品主要有馅饼、热狗、汉堡包和炸面包卷,其次是甜点、凉菜、通心粉、冰激凌及各种无酒精的饮料。由于有卫生和质量规范化的保证,进店就餐的人们可随意选购食用,既简便省时,又实惠可口。美国快餐中的意大利式烘馅饼,其馅料常用牛肉、鸡肉、香肠、蘑菇、葱头、奶油等。由于这种馅饼现烤现卖,所以当顾客进入快餐店后,用不着久等,便可吃上皮脆馅美的馅饼。许多馅饼店均备有各种各样的馅料和饼皮,可供顾客随意选择。吃这种馅饼时,还可配以意大利通心粉或三明治。美式快餐中的热狗(面包夹香肠)是美国人非常欢迎的一种快餐食品。据说它源于德国。1852年,德国的法兰克福屠宰公会制成了一根狗形香肠,遂被传为一道传统名菜。1904年,在美国的一次博览会期间,有一个专卖热香肠的小摊,老板用长形面包夹上热香肠来卖,以免烫着客人的手。几年后,一位漫画家画了一根会讲话的香肠,名曰"热狗"。于是,热狗之称传遍了美国。

美国热狗的做法是,将混合的牛肉和猪肉加上调味作料捣细并灌入羊肠,经烟火熏制后再用沸水烫制,在油里一炸即可。

美国人几乎都吃热狗。据统计,美国全国年平均消耗热狗200亿只。汉堡包是美式快餐中常见的一种圆面包。这种面包中间往往夹上牛肉饼,或配以火腿、鸡肉、鸡蛋等。美国的快餐店里,经常备有各种配料的汉堡包,以供顾客自由选购。近几年来,以燕麦粉为原料的无脂松饼、饼干、糕点、鼓饼等食品风行美国,这是因为美国人认为,燕麦食品中的燕麦麸纤维可使胆固醇水平下降20%~30%,这非常有益于心脏健康。

(六)节日

美国人的主要节日除了圣诞节、复活节外,还有:

(1)感恩节。每年11月的最后一个星期四是感恩节,它是美国人独创的一个古老节日,也是美国人合家欢聚的日子,因此,美国人提起感恩节总是倍感亲切。据说在1620年,102名英国清教徒为了摆脱宗教与政治的迫害,搭乘"五月花"号木船,经过65天的海上漂泊,在11月21日抵达美国马萨诸塞州的普利茅斯。由于他们人地生疏,缺衣少食,加上严寒和疾病,一个冬天相继死去了几乎一半人。当地的印第安人很同情这些人,教他们狩猎、捕鱼、种植等技巧赖以生存。通过辛勤劳动,他们终于获得了丰收,并增进了与印第安人的友谊。这些移民在1628年秋用火鸡、南瓜、玉米、红薯、果品等制成佳肴,大摆宴席,当地的印第安人还带上5只鹿和火鸡应邀赴宴并表示庆祝。他们一连三天载歌载舞,以后就形成了感恩节。1795年华盛顿宣布感恩节为全国性节日,至于节日的确切时间,1941年才固定下来。每逢感恩节时,美国放假3天,全国上下热闹非凡,节日期间,人们还要吃烤火鸡和南瓜馅饼等传统食品。

(2)美国玫瑰游行节。每年1月2日,美国西南海岸的帕萨迪纳均要举办一次隆重的玫瑰游行。届时,在乐队优美的吹奏曲中,长达四五英里的玫瑰游行队伍,沿路缓缓而行。在队伍中,许多用汽车饰成的"花舟"和队队古装"骑士",前呼后拥着一辆饰有玫瑰与白菊的"花舟"。头戴珠冠、身穿白服的"玫瑰皇后"端坐其上,6位身着绿装的"玫瑰公主"分别并排坐于她的左右。在游行过程中,"皇后"与"公主"手持玫瑰,频频向围观的人群挥舞致意,可谓万众欢腾。据说玫瑰游行起源于1894年1月,它是由一位医生所筹办,意在以玫瑰花会庆祝新年。当时的"花舟"是由马车所饰,1901年才改用汽车。其后,规模越来越大,吸引的游客也越来越多,不仅美国国内,而且不少外国游客也前来参加,有时观众竟多达百万。

(3)母亲节。每年5月2日,是美国的母亲节。此节的仪式较多,其中最富有感情的是聚会仪式。节日的上午,青年们各佩一朵红花(母亲去世者要佩白花),与母亲们欢聚一堂,并将一朵亲手制作的康乃馨,献给在座的母亲。继而,青年们共同烹制午餐,并与母亲们共享。美国的母亲节源于1907年,当时的一位美国女子安娜·嘉维斯因其母亲去世而悲痛欲绝,随后,她为了向欧战中阵亡将士的母亲和妻子们表示安慰和敬意,特意四处奔走,倡导成立母亲节。1914年,美国总统威尔逊响应嘉维斯的倡导，正式签署并规定5月2日为母亲节，以示人类对母亲的无限敬爱。

 **特别提示**

与母亲节对应还有父亲节，在父亲节这天，人们选择特定的鲜花来表示对父亲的敬意，红色或白色玫瑰是公认的父亲节的节花。子女佩戴红玫瑰向健在的父亲们表示爱戴，佩戴白玫瑰对故去的父亲表示悼念。父亲节在全美国作为节日确定下来，比母亲节经过的时间要长一些。因为建立父亲节的想法很得人心，所以商人和制造商开始看到商机。他们不仅鼓励做儿女的给父亲寄贺卡，而且鼓动他们买领带、袜子之类的小礼品送给父亲，以表达对父亲的敬重。

另外，在父亲节的那一顿早餐是由子女们做的，父母早上不必早起，可以继续睡，子女们做好早餐后拿到床前给父母亲用。

（七）禁忌

同许多其他西方国家一样，美国人对于"13"这个数字最为忌讳。

美国人忌讳别人打听他们的年龄，以及对女士身材的评头论足。美国人在牵涉个人问题时往往讳莫如深。

美国人忌讳只穿睡衣出门或会客。他们认为，只穿睡衣出门或会客如同赤身裸体一样。在美国，若是在别人面前脱鞋或赤脚，会被视为不知礼节的野蛮人，只有在卧室里，才能脱下鞋子。美国人认为，在别人面前伸出舌头是一种既不雅观又不礼貌的行为。

美国人忌讳养黑猫，认为只有纯白色的猫才能给人带来好运，而黑色的猫只会给人带来厄运。

美国人忌讳以蝙蝠作图案的商品和包装，认为蝙蝠这种动物吸人血，是凶神的象征。

美国人不提倡在人际交往时送厚礼，否则就有别有用心之嫌。

二、加拿大

（一）礼俗

加拿大主要是欧洲移民的后裔，以英国人、法国人血统为主。除魁北克人讲法语外，其他地区的人都讲英语。加拿大人大部分信仰天主教、基督教。加拿大人的很多习惯与美国人相近，但又不像美国人那样随便，衣着、待人接物都比较正统。他们热情好客，讲究礼貌，遵守时间，喜欢现代艺术，酷爱体育运动，特别是冰雪运动。

加拿大人通常行握手礼,讲究使用礼貌语言。加拿大喜欢实事求是,不欣赏过于自谦的做法,否则,便有虚伪和无能之嫌。加拿大人喜欢外国人谈论有关他们国家和民众好的方面。但在与加拿大人谈话时,不要就魁北克的独立问题明确表态,不要对加拿大分成法语区和英语区两部分的问题发表意见,也不要过多地把加拿大与美国进行比较。加拿大人外出旅游时特别注重清洁卫生,很计较服务质量。

(二)饮食

加拿大人的饮食习惯近似美国人。他们喜欢吃烤牛排,这是加拿大的名菜,也是加拿大人的家常菜。他们在做烤牛排时多用里脊肉,烤时不加作料,烤熟后再加入盐、番茄酱、土豆泥、黄瓜等辅料,绝大部分人很喜欢吃半生不熟、吃时还冒着血水的嫩牛排。另外,加拿大人还喜欢吃猪肉、鸡蛋、蔬菜及水果。他们口味清淡,喜欢烤、煎、炸、酥脆的食品,一般不用蒜味、酸辣味的调味品。他们对沙丁鱼和野味有特别的爱好。早餐一般吃面包、黄油、牛奶、麦片和蛋类,且量较大;午餐多用三明治、牛奶和罐头食品;晚餐一般吃肉类和蔬菜。

加拿大人很重视食品的营养与卫生,讲究食品质量。他们不吃胆固醇含量高的动物内脏,也不吃脂肪量高的肥肉。加拿大人的主要饮料是白兰地、香槟酒、啤酒和冰水。饭后喝牛奶、咖啡,吃水果。加拿大人较爱吃中国菜,爱喝中国红茶。

(三)节日

加拿大人多为欧洲血统,所以节日主要都是西方国家共有的圣诞节、感恩节等。另外,每年的严冬之际,是加拿大的冰雕节。每到这时,在首都渥太华,世界上最大的里多运河滑冰场上,为期十天的冰上狂欢节就在这里举行。节日活动有冰上赛马、冰上定点跳伞、速滑比赛、冰球比赛、狗拉雪橇等。此外,还有富于情趣的冰雕比赛,众多的冰雪塑像千姿百态,美不胜收。冰上狂欢节吸引着来自全国各地和美、日、法、瑞士等国的滑雪爱好者和许多国家的冰雪雕塑家。

(四)禁忌

加拿大人除宗教忌讳外,还忌讳别人赠送白色的百合花,因为加拿大人只有在葬礼上才使用这种花。一般不喜欢黑色和紫色。

三、墨西哥

(一)礼俗

在墨西哥,熟人相见时所采用的见面礼节,主要是拥抱礼与亲吻礼。在上流社会,男士们往往还会温文尔雅地向女士们行吻手礼。与不熟悉的人打交道时,宜采用的见面礼节是握手,或微笑。在正式场合不宜直接去称呼交往对象的名字。只有彼此之间十分熟悉的人,才会有例外。其称呼方式是在姓氏之前加上"先生"、

"小姐"或"夫人"之类的尊称。极爱使用某些可以体现出具有一定的社会地位的头衔，诸如"博士""教授""医生""法官""律师""议员""工程师"之类。

拜访墨西哥人要事先进行预约，否则，是不会受到对方欢迎的。前去赴约时，墨西哥人一般都不习惯于准点到达约会地点，通常会比双方事先约定的时间，迟到一刻钟至半个小时左右。

传统服装中，名气最大的是"恰鲁"和"支那波婆兰那"。前者是一种类似于骑士服的男装，由白衬衣、黑礼服、红领结、大檐帽、宽皮带、紧身裤、高筒靴所组成，看起来又帅又酷。后者则为一种裙式的女装，它多以黑色为底，金色滚边，并以红、白、绿三色绣花，无袖、窄腰，长可及地，穿起来令人显得又高贵，又大方。

在十分正规的场合，墨西哥人才讲究穿西服套装或西式套裙。出入于公共场所时，男子穿长裤，妇女穿长裙。在日常生活里，男子爱穿格子衬衫、紧身裤。妇女爱穿色调明快、艳丽的绣花衬衣和图案、款式多变的长裙。出门在外时，还喜爱披上一块用途多样的披巾。

（二）饮食习惯

墨西哥人的传统食物主要是玉米、菜豆和辣椒。墨西哥乃是玉米之乡。墨西哥人不仅爱吃玉米，还可以用它制作各式各样的风味食品。其中最有特色的是玉米面饼、玉米面糊、玉米饺子、玉米粽子，等等。墨西哥菜的特色，是以辣为主。有人甚至在吃水果时，也非要加入一些辣椒粉不可。除了爱以菜豆做菜之外，仙人掌、蚂蚱、蚂蚁、蟋蟀等都可以成为墨西哥人享用的美味佳肴。墨西哥人颇为好酒，但不劝酒。大都不吃过于油腻的菜肴。

（三）节庆习俗

墨西哥人喜爱仙人掌，每年的仙人掌展览会总是盛况空前。墨西哥国庆节为9月16日。10月玉米收获时节有玉米粽子节，用嫩玉米包粽子，并举行盛大舞会。11月1—2日为墨西哥达拉斯戈尼族的亡人节，与我国清明节习俗相似。

（四）禁忌

墨西哥人忌讳将黄色或红色的花送人。他们认为，前者意味着死亡，后者则会带给他人晦气。在墨西哥人眼里，蝙蝠凶恶、残暴，是一种吸血鬼，蝙蝠及其图案为人们所忌讳。在该国，人们不仅不惧怕骷髅，反而认为它象征着公正，喜欢以其图案进行装饰。对紫色深为忌讳。讨厌的数字是"13"与"星期五"。

四、巴西

（一）礼俗

通常以拥抱或亲吻作为见面礼节。只有在十分正式的活动中，他们才相互握手为礼。巴西民间流行一些较为独特的见面礼节。其一，是握拳礼。主要用于问安或致敬。行此礼时,要先握紧自己的拳头,然后向上方伸出拇指。其二,是贴面礼。它是巴西妇女之间所采用的见面礼节。行礼时,双方要互贴面颊,同时口里发出表示亲热的亲吻声。但是,用嘴唇真正去接触对方的面颊,却是不允许的。其三,是沐浴礼。它是巴西土著居民迎宾的礼节。当客人抵达后,主人必定要做的头一件事,便是邀请客人入室洗浴。客人沐浴的时间越久,就表示越尊重主人。有时,主人还会陪同客人一道入浴。宾主双方一边洗澡,一边交谈,显得大家亲密无间。遇婚丧大事,登门宾客较多时,主人往往搭临时浴棚,以确保每位客人都能行沐浴礼。在一般情况下,巴西人喜欢彼此直呼其名。有些时候,则会采用以本名加父姓组合而成的简称。一个人的姓名全称只有在极为正式的场合,才有可能使用。

在正式场合中,巴西人主张一定要穿西装或套裙。在一般的公共场合,男人至少要穿短衬衫、长西裤,妇女则最好穿高领带袖的长裙。相对而言,妇女的着装更为时髦一些。爱戴首饰,爱穿花衣裳,且喜欢色彩鲜艳的时装。在一般情况下,巴西妇女大都喜欢赤脚穿鞋。在巴西,黑人妇女一般爱穿短小紧身的上衣、宽松肥大的花裙,且经常身披一块又宽又长的披肩。

(二) 饮食习惯

巴西人平常主要是吃欧式西餐。因为畜牧业发达,食物中肉类所占的比重较大。巴西人最爱吃牛肉,尤其爱吃烤牛肉。黑豆是巴西人重要的主食。他们最爱吃的菜肴名为"烩费让"。"费让",意即杂豆。它是用黑豆、红豆等杂豆,加上猪肉香肠、烟熏肉、甘蓝菜、橘子片,用砂锅烹煮而成。在巴西,"烩费让"被称为国菜,是宴请时不可缺少的主角。巴西人喜饮咖啡、红茶和葡萄酒。他们几乎天天离不开咖啡,还喜欢以之待客。饮酒时提倡饮而不醉。醉酒,被巴西人视为粗俗至极。

(三) 节庆

巴西人的主要节日为元旦节。巴西人视"金桦果"为幸福的象征。在新年来临之际,人们倾家而出,高举火把,拥入山林去寻找"金桦果"。狂欢节于每年2月20日举行,是巴西人民的传统节日之一。每当节日来临,举国上下沉浸在一片欢乐的气氛中。它不仅给巴西人民带来欢乐,也推动了巴西国际旅游业的发展。基隆博节是巴西东北部人民的传统节日,于每年金秋时节举行。"基隆博"在葡文中是"逃奴堡"之意。

(四) 禁忌

出于宗教方面的原因,巴西人忌讳"13"这一数字。他们所忌讳的色彩,则是被他们视为象征悲伤的紫色和代表凶丧的棕黄色。在人际往来中,巴西人极为重视亲笔签名。不论是写便条、发传真,还是送礼物,他们都会签下自己的姓名,否则就是不重视交往对象。对使用图章落款的做法,巴西人是不习惯的。跟巴西人打交道时,不宜向其赠送手帕或刀子。英国人、美国人所采用的表示"OK"的手势,在巴西人看来，是非常下流的。

五、智利

在智利，城市建筑的最大特点是，各大城市都有殖民时期遗留下来的建筑物和现代化的色彩艳丽的住宅，二者形成鲜明的对比。农村房屋一部分是欧式的，其余大部分是平房。智利居民在庄重和正式场合，一般都穿西装。平时穿着比较随便。

智利人十分重视见面时的问候礼节，他们同外来客人第一次见面时，多要握手致意，熟悉的朋友，还要热情拥抱和亲吻。一些上了年纪的人见面，还习惯行举手礼或脱帽礼。智利人最常用的称呼是先生和夫人或太太，对未婚青年男女分别称为少爷和小姐。在正式场合要在称呼前加行政职务或学术头衔。智利人应邀参加宴会或舞会，总是带上一点礼物。人们有妇女优先的习惯，在公共场合年轻人总是将方便让给老人、妇女和孩子。智利人的禁忌和西方几乎一样。智利人还认为"5"这个数字不吉利。

智利风俗礼仪在许多方面同西班牙人的十分近似，但又带有当地土著居民的鲜明特征。

智利人注重礼节，热情好客，但传统习俗颇多，而且带有明显的西方人的特征。同许多美洲国家一样，智利人一般不邀请他人到家中做客，除非是感情深厚的朋友，如果你被智利朋友邀请到家中做客，应视为一种荣幸，不可出自客气或其他理由而谢绝，否则，会被主人认为是瞧不起人而生气。应邀到智利朋友家中做客，应按时赴约，迟到或早到都是不礼貌的行为，智利人的时间观念比较强，凡事都习惯按预定的时间进行，这是同许多美洲国家所不同的。到达主人家，客人应主动送一束鲜花或包装精美的糖果给女主人，先向女主人表示问候，随后问候男主人和家庭其他成员。

智利人待客的饭菜品种丰富，风味独特。待客的主食有用新鲜玉米面制成的一种名叫"乔克洛"的嫩玉米糕，用大米、玉米粉、肉汤和蔬菜制成的"肉汤菜饭"，用奶酪、海鲜做的馅饼和用肉末、葱头、葡萄干、油橄榄、鸡蛋等做的馅饼。菜肴是用猪肉、牛肉、羊肉、葱头、土豆、西红柿、生菜、白菜、菜豆、兵豆、鹰嘴豆等制成的，其中烤肉占很大成分，香味扑鼻，鲜美可口。待客的餐桌摆有各类水果，如苹果、柑橘、葡萄、西瓜、甜瓜、李子、杏、桃、草莓、荔枝以及山橄榄等，智利人称水果为天然甜食。智利人爱饮酒，待客是少不了酒的，低度白酒、红葡萄酒、白葡萄酒等是待客的常备酒。

第三节　欧洲国家

欧洲（Europe）面积1 016万平方公里，共45个国家和地区。西临大西洋，北靠北冰洋,南隔地中海和直布罗陀海峡与非洲大陆相望,东与亚洲大陆相连。地形以平原为主,大部分为温带海洋性气候,约7.4亿人,约占世界总人口的12.5%,是人口密度最大的一个洲。

习惯上,人们把欧洲细分为东、西、南、北、中5个区域,其中北欧的瑞典、芬兰、丹麦、挪威,西欧的英国、荷兰、法国、比利时,中欧的德国、奥地利、瑞士,以及南欧的意大利、西班牙等国家。欧洲的礼仪习俗有较多的现代文明的内涵,封建色彩相对淡薄。

一、英国

(一) 礼俗

英国是岛国,宗教在英国历史上占有重要地位。现在的英国人享有充分的宗教信仰自由,居民多数信奉基督教,北爱尔兰地区多信奉天主教,英语为国语。

英国人十分注重礼节。讲文明、有礼貌、尊重女性是英国世风的重要特点之一。英国男子总是把"女士第一""女士优先"的礼俗当作生活的重要内容。女士入室,男子要给女士开门,请其先行;女士入座,男子要为其拉椅;女士进屋和离开时,男子要帮女士穿、脱外衣;外出乘车、船时,男子要让女士先上,有空座则请女士先坐,并适时给予照料;男女同路时,男子总是以保护者的身份走在道路的外侧,以防止发生意外伤及女士。

英国人十分注重形象和风度。他们衣着讲究,出席社交活动力求服装笔挺、整洁。说话办事彬彬有礼,很有分寸。

英国人在第一次结交时的见面礼节很简单,通常只握手问好,一般不行拥抱礼。如果是朋友相见,往往不行握手礼、拥抱礼和吻礼,双方仅仅寒暄几句而已。到别人家拜访时,要先敲门,待主人说"请进"时方可入内。进门后,男子要脱帽,以示向主人致意;女士虽不必脱帽,但也要先向主人问好才可就座。在交谈时,人们多用"请""谢谢""请原谅"之类的话。

英国人谈话含蓄、谦虚而幽默。一般情况下,他们不喜欢公开炫耀自己的财产、家庭、地位等。

英国人很相信"外表决定一切",因此,人们尽量避免锋芒外露。在社会生活中,英国人多表现出冷漠的性格。例如,英国人很少在大庭广众之下开怀大笑、指手画脚或评头论足,尤其是在有女士在场的情况下更是如此。在公共场所也几乎听不到彼此说话的声音。伦敦的地铁,每天上午乘客人如潮涌,但他们各自坐在车上翻阅书报,相互几乎无任何言语,即使是上饭馆进餐,英国人也总是找一处僻静的地方落座。

英国人比较冷静,寡言少语。他们认为,烦躁是不礼貌的表现。一般说来,英国人很少发脾气。在日常生活中,他们不愿做无谓的争吵,对别人的不同意见,总是耐心倾听。当因候车、等船或因购物、买票或因其他事情而排队等待时,如遇到别人失礼或无理取闹,他们也绝不抱怨,绝不烦躁,而是心平气和、泰然处之。

英国人从不愿意别人干扰他们的个人生活,而对于自己的家庭,则一向眷顾有加。他们迁居后的首要之事,往往就是修缮围墙或篱笆,以自绝于外。英国人常说这样一句话:"我的家就是我的城堡,风能吹进来,但如果没有我们的邀请就算国王和王后也不能进来。"所以,按照传统,英国人邻里之间如果没有特殊原因,一般都互不往来。

在英国,邀请别人来家做客的情况,一般是不多见的。仅有一般交往的人们相互从不问及诸如年龄、工资、婚姻状况一类的个人问题。一名外国人即使与一名英国人相处了很长时间,彼此成为朋友,英国人也不会主动向外国人打听他的家庭情况、个人喜好等问题。英国人的座右铭是"不要回绝工作,也不要随便发问"。他们喜欢于无声中,通过自己的努力和观察,并经过时间的验证,得出有关事物的结论。无怪乎有外国人曾说过这样一句话:"在各种社交活动中英国人是最不容易接近的,他们像从冰里刚出来的冻鱼。"

英国人喜好饮茶。在英国,请客人饮茶表示主人的敬意。按照传统礼貌习俗,向客人敬茶时,必须首先把少许牛奶倒进茶具内,接着再冲以热茶,最后还要加一点糖。如果先倒茶后放牛奶,则被认为是失礼和缺乏教养的行为。

英国人恐怕是世界上最爱读报的人。报纸是英国人每天不可缺少之物。每天早晨,人们起床洗漱后,首要的事情就是吃饭和读报,即使是在乘车上班的路上或在地铁车站,人们也多在读报。为了适应车上阅读,许多报纸的版面日趋缩小,文字日趋减少,而图片却在增多。每日的茶点和晚上的时间,也有不少英国人用来读报。人们以这种方式试图躲避喧嚣的尘世和消除疲劳。据统计,英国的报纸之多,可名列世界前茅。

在英国,朋友之间讲究送礼,但礼品的数量不能过多,档次不能过高,否则,对方就会产生送礼人欲行贿的误会,以至于不敢或不乐意接受。一般情况下,英国人习惯在晚上赴宴或观看演出后,相互送点高级糖果、巧克力、名酒、鲜花之类的礼品。

英国人很重视本民族的传统,因而多具有守旧的性格。许多家庭里,一些祖辈遗留下来的老式座钟和其他老式家具,都保留完好并摆放在显眼位置。甚至一些旧衣物也不舍丢弃,他们认为,衣着的讲究不在于新潮和时尚,而在于传统的式样与裁制。当代仍有不少英国家庭至今仍采用陈旧的取暖方式,即安装一个老式壁炉,每逢冬季,家里的人只能到壁炉旁来取暖。他们认为,这种取暖方式,既符合传统,又有益于健康。

英国人在较隆重的宴会上,仍然保持着古老的习俗:当宾客步入宴会厅或宴会开始时,一位身穿晚礼服的司仪笔直地站立在宴会厅内适当的位置,敲着梆子高声司礼——"××职衔×××先生到"或"宴会开始"、"请入席"、"宴会结束",等等。从宴会开始到结束的每道程序,都要由司仪不厌其烦地高声宣布,且郑重其事,毫不马虎。在宴会进行中,当司仪宣布"祝女王身体健康"时,宴会来宾不得吸烟、走动或是说话。

(二)婚俗

现在许多国家常用的"蜜月"来源于英国的婚俗。据说,古时候英国人从新婚之日起要连续喝上30天一种用蜜制成的饮料,以象征爱情的甜蜜和幸福。因此,人们把新婚后第一个月称为"蜜月"。以后这种习俗逐渐演变,人们在结婚时不一定再喝蜜制饮料,但大都采取了外出旅行的方式,这称为"蜜月"旅行,现在这一习俗已遍布全球。

英国的苏格兰人在举行婚礼时,新娘被迎入男方家的大门之后,首先要把一块大蛋糕用力抛向空中。人们认为,蛋糕抛得越高,就意味着新人们婚后的生活就越幸福;而如果抛得不高,则预示着新人们的爱情将会破裂。英国北爱尔兰法律禁止离婚,这就导致了人们因慎于择偶而形成的晚婚。

(三)姓名

英国人的姓名排列是名在前姓在后。如"爱德华·亚当·史密斯",爱德华是教名,亚当是名,史密斯是姓。在英国,小孩出生时要受洗礼,由父母或牧师起教名。也有人把母姓或与家庭关系密切者的姓作为第二个名字。还有人沿袭父名或父辈名,在姓名后缀以"Junior"或罗马数字以示区别。如小约翰·史密斯(John Smith,Junior),乔治·威尔逊第三(George Wilson,Ⅲ)。女士的姓名,一般是自己的名加丈夫的姓。如玛丽·怀特(Marie White)与乔治·辛普森(George Simpson)先生结婚,婚后女方的姓名为玛丽·辛普森(Marie Simpson)。口头称呼时,一般在姓的前面要冠以"先生""女士"或"小姐"等通称,如"威尔逊先生""辛普森女士""怀特小姐"。而正式场合一般要用全称,关系十分密切的常直呼其名,家里人、朋友之间除直呼其名外,还可用昵称。

(四)服饰

英国男子多注重自己的仪表,大多数英国男子每日都要系上领带或领结,以保持其翩翩风度。苏格兰男子爱穿一种富有民族特色的花格短裙,名叫"基尔特"裙。这种裙采用花呢料制成,其长至腰甚至膝,且配有很宽的腰带,前边饰有一小块椭圆形的垂巾。苏格兰人将这种短裙视为民族象征,至今每逢节庆,男人们都要穿上此裙在民族乐曲的伴奏下跳起民族舞。

(五)饮食

在当代,英国人的家庭饮食习惯正朝着更有益于健康的方向日趋改变。这主要表现为少吃糖和奶油,多食蔬菜、牛肉、禽肉和鱼肉,多喝果汁及低脂牛奶。

英国人的烹调方法以烧、煮、蒸、烙和烤为主,调味很少用酒。醋、芥菜、生菜油、番茄沙司、辣酱油、盐、胡椒面等调味品大多放在餐桌上,任人自由选用。

英国人平时吃西餐以英、法菜为主,讲究口味清淡,菜肴要求量少质精,花样多变。在英国,一般富裕人家往往每日四餐,即早餐、午餐、茶点和晚餐。早餐力求好,时间多为早7—9时,主要食品是麦片粥、火腿蛋、白脱油烤面包和橘子酱,餐后饮红茶;午餐吃得较简单,时间约为中午1时,通常是烧肉、土豆、沙拉和面包,午餐时喝茶,一般不饮酒;午后茶点在下午4—5时,以喝茶为主,同时吃一些面包、点心等;晚餐是正餐,同时也是一天中最丰盛、最讲究的一餐,时间多在晚7时左右,用餐时对服饰、座次、用餐方式都有严格的规定,主要食品为汤、鱼、肉类、蔬菜、布丁、黄油、甜食、水果,以及各种酒和咖啡。

英国人举行宴会时,一般备有两种以上的酒。吃鱼时上白葡萄酒,吃肉时上红葡萄酒,如果是规模较大的宴会,还备有香槟酒。英国人在席间不劝酒,宾主饮多饮少随意,但为礼貌起见,也不时互相举杯说一声"Cheers"(干杯)。

对不喝酒的人,不必勉强。侍者来续酒时,只要不喝酒者将手往杯口一放,侍者即明白不再续酒。

英国人较爱食中国菜,在口味上讲究清淡、酥香而不喜欢辣味。

英国人嗜茶,比欧洲的任何一个民族都更喜欢喝茶。自从中国茶叶于17世纪由东印度公司第一次带到英国后,他们便与茶结下了不解之缘,他们一改过去只喝咖啡、啤酒等饮料的习惯,把喝茶当作每天必不可少的享受。正如英国的一支民歌所唱:"我最高的愿望,乃是好茶一杯。"对于英国人来说,任何时候都是"喝茶有理"的时间。早晨起床前,一般是先喝一杯"被窝茶",午后喝一杯"过午茶",下午的工间休息时间也要喝茶,甚至在进餐过程中或深夜里,也总离不开喝茶,且一般以红茶为主。

(六)节 日

英国同所有信奉基督教的国家一样要过圣诞节、复活节。此外,英国还有下列节日:

(1)万愚节。与许多其他西方国家一样,4月1日是英国一年一度的万愚节,它是一个以"戏弄别人取乐"的节日。在当天上午,无论男女老少,彼此都开玩笑,并以戏弄对方为乐。多数人都本着"开开无伤大雅的玩笑"的宗旨,大家一笑了之。按照传统习俗,万愚节各种骗人的玩笑,不得超过中午12时,并严禁取笑和戏谑国王、女王和宗教信仰。万愚节集中表现出英国人富有幽默感的性格特征。

(2)圣乔治节。4月23日是纪念英格兰保护神圣乔治的节日。他的名字一直是英格兰民族的象征。到了这一天,富有民族意识的英格兰人都在衣领上佩戴一朵红玫瑰,以示对他的纪念。

(七) 禁忌

和许多其他西方国家一样,英国人也认为"13"这个数字是不吉利的,所以请客总是避免宾主共 13 人,重要的活动也不安排在 13 日,酒店一律没有第 13 号房间。此外,"星期五"也被认为是个不吉祥的日子,如果星期五又碰巧是 13 日,英国人称为"黑色星期五",更是诸多不宜的忌日。

在英国,如果有人把食盐碰翻了,他们会认为将有口角发生或与朋友绝交。

英国人在吃饭时忌讳刀、叉碰着水杯发出声响而不去中止。在英国,人们一般忌讳用"厕所"一词,他们常常用其他词语予以代替。如将女厕所称为"女士室",将男厕所称为"男士室"。如果有谁要去厕所,他就说:"对不起,我要去看姑妈。"问别人是否要去厕所时,就说:"你要洗手吗?"或"你要去别人的地方吗?"

二、法国

(一) 礼俗

法国人大多信奉天主教。法国人一般性格开朗,天性乐观、热情、脾气直爽,喜欢与人交往,且谈吐风趣,喜好高雅,尤其爱好音乐和舞蹈。法国人衣着讲究,尤其是女士,她们最爱打扮,关于这一点,可以说是闻名世界。同样,法国服装也享誉全球。法国人的观念和计划性很强,尤其是在出席宴会和重大活动时,他们从不迟到,也不提前,一般都是准时到达。

法国人初次见面,一般不需要送礼。第二次见面时,则应考虑送些礼物,否则,就有可能被认为是失礼。在礼品的选择方面要注意,既不要档次过高,又要体现出对对方的诚挚友谊,而且不会显得过于亲密。例如,在与法国妇女接触,能以香水作为礼物,因为香水是西方人所必需的化妆品,人们通常都将香水作为送给关系很亲密的人的礼物。

法国人乐于助人,待人彬彬有礼,平时礼貌语言不离口。法国人很注重在公共场合的形象:在公共场所,不能随便指手画脚、掏鼻孔、剔牙、掏耳朵;男子不能提裤子,女子不能隔着裙子提袜子;男女一起看节目女子坐在中间,男子则坐在两边;说话轻声细语,禁止大声喧哗。

法国人行接吻礼时,规矩很严格,只有夫妇和情侣才真正接吻,而朋友、亲戚和同事之间只能贴脸或颊,长辈对小辈则亲额头。

(二) 婚俗

法国青年的婚礼多在天主教堂举行。婚礼之前要举行订婚仪式,小伙子要亲手给未婚妻戴上戒指。订婚戒指由新郎、新娘及新郎的家人一同商议选定。近年来,法国时兴在给新婚夫妇送礼前先跟他们本人或家人取得联系,了解需求后有目的地送礼的做法。礼品一般在出席婚宴时亲手交给新婚夫妇。

在法国萨阿省的卢阿里区，素有婚前抬棺送葬的习俗。新郎家备好一口象征性的"棺材"，举行一次"葬礼"和"凭吊式"，并进行"送葬"，他们将棺材埋在花园、或田野、或扔进河里"水葬"，以示"埋葬单身汉生活"。当代法国都市中，婚恋颇为随便：许多男女只同居而不举行婚礼，并将这种事实婚姻视为一种"革新"。

（三）姓名

法国人的姓名是名在前，姓在后，一由两节或三节组成。前一、二节为个人名，最后一节为姓，有时姓名可达四五节，这些多是由教父或长辈起的名字。如"亨利·勒内·阿贝尔·居伊·德·莫泊桑"，一般简称为"居伊·德·莫泊桑"。婚后女子的姓名原末节的姓要换为夫姓，如姓名叫"雅克琳·布尔热瓦"的小姐与弗郎索瓦·皮埃尔结为夫妻，婚后该女士称"皮埃尔夫人"，姓名为"雅克琳·皮埃尔"。

（四）饮食

法国的烹调技术在欧洲乃至世界都享有盛誉。法国菜在世界饮食中占有重要地位。法国人一般不吝惜在饮食上花钱。他们对于饮食的要求很高，既要保持菜肴原汁、原味、原色，又讲究菜肴的精致工艺和合理的营养成分，对于逊色的菜肴他们绝不轻易接受。法国菜肴用料讲究，制作精细，色泽光鲜，装饰不凡，品种繁多。在口味上要求脆嫩、鲜美、浓郁，但不喜欢吃辣。他们吃的菜肴较生，选用的原料力求鲜活，如牛扒、烤牛排等都以带血丝为好。此外，他们对葱、蒜、丁香、香草等味调料也很感兴趣。

宴饮是法国人生活中的重要内容之一。除有精美的菜肴外，法国人还很讲究菜和酒的搭配，在烹制菜肴调味时用酒较重，并有许多讲究，如清汤用葡萄酒，海味用白兰地，烤火腿、火鸡用香槟酒等。法国人吃菜时用酒也很讲究。一般情况下，法国人饭前喝开胃酒；吃海味、冷菜时喝白葡萄酒；吃肉和奶酪时喝红葡萄酒；吃饭结束时喝香槟酒；饭后喝白兰地或咖啡。法国人还特别喜欢喝矿泉水。

除正餐外，真正法国风味的食品还有蜗牛、蛙腿、牡蛎、鹅肝、奶酪等。生牡蛎肉质鲜嫩，营养丰富，风味独特，吃时再加柠檬汁以去腥解毒，它既是餐桌上的菜肴，也是法国人口中的零食。法国人是世界上食奶酪最多的，对于他们来说，奶酪如同饭一样必不可少。法国奶酪的品种之多，味道之美，堪称世界一绝。此外，法国人还喜爱吃腊兔肉、各种肉制香肠、海鲜品、鱼类和各种蔬菜等，家常菜是炸牛排和土豆丝。法国是名酒白兰地、香槟酒的故乡，酿酒业闻名世界。法国人还有"饮酒冠军"的美名。法国人喝酒之多令人吃惊：据统计，每个成年法国人每年纯酒精消耗量可达30公升，居世界首位。对于法国人来说，酒就是普通饮料的代名词。法国人还喜好咖啡。在巴黎街头，有数不清的咖啡馆。法国人喜欢在工余饭后约几个朋友到咖啡馆喝上一杯香喷喷的咖啡,边喝边聊,不失为一种极好的休闲。

(五)节日

法国同许多其他西方国家一样过圣诞节和复活节,此外还有:

(1)圣蜡节。每年2月2日是法国的圣蜡节,这是一个宗教节日。节日里最受欢迎的是鸡蛋饼。据说法国人在煎饼时手里要握住一枚钱,他们认为这样做,在这一年中就会财运亨通。

(2)狂跳暴饮节。法国每年都要庆祝这一节日,有的城市要持续3~4天。节日期间,每个人都身着节日盛装,有些人还想方设法把自己打扮得古怪离奇,甚至装扮成妖魔鬼怪,以引起人们的注意。节日的晚上更为热闹,人们狂蹦乱舞,直到结束的钟声敲响。

(六)禁忌

法国人很忌讳初次见面时询问对方尤其是女子的年龄;忌讳黄色的花,认为黄色的花象征不忠诚;忌核桃图案,认为其不吉利;忌仙鹤图案,认为仙鹤是蠢汉和淫妇的象征。

三、德国

(一)礼俗

德国人勤勉、矜持、有朝气、守纪律、好清洁、爱音乐。务实、真诚和可靠是德国人传统的性格特征。德国人待人接物严肃、拘谨,即使是对亲朋好友、熟人,见面时一般也只行握手礼,只有夫妻和情侣见面时才行拥抱、亲吻礼。

德国人很重感情,也非常好客。对于远道而来的客人,他们总是关怀备至,态度热情而坦诚。如果你在街上向陌生的德国人寻途问路,或是打听事情,他们会千方百计地予以指点和帮助;如果他们自己也不知道,那么他们会替你去问别人,甚至不辞辛苦地陪你走上一大段路,直到你弄明白为止,而且不要你致谢。

德国人素以勤劳著称。城镇居民通常黎明起床打扫庭院,7时左右大街上便人来人往,食品店、水果店、小吃店、菜市场开始营业,多数家庭主妇一大早就买好一天的需用品。德国人工作节奏也很快,工作人员均在7时左右进入自己所在的部门做清理和准备,8时正式工作,并且中午不休息。小商店夜晚照常营业。平时,人们都在富有成效地工作,马路上几乎无闲人,许多娱乐场所也少有光顾者,只有周末或节假日才例外。在乡村,农民们更是终日忙碌,辛勤耕耘,土地绝无荒芜,生活过得忙而有序。可以说,"平日无闲人"是整个德国的真实写照。

德国人不喜欢别人直呼其名,所以在称呼德国人时要称头衔。接电话要首先告诉对方你的姓名。请德国人进餐,事前必须安排好。在宴会上,男子一般要坐在妇女和职位高的人的左侧,女士离开和返回餐桌时,男子要站起来以示礼貌。

与德国人交谈时,可谈有关德国的事以及个人业余爱好。在谈体育运动项目时,一般可谈如足球之类的运动,但不要谈篮球、垒球和美国式的橄榄球运动。

德国人每年有两个假期,且假期较长。平时在工作中,他们兢兢业业,认真负责,极讲工作效率。埋头实干,可以说是多数德国人工作态度的显著特点。而到了假期,德国人则用平时积蓄起来的钱集中用于旅游,尽情享乐。若假期短,他们通常就在国内旅游;若假期长,则赴国外旅游。德国人崇尚"踏实、诚实、求实"的准则,在旅游方面也有所体现。德国人旅游时,总要认真选择一个理想的目的地。如果是国内旅游,他们尤其喜欢徒步旅行,这样既可以增强体质,又可以节约能源,减少污染。在旅游过程中,他们要细细领略景物的独特之处,有可能他们还要到当地博物馆认真考证一番。他们认为,只有这样,才算是真正的旅游。

在德国,从各级政府到普通平民都非常重视教育,特别是重视基础教育。所有的学校及家长对学生的要求都很严格。家长付出巨大的代价供孩子上学,学生认真刻苦地学习,这已成为德国世风。在家庭中,为孩子创造良好的学习环境,绝不妨碍孩子的学习,已成为家长们的生活准则。

德国人一向喜欢结社。德国有各式各样的会社,可谓五花八门,无奇不有。规模大的如"足球总会"及其下属会社的会员多达四百余万人,"射击协会"也拥有会员十万人。而有的会社却很小,甚至只有几个成员。德国人非常爱清洁,注重仪表。上班必须穿工作服,而下班后工作服是绝不能穿着上街的。观看文艺演出或参加各种正式活动时,男士必须穿礼服,女士必须穿长裙。对于居室,德国人注重购置家具,他们不但讲究设备豪华、卧室现代化,也很讲究整洁,不仅是客厅,而且连厨房、厕所也一尘不染。

(二) 婚俗

在德国,女孩订婚被视为一件十分慎重的大事。在女孩子订婚前,其父母总要像做广告似地把订婚启事写在华丽的附页帖子上分寄给亲朋好友。帖子的左面写有女方订婚所要求的条件,右面为空白,留着给未来的女婿填写订婚条件。如若哪位男子同意接受女方的条件,便身穿礼服,手捧鲜花,带上帖子赴女方家里做客。双方谈妥后,男女方相互交换订婚戒指,订婚遂成。

在德国的波恩等地区,男青年如果爱上了一位姑娘,就在4月30日或5月1日把一株白桦树放置在女方家的院子里。如果姑娘接受了白桦树,男青年就再送给姑娘一枚宝石戒指。姑娘在接受戒指的同时,以亲吻表示同意接受求爱,双方的恋情由此确定。

德国波恩青年结婚时,按照传统习俗要举行一次送旧迎新的联欢会,众亲友和邻居赠送的礼品中总要掺入一些破盆、破碗、废酒瓶、旧纸屑之类的废物。这些破烂物品打碎后统统抛撒在新郎房屋的院子里,由新娘的父亲在众人面前手持铁铲将这些"礼物"铲入一个大铁箱后点燃。当烈焰腾空而起时,大家欢呼雀跃,以此表示除旧迎新。

(三) 饮食

德国人注重饮食的含热量、维生素等营养成分。烹调方法多为烧、烤、煎、煮和清蒸。人们喜欢口味清淡、微酸甜的菜肴,不喜欢过于肥腻、辛辣的食品。德国人不喜欢吃羊肉,很多人也不喜欢吃鱼。他们最爱吃的是各类猪肉食品,如猪排等,其次是各类牛肉食品。德国人历来对土豆极感兴趣,除了用它做菜以外,还经常以煮土豆、土豆泥、土豆团子等当主食。随着社会生活的发展变化,现在德国人对土豆的需求已日趋减少,而对蛋类食品的需求却日益增加。葱头也是德国人菜肴中不可缺少的。德国人的饭量一般较大,他们每日三餐:早餐的饮料多为咖啡(德国人不太喜欢喝牛奶),吃面包时夹个煎蛋;主餐是午餐;晚餐较为简单,吃的是夹香肠或火腿的吐司。汉堡包是德国人发明的,由于它美味可口,携带方便,所以不但德国人对它青睐依旧,而且已风行世界。德国各地的自助餐小店极多,因自助餐实惠且便宜,故很受人们欢迎。

(四) 节日

(1) 啤酒节。它是被誉为"啤酒城"——德国巴伐利亚州首府慕尼黑的民间传统节日,它持续的时间很长,每年从5月揭开序幕,在9月的最后一个星期进入高潮,一直持续到10月的第一个星期结束,所以啤酒节又叫"十月节"。相传此节起源于1810年10月,当时巴伐利亚州的储君举办婚礼,慕尼黑民众乃饮酒庆贺,由此沿袭下来,并形成后来的啤酒节,至今已有一百多年的历史。此节为德国最大的节日之一。

节日期间,德国各地和国外的游客潮水般地涌向慕尼黑。各界人士为迎接这个节日差不多从年前就开始准备。为了保持独特的习俗和吸引更多的游客,慕尼黑市政府对啤酒节较为重视,德国的各家酒厂也精心策划,各出奇招。节日的夜晚,热闹非凡,方圆三四公里的啤酒节广场上五彩缤纷,数百个大小帐篷遍布广场,其间歌舞、游艺节目和各类饮食等应有尽有。身着德国传统服装的啤酒女郎,穿行于早已坐满客人的数百个酒摊之间,用单耳大杯将清凉的啤酒送到客人面前。许多青年人甚至高兴得跳到桌子上相互祝贺、干杯,结实的玻璃杯相互撞击,形成啤酒节特有的交响乐章。各酒摊均设在栗子树下,客人们在优美悦耳的德国传统乐曲声中,迎着习习凉风,边听音乐,边高谈阔论,开怀畅饮。

(2) 狂欢节。它是德国的传统节日,从每年11月11日11时起,一直到第二复活节前40天为止,历时两个多月,最后一周是狂欢节的高潮。在这最后一周里,狂欢节有两个高潮:"女人节"和"疯狂的星期一"。"女人节"出现在狂欢节结束之前的星期四,它是整个狂欢节进入高潮的标志。"女人节"当天,莱茵地区博依尔—

些地方的妇女成群结队地冲入市政大厅,闯入市长办公室,并坐上市长的办公椅,表示接管市政府权力,这是德国人每年狂欢节都要表演的妇女夺权喜剧。狂欢节结束的前一天一定是星期一,这一天是整个狂欢节的顶点,故称为"疯狂的星期一"。当天主要有两项活动:其一是化装大游行,其二是大型狂欢集会和舞会,往往持续到午夜。

(3)基尔周节。基尔位于德国北部,濒临波罗的海。基尔周节每年6月第二周的星期六开始,为期八天。基尔周节初为帆船节,始于一百多年前,后来又陆续增加了各种文艺活动,现已成为国际性的活动周。节日的第一天晚上,市政广场点起火炬,由总统宣布活动周开始。人们在街上狂欢、畅饮直到深夜。除了许多有特色的文艺节目外,最引人注目的是,在波罗的海海口举行的有数千只帆船参加的帆船比赛,景象十分壮观。

(五)禁忌

德国人以遵守纪律、自觉维护公共秩序而闻名。他们约定俗成以遵守公共秩序为荣,以干扰、妨碍别人的工作和生活秩序为耻。无论在大街小巷,还是其他公共场合,严禁大声喧哗。若有人违反准则并扰乱了他人,不但要受到舆论谴责,而且警察有权干涉制止,并行使处以罚款的职责。除宗教禁忌外,德国人对颜色禁忌较多,对茶色、黑色、红色、深蓝色都忌讳,德国人还忌吃核桃,忌送玫瑰花。

四、意大利

(一)礼俗

意大利是一个充满活力且极富创造力的民族。意大利人性格开朗、豪放、热情、质朴、心直口快、感情外露、乐观且浪漫不羁。意大利人的审美意识和审美观念极强,爱好音乐、艺术。在意大利历史上曾经涌现过许多杰出的艺术家。现代意大利人在继承前人珍贵的文化遗产的基础上,在艺术领域辛勤耕耘,表现出惊人的艺术才能和造诣。

意大利人关心时事政治,喜欢阅读报刊。意大利人的另一特点是不论职位高低和经济收入状况如何,都喜欢逛马路和上餐馆。在酒吧或咖啡馆里边吃边聊,海阔天空,无所不谈,此乃罗马人的嗜好。

意大利人在谈话时热情奔放,面部表情极为丰富,喜怒哀乐,溢于言表。尤其在谈话时,他们说是充分运用各种手势以表达和加强自己的意愿。他们的表情和手势与东方人的习惯不尽相同。例如,大拇指和食指圈成"O"形,其余三指竖起,表示"行""好""可以""一切顺利";竖起食指来回摆动,表示"不行""不""不是";一边耸肩,一边伸出手掌,再加上撇嘴,表示"无可奉告""不清楚";用食指顶住脸颊来回转动,表示"好吃";五指并拢,手心向下,对着腹部来回转动,表示"饥饿";

用食指侧面碰击额头,是骂别人"傻瓜""笨蛋"等。意大利人在谈话中还十分喜欢开玩笑,以幽默的言语和动作使谈话变得轻松。意大利人就是这样借助手势、表情和动作等来表达感情、交流思想,从而达到加强谈话效果的目的的。

意大利人有晚睡晚起的习惯,每逢周末,城里人便纷纷到郊区或风景地去旅游休闲,以调节生活的节奏。

意大利人在正式场合用姓名全称。人们在见面打招呼时,姓的后面要冠以"先生""女士"或"小姐"等通称,一般关系的人之间只称呼其姓,家庭成员和亲密朋友之间才直呼其名。

(二)婚俗

意大利西西里的小伙子向姑娘求婚时,通常是约几位好友在一个早上或晚上来到姑娘住的房屋窗下,弹起吉他,唱起情歌。如果姑娘有意,就伸出头来,向小伙子投去一束鲜花,以示爱意;如果姑娘置之不理,那就意味着小伙子未被看中,他就只好打道回府。另外,如果姑娘在一名男子面前将头发打个尖结,那就等于告诉对方芳心已属。之所以这样,是因为这里求婚的主动权在女子手中。

在意大利的撒丁岛流行一种"找羊"求婚的风俗。在两家事先同意的前提下,小伙子在父亲和朋友的陪同下,骑着马、挎着猎枪来到女方家。到了门口,小伙子的父亲先去通知女方家里做准备。女方家中所有的妇女都站在屋里,等待男青年以"找羊"的名义前来认领。小伙子在朋友的帮助下,先在院子里假装寻找一番丢失的"小羊",然后再步入屋里去找。他对站在屋子中间的妇女们一个个仔细端详,最后才找到自己的心上人。姑娘如果看上小伙子,就故意躲开,说明小伙子没有找到"羊"。

(三)饮食

意大利的烹调艺术具有悠久的历史。1553年,意大利女子卡特琳嫁给法国国王亨利二世,把意大利的传统烹调技艺传到法国,使法国的烹调技术得到提高,并为各国称道。因此,意大利和烹调艺术被誉为"西菜烹调艺术之母"。

意大利菜肴的特点是味浓,且原汁原味。意大利菜肴要求六七成熟时就吃,一般都直接用物料内在的鲜味调剂。烹调方法上多用炒、煎、炸、烩、焖等。在吃烤食、乳猪时,意大利人通常不用刀、叉,而用手抓。意大利人喜欢吃米饭和面食,仅通心粉做的各种面食就有四十余种,如今这种面食广受欢迎。意大利的烤牛排是食中之王,其中数佛罗伦萨的烤牛排为最佳。它是用一种专养的牛的肉制成的,意大利人吃这种烤牛排,要鲜嫩带血,不能太老,意大利人在待客时也常用这道菜。意大利乳制品多,沙拉米香肠在世界闻名。意大利人来中国时对中国广东菜感兴趣。

在意大利,男女都几乎没有不喝酒的。他们在日常生活中,无论午餐,还是晚餐,都必须喝酒,客人来访更必以酒相敬,即使喝咖啡,他们也要掺上一点酒,以增加香味。在各种宴会上,每上一道菜都要换一种酒。在较重要的宴会上,意大利人还有开启香槟酒的礼仪,如瓶塞"砰"的一声弹出很远,且酒沫溢出,宾主会视为"吉兆",遂纷纷鼓掌相贺。一般而言,意大利人每餐只有两道菜,而酒却较多。意大利最有名的酒叫作"维诺"葡萄酒。这种酒颜色紫红,味酸甜、可口,烈性不大,是意大利人的家常饮料。据统计,每位成年意大利人每年平均消费酒14公升,仅次于法国人。

(四)节日

(1)狂欢节。每年2月中旬是意大利狂欢节,该节日起源于古罗马的农神节,据说那时人们为庆祝每年农事的开始而狂欢几天。意大利维亚雷焦的狂欢节,已经有一百多年的历史。每到狂欢节,这个仅拥有5万多人口的小市镇,往往云集来自意大利各地和世界各国的几十万游客。规模巨大的游行是节日中备受欢迎的节目。反映当前经济、政治、社会、文化生活等不同层面的各种模拟像,安放在缓缓行驶的巨型彩车上,以其辛辣、幽默的手法针砭时弊而博得众人喝彩。

意大利著名水城威尼斯的迎春狂欢节历时7天,别有一番情趣。凡是参加狂欢活动的人,都要按照威尼斯传统的习俗把自己装扮起来,尽情欢乐。人们所表演的节目主要突出冬去春来、生命战胜死亡的主题。最后人们点火烧毁"冬天的形象",象征着生活有了一个新的起点。

(2)赛船节。每年6月9日,意大利水城威尼斯都要举行七八次划船比赛,这是当地人们最为崇尚的活动之一。其中以9月第一个星期日划船比赛最为隆重,其历史也最悠久,所以被称为"历史性的雷加塔"(意为"划木桨船比赛")。

(五)禁忌

(1)手帕忌。在意大利,如果向朋友赠送纪念性的礼物时,切不可送手帕。按照习俗,意大利人认为,手帕是亲人离别时擦眼泪用的不祥之物。

(2)菊花忌。向意大利人送花时,切忌送菊花,甚至连带有菊花图案的礼品也属禁忌之列,因为意大利人认为,菊花是送给死人的。

五、俄罗斯

(一)礼俗

俄罗斯人具有坚强的意志,性格开朗豪放,能歌善舞,健谈,组织纪律性强,做事情喜欢统一行动。俄罗斯人还很讲礼貌,有修养,见面时总是先问好,再握手致意,且见面时要称呼对方的名字和父名,因为他们认为光称呼姓是不礼貌的。朋友间行拥抱礼,并亲面颊。

俄罗斯人的生活习惯是睡得晚、起得早。他们尊重女性,重视文化教育,热爱艺术。

俄罗斯人认为给客人吃面包和盐是最殷勤的表现。

俄罗斯人很爱清洁,且普遍习惯洗蒸汽浴。俄罗斯有许多人信奉东正教。

(二) 婚俗

俄罗斯人的婚礼颇具古风特色。举行婚礼时,新人的亲朋好友要赠以礼物。在其中必须有一个大而圆的面包和一些食盐,意为祝新人幸福欢乐。在婚宴上举杯祝酒时,来宾们都用汤匙敲着杯子反复呼叫:"苦啊!"一对新人随即便在众人面前接吻,喜宴的欢乐气氛遂达到高潮。

按照传统习惯,俄罗斯人有不少婚龄纪念日:结婚的首日称为"绿婚";一周年称为"花布婚",夫妻互赠花布手帕;五周年称为"木婚",夫妻要接受亲友赠送的木制纪念品;七周年称为"铜婚",夫妻相互交换铜币;八周年称为"白铁婚",亲友赠以闪光的白铁炊具;十周年称为"玫瑰婚";二十五周年称为"银婚";五十周年称为"金婚";六十周年称为"钻石婚";七十周年称为"福婚"。届时均举办各种纪念活动,亲友赠送相应的纪念性礼品。

(三) 姓名

俄罗斯人的姓名多由三节构成,其顺序是本名、父名、姓氏,如"伊万·伊万诺维奇·伊万诺夫","伊万"是本人名,"伊万诺维奇"是父名,"伊万诺夫"是姓。在正式文件中,姓氏多放在首节,对本名和父名可缩写,即只写第一个字母,如"伊万诺夫·伊·伊"。俄罗斯妇女的姓名多用"娃"或"姬"结尾。妇女结婚前用父亲的姓,婚后用丈夫的姓,但本人的名和父名不变。如尼娜·伊万诺夫娜·伊万诺娃如果与罗果夫结婚,婚后姓改为"罗果娃",其全名为"尼娜·伊万诺夫娜·罗果娃"。

在日常口头称呼时,往往称姓或只称名。在敬称时,可连称本名与父名,如"伊万·伊万诺维奇·伊万诺夫"尊称为"伊万·伊万诺维奇"。在对长者尊称时,可只称其父名。关系亲密的人,可用爱称。

(四) 饮食

俄罗斯人喜食味大、油腻的食物,还喜欢酸、甜、咸和微辣等口味。俄罗斯人的烹调技术也比较高明,俄式菜在世界上也享有一定声誉。俄罗斯人在烹调时多用煎、煮、炸、串烤和红烩等方法。调味品特别爱用酸奶。在午餐和晚餐时一定要喝汤,且要求汤汁很浓。在凉菜小吃中,俄罗斯人喜欢吃生西红柿、生洋葱、酸黄瓜、酸白菜等。俄罗斯男子善饮,尤其喜欢烈性白酒伏特加,且多数人酒量很大。

(五) 节日

(1) 新年。在俄罗斯,新年的概念要比其他国家宽泛得多,特别是在近年来,俄罗斯人在辞旧迎新的十几天时间里要过三个年:一是12月25日多数基督教会规定的圣诞节;二是1月1日俄罗斯全民的新年;三是1月7日俄历中的圣诞节。

圣诞节是基督教纪念耶稣诞生的节日,世界上多数教会都把12月25日定为圣诞节。俄罗斯虽然没有在法律上规定12月25日为宗教节日,但在民间,新年实际上从这一天就已经开始了。特别是对于年轻人和基督教徒来说,这一节日更是要精心安排,隆重庆祝的。

1月1日是俄罗斯的法定节日,这是一个全民的节日。新年在俄罗斯享有特殊地位,是家家户户都要庆祝的。1月1日也是俄罗斯的法定休息日。1月7日则是俄历圣诞节。在俄罗斯,由于使用的历法不同,12月25日相当于俄历1月7日,所以,1月7日是俄罗斯的法定圣诞节。

一般说来,从12月25日开始,许多家庭就已经摆上圣诞树,并用五光十色的彩灯、彩球和彩带予以装饰。家庭房间也打扫一新,一家人围坐在点燃蜡烛的饭桌边,品味着伏特加和香槟酒,唱着圣诞歌,孩子们则眼巴巴地盼着圣诞老人给他们带来的礼物。与此同时,亲朋好友有的聚在一起,共度圣诞;有的则打电话互相问候、祝福、报平安。12月31日夜至1月1日晨是俄罗斯新年的高潮,当新年钟声敲响时,举国欢腾,人们互祝新年快乐。1月7日的俄历圣诞节是1918年2月14日开始实行的。尽管这一天是宗教节日,但大多数俄罗斯人还是把它当作本民族的传统节日来庆祝。

(2)送冬节。2月末3月初是俄罗斯人传统的送冬节。届时,许多城乡都要举办狂欢活动。为了表现自己纺织的技艺,妇女们在节日里往往举办"时装表演"。家家户户都将住宅装饰起来,呈现出浓烈的喜庆气氛。

(3)奔跑节。每年9月11日是俄罗斯传统的奔跑节。这天,各地成千上万的人在欢乐气氛中参加各种跑步活动。近几年来,青年人往往选定此节举行婚礼仪式,主要内容是新婚夫妻赛跑。人们认为,在奔跑节举行婚礼是健康向上的表现,预示新人的爱情将沿着幸福的方向发展。

(六)禁忌

与俄罗斯人交往时,忌问女子的年龄。如果某女子自己说出了年龄,可以说些诸如"您仍显得很年轻"这样的赞扬话。初次见面时,不要总是主动向对方问这问那,也不要主动向对方谈自己的情况。如果对生人过多谈及自己的事情,对方反而会起疑心,以致不愿再与你接触。

第四节 大洋洲国家

大洋洲是世界上第七大洲,位于太平洋西南部和南部的赤道南北广大海域中,面积900万平方公里,人口约2 600万,是由澳大利亚、新西兰及许多岛国组成的。16世纪前,这里人烟稀少,只有土著人居住。后来随着英国人和其他欧洲移民的迁居,大洋洲诸岛就成了英国等发达国家的殖民地。现在这一地区大多数国家已摆脱殖民统治,获得了独立。

一、澳大利亚

(一) 礼俗

在澳大利亚人口中,白种人占全国人口总数的98%,其中英国人的后裔占95%,居民多数信奉基督教和天主教,通用英语。

澳大利亚人活泼好动、热情好客、文明有礼、温文尔雅。见面时行握手礼。握手时彼此称呼名字,以示亲热。澳大利亚人办事认真,讲究效率,喜欢直截了当,时间观念很强。

澳大利亚人酷爱体育活动。他们认为,若无体育活动,生活就会空虚。得天独厚的自然条件使得冲浪、日光浴、尤其是游泳成为澳大利亚人最喜欢的户外运动。悉尼市的居民几乎人人都会游泳,若有谁不会游泳,则不仅会成为众人的笑料,而且自己也会感到无地自容。澳大利亚人十分喜好赌赛马,几乎每个城市都有赛马场。澳大利亚墨尔本市,每年都要举行一次跑马大赛。澳大利亚人待客随便,他们一切以客人的意愿为出发点,无论吃饭,还是游玩等,都不强求客人。

(二) 婚俗

在澳大利亚的一些地区,流行着"相岳母"的奇异婚俗。生有男孩的母亲,往往带着男孩到事先看中的未婚女子或已婚而未生小孩的女子面前求订腹婚,要求这位女子先答应做男孩的"岳母"。以后,如果这位"岳母"生下了女孩,男方则立即宣布这个新生女婴是男孩的"未婚妻"。如果男孩已20岁而"岳母"依然未生女孩,男方便可另行择妻。如今,这种"相岳母"的婚俗虽然仍在澳大利亚一些地区流行,但遵从这种传统习俗的人已越来越少。更多的青年男女采取了自由婚恋的方式。

(三) 饮食

澳大利亚人平时以英式西餐为主,口味清淡,不喜欢吃辣味。澳大利亚人喜吃新鲜蔬菜、煎蛋、炒蛋、火腿、鱼、虾、牛肉等。对于中餐,澳大利亚人偏爱广东菜。无论吃中餐,还是西餐,他们都习惯用很多调味品,并在餐桌上由自己选用。在澳大利亚的许多城镇,人们进入餐馆进餐时,都是自己将饮料从柜台端到餐桌上,餐馆的每个菜,都分量十足。

当地的名菜是野牛排。啤酒是最受欢迎的饮料,但也有相当一部分人喜欢饮茶。

(四) 禁忌

澳大利亚人的禁忌与英国人相仿。

二、新西兰

(一) 礼俗

新西兰人的见面礼节主要有三种。其一是握手礼。其二是鞠躬礼。新西兰人在向尊长行礼时,有时会采用此礼。他们行鞠躬礼的具体做法十分独特:与中国人鞠躬时低头弯腰不同,新西兰人鞠躬时是抬着头、挺着胸的。其三是注目礼。路遇他人,包括不相识者时,新西兰人往往会向对方行注目礼。即面含微笑目视对方,同时问候对方:"你好!"称呼新西兰人,直呼其名常受欢迎,称呼官衔却往往令人侧目。土著毛利人善歌舞、讲礼仪,当远方客人来访,致以"碰鼻礼"。碰鼻次数越多,时间越长,说明礼遇规格越高。

新西兰欧洲移民的后裔,在日常生活中通常以穿着欧式服装为主。在服饰方面,看重质量,讲究庄重,偏爱舒适,强调因场合而异。外出参加交际应酬时,新西兰妇女不但要身着盛装,而且一定要化妆。

(二) 饮食习惯

在新西兰,欧洲移民的后裔通常习惯吃英式西餐。他们的口味比较清淡,对动物蛋白和乳制品的需求量很大。牛肉、羊肉、鸡肉、鱼肉都是他们所爱吃的。用餐时,他们以刀、叉取食,忌讳吃饭时频频与人交谈。除了爱吃瘦肉之外,欧洲移民的后裔还爱喝浓汤,且对红茶一日不可或缺。受英国习俗的影响,他们也养成了"一日六饮"的习惯,即一天要喝六次茶。它们分别被称为早茶、早餐茶、午餐茶、下午茶、晚餐茶和晚茶。新西兰人爱喝酒。不管是威士忌之类的烈性酒,还是啤酒或葡萄酒,都非常喜欢。

(三) 节庆习俗

主要节日有:国庆日(怀坦吉日)是2月6日,为纪念1840年签订《怀坦吉条约》。新年是1月1日。复活节4月14—17日。澳新军团日是4月25日,为纪念澳新军团在加利波利登陆日。女王诞辰日是6月5日。劳动节是10月25日。圣诞节是12月25日。

(四) 禁忌

受基督教、天主教的影响,新西兰人讨厌"13"与"星期五"。要是有一天既是13日,又是星期五,那么新西兰人不论干什么事都会提心吊胆。对于在这一天外出赴宴、跳舞、观剧之类的邀请,他们则能推就推。当众闲聊、剔牙、吃东西、喝饮料、嚼口香糖、抓头皮、紧腰带,均被新西兰人看作不文明的行为。奉行所谓"不干涉主义",即反对干涉他人的个人自由。对于交往对象的政治立场、宗教信仰、职务级别,等等,他们一律主张不闻不问。对其国内种族问题,以及将新西兰视为澳大利亚的一部分,他们则更为反感。

第五节　非洲国家和拉丁美洲国家

非洲位于亚洲的西南面,是世界文明的发源地之一。面积约 3 020 万平方公里(包括附近岛屿),约占世界陆地总面积的 20.2%,次于亚洲,为世界第二大洲。2014 年人口统计为人口 11.484 亿,约占世界总人口的 15%。非洲人勤劳、智慧。在过去的几个世纪中,由于长期受葡萄牙、西班牙、英国、法国、荷兰、比利时、德国以及意大利等殖民者的侵入、瓜分和奴役,非洲成了一个贫穷落后的地区。直至 20 世纪 60 年代后大部分非洲国家才纷纷独立,加入第三世界发展中国家的行列。非洲文化具有多样性,礼仪习俗也相对复杂多样。

一、埃及

(一)礼俗

在人际交往中,埃及人所采用的见面礼节,主要是握手礼。与跟其他伊斯兰国家的人士打交道时的禁忌相同,同埃及人握手时,最重要的是忌用左手。除握手礼之外,埃及人在某些场合还会使用拥抱礼或亲吻礼。埃及人所采用的亲吻礼,往往会因交往对象的不同,而采用亲吻不同部位的具体方式。其中最常见的形式有三种。一是吻面礼,它一般用于亲友之间,尤其是女性之间。二是吻手礼,它是向尊长表示敬意,或是向恩人致谢时所用的。三是飞吻礼,它则多见于情侣之间。埃及人在社交活动中,跟交往对象行过见面礼节后,往往要双方互致问候。"祝你平安""真主保佑你""早上好""晚上好"等等,都是他们常用的问候语。

为了表示亲密或尊敬,埃及人在人际交往中所使用的称呼也有自己的特色。在埃及,老年人将年轻人叫作"儿子""女儿",学生管老师叫"爸爸""妈妈"。穆斯林之间互称"兄弟",往往并不表示二者具有血缘关系,而只是表示尊敬或亲切。跟埃及人打交道时,除了可以采用国际上通行的称呼,倘若能够酌情使用一些阿拉伯语的尊称,通常会令埃及人更加开心。

去埃及人家里做客时,应注意以下三点。其一,事先要预约,并要以主人方便为宜。通常在晚上 6 时后,以及斋月期间不宜进行拜访。其二,按惯例,穆斯林家里的女性,尤其是女主人是不待客的,故切勿对其打听或问候。其三,就座后,切勿将足底朝外,更不要朝向对方。

埃及人的穿着主要是长衣、长裤和长裙。又露又短的奇装异服,埃及人通常是不愿问津的。埃及城市里的下层平民,特别是乡村中的农民,平时主要还是穿着阿拉伯民族的传统服装——阿拉伯大袍。同时还要头缠长巾,或是罩上面纱。埃及的乡村妇女很喜爱佩戴首饰，尤其是讲究佩戴脚镯。不穿绘有星星、猪、狗、猫以及熊猫图案的衣服。

（二）饮食习惯

通常，埃及人以一种称为"耶素"的不用酵母的平圆形面包为主食，并且喜欢将它同"富尔""克布奈""摩酪赫亚"一起食用。"富尔"即煮豆，"克布奈"即"白奶酪""摩酪赫亚"则为汤类。埃及人很爱吃羊肉、鸡肉、鸭肉、土豆、豌豆、南瓜、洋葱、茄子和胡萝卜。口味较淡，不喜油腻，爱吃又甜又香的东西，尤其喜欢吃甜点。冷菜、带馅的菜，以及用奶油烧制的菜，特别是被他们看作象征"春天"与勃勃生机的生菜，备受欢迎。在饮料上，埃及人酷爱酸奶、茶和咖啡。埃及人有在街头咖啡摊上用午餐的习惯。用餐时，埃及人多以手取食。在正式的一些场合习惯于使用刀、叉和勺子。用餐后，他们一定要洗手。埃及人用餐时，忌用左手取食，忌与别人交谈。因为他们认为那样会浪费粮食，是对真主的大不敬。埃及人遵循伊斯兰教教规，不喝酒。他们忌食的东西有：猪肉、狗肉、驴肉、骡肉、龟、鳖、虾、蟹、鳝，此外，有动物内脏，动物血液，自死之物，未诵安拉之名宰杀之物。整条的鱼和带刺的鱼同样是埃及人不喜欢吃的。

（三）节庆习俗

埃及国庆节为7月23日。4月下旬（科普特历8月中旬）是埃及传统节日——惠风节，人人都要吃象征春风绿地的生菜，象征生命开始的鸡蛋和有关崇拜的腌鱼。8月，当尼罗河水漫过河堤时，举行泛滥节，欢庆尼罗河定期泛滥带来沃土。众人聚集在尼罗河边进行祈祷，唱宗教赞歌，跳欢快舞蹈。6月17日或18日是尼罗娶媳妇节，人们纷纷到尼罗河边载歌载舞。穆斯林在斋月（伊斯兰教历9月）中实行斋戒，从日出到日落均不得进食。斋月结束后举行开斋节，连续三天，举行盛大庆祝活动，到清真寺做礼拜，亲友互相走访。这三天也是举行婚礼的吉祥日子。伊斯兰教历12月10日为宰牲节，也是盛大节日，各家各户根据自己的经济实力，宰牛，杀羊，馈赠亲友，招待宾客，送给穷人。

（四）禁忌

除讨厌猪之外，外形被认作与猪相近的大熊猫也为埃及人所反感。埃及人还讨厌黑色、蓝色。两者在埃及人看来均是不祥之色。对信奉基督教的科普特人而言，"13"是最令人晦气的数字。非常忌讳针，在埃及，"针"是骂人的词。在下午3—5时严禁买卖针，认为那会带来贫困与灾祸。在埃及如果不给人小费，往往会举步维艰。

与埃及人交谈时，应注意下述问题：①男士不要主动找妇女攀谈；②切勿夸奖埃及妇女身材窈窕，因为埃及人以体态丰腴为美；③不要称道埃及人家中的物品，在埃及，这种做法会被人理解为索要此物；④不要与埃及人讨论宗教纠纷、中东政局以及男女关系。

二、南非

(一) 礼俗

南非国人的见面礼节主要是握手礼,他们对交往对象的称呼则主要是"先生""小姐"或"夫人"。西方人所讲究的绅士风度、女士优先、守时践约等基本礼仪,南非人不仅耳熟能详,而且早已身体力行。在具体称呼上保留自己的传统,即在进行称呼时在姓氏后加上相应的辈分,以表明双方关系异常亲密。比如,称南非黑人为"乔治爷爷""海伦大婶",往往会令其喜笑颜开。

在比较正式的场合,讲究着装端庄、严谨。进行官方交往或商务交往时,最好要穿样式保守、色彩偏深的套装或裙装,不然就会被对方视为失礼。在日常生活中,南非人大多爱穿休闲装。白衬衣、牛仔装、西装短裤,均受南非人喜爱。南非黑人穿这类服装,不分男女老幼,往往对色彩鲜艳的服装更为偏爱,尤其爱穿花衬衣。

(二) 饮食习惯

在饮食习惯上,南非当地的白人平日以吃西餐为主,经常吃牛肉、鸡肉、鸡蛋和面包,且爱喝咖啡与红茶。南非黑人的主食是玉米、薯类和豆类。在肉食方面,南非人喜欢吃牛肉和羊肉,但是一般不吃猪肉,也不太吃鱼。不喜欢生食,而是爱吃熟食。"如宝茶",深受南非各界人士的推崇,与钻石、黄金一道,被称为"南非三宝"。与南非的印度人打交道时,务必要注意:信仰印度教者不吃牛肉,信仰伊斯兰教者不吃猪肉。

(三) 节庆习俗

南非节庆活动较多,新年是1月1日,人权日是3月21日,耶稣受难日为复活节前的星期五,家庭节为复活节后的第二天。自由日是4月27日,全国进行盛大的纪念活动,各种族人民都有不同活动。劳动节是5月1日,举行传统仪式及活动,是典型的宗教节日,有宗教活动,和西方相似。青年节为6月16日,全国适龄青年举行欢庆活动,是青年迈向成年的仪式。南非的妇女节是8月9日。南非部分地区有过传统节的习俗,时间是9月24日,一般举行传统的活动、歌舞、特色饮食等。和解节是12月16日,举行大型纪念仪式及活动,忘怀种族之间的隔离政策。圣诞节为12月25日,友好节是12月26日。

(四) 禁忌

信仰基督教的南非人,最忌讳"13"这一数字。对于"星期五",特别是与"13日"同为一天的"星期五",他们更是讳言忌提,且尽量避免外出。南非人非常敬仰自己的祖先,特别忌讳外人对南非人的祖先在言行举止上表现出失敬。被视为神圣宝地的一些地方,诸如火堆、牲口棚等处,绝对禁止妇女接近。

三、坦桑尼亚

(一)礼俗

1. 见面

坦桑尼亚人待人热情诚恳,注重礼貌。无论被介绍给谁,都要与对方握手问好,并用最尊敬的语言称呼他人。坦桑尼亚人与客人相见时,习惯先指自己的肚子,然后鼓掌,再相互握手。坦桑尼亚妇女遇见外宾时,握完手后便围着女外宾转圈,嘴里还发出阵阵尖叫。她们认为,这样做是对客人最亲热、最友好的表示。

2. 喜好

坦桑尼亚人爱好音乐,能歌善舞。他们生活在热带,生活方式以及衣、食、住都很简单。

(二)饮食习俗

坦桑尼亚人爱食香蕉。他们把甜蕉当水果吃,把芭蕉做菜吃,把菜蕉当主食吃。他们惯用玉米面加糖、椰子油做成民族传统的"乌伯瓦伯瓦"手抓饭。在吃这种饭时,一般都要蘸上用牛肉、咖喱、葱头、西红柿等原料做成的汤。

坦桑尼亚人注重菜肴的色彩。口味一般喜清淡。主食以面食为主,坦桑尼亚人也喜欢吃米饭,尤以羊肉大米饭为好。肉类副食常常是牛肉、羊肉、蛇、鱼类等。蔬菜类副食多为茄子、西红柿、葱头、黄瓜、辣椒等。常用的调料是椰子油、咖喱、糖等。他们偏爱用煎、炸、烤等烹调方法制作的菜肴。他们还喜爱中国的粤菜、京菜、川菜。

(三)禁忌习俗

1. 数字忌

坦桑尼亚的基督教新教徒忌讳数字"13"和"星期五"。

2. 食物忌

伊斯兰教徒忌食猪肉和奇形怪状的食物,忌用猪制品。

3. 行为忌

坦桑尼亚人忌讳左手传递东西和食物(左手肮脏)。

4. 饮食忌

坦桑尼亚人最忌讳的食物是飞禽和飞虫。其中包括鸡和鸡蛋。还忌饮酒。

5. 话题忌

与坦桑尼亚人交谈时不宜谈论国内的政治,否则会激怒他们。

6. 称呼忌

不要称呼他们是"黑人",而应称他们是"非洲人"。

案例分享

国内某家专门接待外国游客的旅行社,有一次准备在接待来华的意大利游客时送每人一件小礼品。于是,该旅行社订购制作了一批纯丝手帕,是杭州制作的,还是名厂名产,每个手帕上绣着花草图案,十分美观大方。手帕装在特制的纸盒内,盒上又有旅行社社徽,显得是很像样的小礼品。中国丝织品闻名于世,料想会受到客人的喜欢。

旅游接待人员带着盒装的纯丝手帕,到机场迎接来自意大利的游客。欢迎词致得热情、得体。在车上他代表旅行社赠送给每位游客两盒包装甚好的手帕,作为礼品。

没想到车上一片哗然,议论纷纷,游客显出很不高兴的样子。特别是一位夫人,大声叫喊,表现极为气愤,还有些伤感。旅游接待人员心慌了,好心好意送人家礼物,不但得不到感谢,还出现这般状况。中国人总以为送礼人不怪,这些外国人为什么怪起来了?

本章小结

通过本章节的学习,我们了解了我国主要客源国和地区的习俗与礼仪,如:日本人忌讳绿色,认为是不祥的颜色,菊花是日本皇族的标志,一般不能用来送礼;美国人不喜欢吃奇形怪状的东西,如:鸡爪、猪蹄、海参等;英国人忌用大象图案,认为大象是蠢笨的象征,忌送百合花,认为百合花意味着死亡等。我们旅游从业人员了解主要客源国和地区的禁忌,在我们的接待工作中是大有裨益的。

思考与练习

1. 日本的"忌八筷"指的是什么?为什么不能给日本人送梳子?
2. 说一说韩国的饮食习惯。
3. 新加坡为何忌讳说"恭喜发财"?
4. 泰国禁忌何种颜色?为什么不能摸小孩的脑袋?
5. 香港地区为什么不能说"新年快乐"或"节日快乐"?应该怎么说?
6. 美国的典型饮食文化是什么?谈谈自由的美国人有哪些禁忌。
7. 澳大利亚的圣诞节与其他国家的圣诞节相比,有什么特色?
8. 埃及人的主食以什么为主?

第九章 宗教礼仪常识

引 言

如果有一天,你作为旅游从业人员,接待外国一批僧侣,或者你带团去一些信仰佛教、基督教和伊斯兰教的国家,你是否应该知道:佛教徒中出家的男性称什么?女性又称为什么?佛教与中国本土教——道教有什么区别?基督教中的"洗礼"是什么意思?伊斯兰教的最大禁忌是什么?

学习目标

1. 佛教的礼仪与禁忌。
2. 基督教的礼仪与禁忌。
3. 伊斯兰教的礼仪与禁忌。

第一节 佛教礼仪

一、佛教的礼仪

(一)称谓

佛教的教制、教职在各国不尽相同,称谓也不完全一致。如泰国有僧王,其他国则不设。在我国寺院中的主要负责人称"住持"或称"方丈",负责处理寺院内部事务的称"监院",负责对外联系的称"知客",可尊称他们为"高僧""长老""大师""法师"等。

佛门弟子依受戒律等级的不同,可分为出家五众和在家两众。出家五众是指:沙弥、沙弥尼、式叉尼、比丘、比丘尼。在家两众是指:优婆塞和优婆夷。佛教徒中出家的男性称"比丘",简称"僧",俗称"和尚";出家的女性称"比丘尼",简称"尼",俗称"尼姑"。凡出家的佛教徒必须剃除须发,披上袈裟,称为"披剃"。僧尼一经"披剃",即入住寺院,开始过与世俗隔绝的生活。

对于旅游接待人员,尤其是导游人员了解和掌握这些称谓的不同,能准确地说出他们的称谓,在接待工作中是非常必要的。

(二)四威仪

四威仪,是指僧尼的行、住、坐、卧应保持的威仪德相,即:行如风,住(站)如松,坐如钟,卧如弓。要求一切举止都须遵礼守法,不允许表现出轻浮的举止。

(三)受戒

这是佛教信徒接受佛教戒律的仪式。过去,比丘和比丘尼受戒时,要在头上烫若干个香洞(有6、7、9、12个香洞之分),现在中国佛教协会根据广大教徒的意见,决定受戒时不必燃香烫洞。这主要是因为佛制原本无此规定,东南亚佛教国家的僧人受戒也都不烫香洞。

(四)戒律

受戒后出家的僧尼就必须严格遵守佛教的各种清规戒律,如"五戒""大戒"等。

五戒,指不可杀生、不可偷盗、不可邪淫、不可饮酒、不可妄语,即"方便五戒"。

大戒,指不杀、不盗、不淫、不妄、不酒、不着彩色衣服和不用化妆品、不视听歌舞、不睡高床、不过午食、不蓄财宝,共十大根本戒,也叫作"比丘戒"。还由此扩充为比丘250戒、比丘尼348戒等。

日常生活中要求食不过午、不吃荤腥、不喝酒。食不过午,通常僧尼在寺庙中一日二餐,过了中午12点就不能吃东西,午后只能喝白开水。不吃荤腥,在佛门中荤是指葱、蒜、辣椒之类气味浓烈、辛辣的食品,鱼、肉则属腥类食品,因为吃了这些食物就不利于修定,所以佛教经典中有禁食的明文规定。不喝酒,酒会乱性,不利于修定,故严格禁止。

(五)合十

合十,亦称合掌。这是佛教徒之间或与他人见面时行的一种礼。施礼时双手手心相对合拢,手指朝上,置于胸前,口中念道:"阿弥陀佛",以示敬意。如果在合十的同时又蹲下,则为行大礼。

(六)顶礼

顶礼,是向佛、菩萨或上座行的大礼。行礼时双膝跪下,舒两掌过额头承空,头顶叩地,以示头触佛足,恭敬至诚,即谓"五体投地"。

(七)朝山

朝山,是指佛教徒往名山大寺去进香拜佛。大乘佛教教徒进入寺庙不可脱鞋,进殿要朝拜佛祖释迦牟尼,还要朝拜弥勒佛、观音菩萨以及三世十方众佛和菩萨;小乘佛教教徒进入寺庙时须脱鞋,进殿只能朝拜释迦牟尼佛像。

二、佛教的禁忌

（1）佛教徒忌以怨报怨。在他们看来，以怨报怨，怨恨非但不能冰消瓦解，反而越结越深。

（2）佛教有五戒、八戒、十戒等戒律。八戒是在五戒外另加不卧高广大床、不装饰打扮及歌舞戏乐、不食非时食（正午过后不吃饭，不超过规定时辰饮食）。十戒是在八戒外还有不涂饰香发、不蓄金银财宝。

（3）在老挝，佛教徒守持五戒，一般不食素，只禁食人、象、虎、豹、狮、马、狗、蛇、猫、龟等十种肉。午后除病僧外，一律禁食用嘴嚼的食品。

（4）在缅甸，佛教徒忌吃活物，持不杀生与放生的习俗。忌穿鞋进入佛堂与一切神圣的地方。他们认为制鞋用的是皮革，是杀生所得，并且鞋子踏在脚下是肮脏的物品，会玷污圣地，受到报应。

（5）在日本，有佛事的祭祀膳桌上禁忌上带腥味的食品，同时忌食牛肉。忌妇女接触寺庙里的和尚，忌妇女送东西给和尚。

（6）在泰国，佛教徒最忌讳别人摸他们的头，同时还忌讳当着佛祖的面说轻率的话。佛教徒购买佛饰时忌说"购买"，只能用"求租"或"尊请"之类的词，否则被视为对佛祖的不敬，会招来灾祸。

（7）在中国，佛教徒忌别人随意触摸佛像、寺庙里的经书、钟鼓以及活佛的身体、佩戴的念珠等被视为"圣物"的东西。流行于傣、拉祜、布朗、德昂等少数民族中的"南传上座部佛教"另有一些禁忌，如在德昂族中，在"进洼"（关门节）、"出洼"（开门节）和"做摆"（庙会）等宗教祭日里，都要到佛寺拜祈三天，忌讳农事生产；进佛寺要脱鞋；与老佛爷在一起时，忌吃马肉与狗肉；妇女一般不能接近佛爷，也不能与老佛爷谈话。德昂族传说"活佛"飞来时先落于大青树上，然后才由佛爷请进佛寺，故视大青树为"神树"，忌砍伐。

 特别提示

"四威仪"是指僧尼的行、站、坐、卧应该保持的威仪德相，不容许表现举止轻浮，一切都要遵礼如法。所谓"行如风、站如松、坐如钟、卧如弓"，就是僧尼应尽力做到的。这是因为所受"具足戒"戒律上对行、住、坐、卧的动作都有严格的规定，如果举止违反规定，就不能保持其威严。

"十重戒"即戒杀生、偷盗、淫欲、妄语、饮酒、说过罪、自赞毁他、悭、嗔、谤三宝。

第二节 基督教礼仪

一、基督教的礼仪

(一)称谓

基督教的信徒之间称平信徒,在我国习惯称教友。新教的教徒之间可称兄弟姐妹,因为大家同是上帝的儿女。还可称同道,因为大家都信奉耶稣所传的教道。

教会的神职人员,按其教职称呼,如某主教、某牧师、某神父、某长老等。

对外国基督教徒可称先生、女士、小姐或博士、主任、总干事等学衔或职衔。

(二)洗礼

洗礼为基督徒入教仪式,受洗礼后就可赦免入教者的"原罪",并能接受上帝的"恩宠"和有权领受其他"圣事"。洗礼有两种方式:点水礼,用水蘸洒在受洗礼者的额头上,或由神职人员用手蘸水在受礼者额头上画"十"字;浸水礼,是把受礼者全身浸入水中。天主教多施点水礼,东正教通常施浸水礼。

(三)礼拜

根据《圣经·新约》记载,耶稣基督在星期日复活,因而在这一天举行礼拜,称为"主日礼拜"。少数教派根据《圣经·旧约》规定星期六(安息日)为礼拜日,称为"安息日礼拜"。

礼拜是信徒们在教堂里进行的一项包括唱诗、读经、祈祷、听讲道和祝福的宗教活动,每周一次。除每周一次的常规礼拜之外,还有圣餐礼拜、追思礼拜、结婚礼拜、安葬礼拜、感恩礼拜等。

(四)祈祷

祈祷亦称祷告,这是基督教徒向上帝和耶稣表示祈求、赞美、感谢和认罪等仪式。祈祷有口祷、默祷两种形式。私祷为个人独自进行的祈祷;公祷为礼拜,是聚会时由主礼人主领、主颂的祈祷。祈祷时,信徒们通常将双手手指交叉合拢并置于胸前,闭上双目,排除杂念。祈祷完毕须口呼"阿门",意为"真诚",表达"唯愿如此,允许获所求"。

(五)告解

告解即忏悔,指教徒单独向神职人员表白自己的罪行或过错,并表示悔改之意。神职人员对忏悔者要劝导,并对告解内容予以保密。

(六)终敷

所谓终敷一是为教徒临终时敷擦"圣油"(一种含有香液的橄榄油),以此赦免其一生罪过,让其安心去见上帝,二是在教徒病情垂危时,由神父用已经过主教祝圣的橄榄油,敷擦病人的耳、目、口、鼻和手足,并诵念一段祈祷经文,可帮助受敷者忍受病痛。

(七) 婚配

教徒在教堂内,由神父主礼,按照教会规定之礼仪正式结为夫妻。

(八) 圣体

面包和葡萄酒经神父祝圣后,就变成了耶稣的血和肉,教徒经过一定仪式领食,表示纪念耶稣为众人牺牲之意。

(九) 守斋

守斋是基督教徒在每星期五和圣诞节前夕(12月24日),只食用素菜和鱼类,不食一切肉类食品。

二、基督教的禁忌

(1)唯一崇拜上帝,忌拜别的神、忌造别的偶像、忌妄称上帝的名字。

(2)忌杀人、奸淫、盗窃、出假证明陷害他人;忌对别人的妻子与财物有不轨行为。

(3)应邀到基督教徒家中做客,送给女主人礼物,数目忌"13",日期忌星期五。据《圣经》记载,耶稣及其门徒共13人,在被处死前,举行最后晚餐那天恰恰是星期五,耶稣被钉于十字架上也是在13日、星期五。

(4)相传耶稣开始传教前,在旷野守斋祈祷40昼夜。为纪念这一事件,基督教把复活节前40天规定为斋戒节。在节日期间一般于星期五守大斋(禁食)、小斋(禁食肉),禁食时忌讳脸上带着愁容,忌讳举行婚礼和参加非宗教的娱乐活动。

(5)在各个国家与地区,基督教徒的礼仪禁忌也不完全一样。在汤加,星期日被认为是宗教安息日,这天忌出家门外工作。印度的基督徒则忌讳在晚上举行婚礼。

第三节 伊斯兰教礼仪

一、伊斯兰教的礼仪

(一) 称谓

伊斯兰,其阿拉伯文的原意是"顺服",即要顺服唯一的神安拉的旨意。

穆斯林,其阿拉伯文的原意就是"顺服者",其意即顺从安拉的人。

伊斯兰信徒之间,不分职位高低,都互称兄弟,或称朵斯提,波斯语意的好友、教友。对知己朋友称"哈毕布"(阿拉伯语意为知心人、心爱者)。到过麦加朝觐的穆斯林,在姓名前冠以"哈吉"(阿拉伯语意为朝觐者)。

在清真寺做礼拜的穆斯林统称为"乡老"。

管理寺物和办经学教育的穆斯林被称为"管寺乡老"或"社头""学董"。他们多由当地有钱、有地位、有威望的穆斯林担任。

筛海,是对德高望重的、有学识和有地位的穆斯林长者的尊称,亦可称为"握力""巴巴"和"阿林"等。

伊斯兰教的教职是:伊玛目、海推布、穆安津,合称"掌教",在我国称为"阿訇"。对年老者称"阿訇老人家"。对主持清真女寺教务或教学的妇女称"师娘"。对在清真寺求学的学生称"满拉"或"海里发"。

(二)五功

伊斯兰教规要求穆斯林要遵奉"五功"。这是穆斯林的宗教义务,又是宗教功课。

(1)念功,即念诵清真言"万物非主,唯有真主,穆罕默德是真主的使者"。

(2)拜功,即每天在晨、晌、晡、昏、宵五个时辰做礼拜五次,每星期五还要进行一次"主麻拜"。每年的开斋节和宰牲节时,要做节日礼拜。日常礼拜前要"小净",主麻拜和节日礼拜前要"大净"。礼拜时要面向麦加大清真寺的克尔白(天房)。

(3)斋功,即在每年伊斯兰教教历太阳年九月斋戒一个月,此期间,穆斯林在每天的日出到日落这段时间内,禁止吃喝、娱乐等项活动。但病人、孕乳期妇女和幼儿可不守斋。

(4)课功,即施舍,这是伊斯兰教的宗教课税,教徒们要根据自己拥有的财物多少缴纳。我国穆斯林均为自愿捐奉。

(5)朝功,即朝觐,每个穆斯林不分男女,凡身体健康者,一生中至少应自备旅费去伊斯兰教的圣地——麦加朝觐一次。"大朝"(亦称"正朝")的朝觐时间为伊斯兰教教历十二月八日至十二日。朝觐者在进入麦加前须在规定的地点受戒。朝觐的主要活动内容为巡礼"克尔白",瞻吻"玄石"。"大朝"之日(十二月十日),是伊斯兰教的主要节日"宰牲节",我国称"古尔邦"节。节日里,人们宰杀牲畜献祭,向代表魔鬼的三根石柱投掷石块。除"大朝"日外,每个穆斯林都可随时去麦加朝觐,这叫"小朝"或"副朝"。

二、伊斯兰教的禁忌

(1)忌食猪肉。我国10个信仰伊斯兰教的民族都禁食猪肉及其血液。同时也禁饮酒。

(2)忌用猪的形象作为装饰图案。

(3)根据"认主独一"的信条,伊斯兰教徒忌任何偶像崇拜,只信安拉;禁模制、塑造、绘制任何动物的图像,包括人的形象也在禁忌之列。所以在伊斯兰建筑艺术与其他艺术作品中只能看到绘制的植物或几何图形。

(4)禁止近亲与血亲之间的通婚,忌与宗教信仰不同者通婚。

(5)在回历九月,进行斋戒,每日从日出到日落禁止饮食、房事。

(6)不戴面纱的妇女忌进清真寺;忌男女当众拥抱接吻;妇女在陌生人面前要戴面纱。

(7)给信奉伊斯兰教的人送礼,忌送带有动物形象的东西。在他们看来,带有动物形象的东西会给他们带来厄运。

(8)穆斯林每天要做五次祈祷,在祈祷期间,忌外来人表示不耐烦与干扰祈祷的样子。同时,穆斯林在礼拜时,必须净身,清真寺内严禁穿鞋进入。

(9)饮食时,只能用右手,忌用左手。

(10)穆斯林殡葬要从速、从俭,不用任何陪葬物,不用棺椁,只用洁净的白布包裹遗体。

第四节 道教礼仪

道教是源于中国本土的宗教,它以"道"作为其追求的目标,在中国古代影响长久而深远。道教曾被认为是和儒教、佛教一起组成了中国传统文化的三大支柱。在封建社会里,道教与佛教并称为我国的两大宗教。道教在发展过程中,糅合了儒家的某些理论和佛教的某些仪式,成为一个在理论上、组织形式上、教义教规等方面都非常完备并具有世界影响的一大宗教。

一、道教的起源

道教是中国古代宗教按其自身内在的逻辑经过长期的历史发展而形成的,是中国土生土长的传统宗教。开始于公元2世纪,至今有1 800多年的历史。它渊源于中国古代的巫术和秦汉时的神仙方术,又吸收了道家学说,大约形成于东汉中后期,相传为东汉顺帝(公元125—144年)时张道陵所创。因入道者须出五斗米,故又称"五斗米道"。在近两千年的道教史中,秦汉统一王朝的崩溃,儒家思想文化统治的打破,为道教的兴起提供了有利时机。隋唐北宋时期,由于统治阶级的推崇,道教开始走向兴盛。到了南宋金元时期,道教发生重大变革,形成了影响后世重要的两大道派——全真道和正一道。进入明清,中国封建统治步入晚期,道教也随之衰落。但如同儒家思想与佛教一样,时至今日,道教对中国人民精神生活、风俗民情等仍有着很大的影响。

二、道教常识

(一) 教义

道教作为一种成熟的宗教不仅具有宗教组织、活动场所、行为方式等外在的东西,更重要的是有一套完整的神学理论——道教教义。道教的教义庞杂,但基本内容是:

1. 道教的核心信仰是神化了的"道"。道,原先是先秦道家的哲学概念,道教尊奉先秦道家学派创始人老子为教祖,将其《老子》(《道德经》)作为道教的主要经典。《老子》把道视为"虚无",认为"道"是"虚者之系,造化之根,神明之本,天地之无","道"生成宇宙,宇宙生成元气,元气构成天地、阴阳、四时,由此而化生万物。"道"是超越时空永恒存在的力量,是天地万物之根源,又是万物演化的规律,是宇宙万物之中最核心的东西。

2. 道教追求长生不老,肉身成仙。道教有一套完整的修炼方法(道教的养身之道),修炼的目的是追求长生不老、肉身成仙。

(二) 经典和标志

道教经书的内容十分庞杂。《道藏》是道教经典的总集,是中国古代文化遗产的重要组成部分。

道教的标记是太极八卦图。

(三) 供奉对象

道教是一种崇奉多神的宗教,其所信仰的神仙数量庞大、名目繁多,主要可以概括为以太上老君为主的行教之神、以玉皇大帝为主的行政之神和以斗姆天尊为主的自然之神三大系列:

1. 三清。三清是道教最高位玉清、上清、太清的合称,是道教修行的最高境界,故道观中都设有三清殿。殿内供三清尊神,第一位是玉清元始天尊,住清微天的玉清宫,因其生于太元之先,故称"原始"。据说他"长存不灭",每至天地初开,便以道授仙。第二位是上清灵宝天尊,住禺余天的上清宫。据说他是宇宙未形成前从混沌状态中产生的三元气之一。第三位太清道德天尊(太上老君),居大赤天的太清宫。

2. 四御。四御是指地位仅次于三清尊神的四位大帝。流行的说法指:玉皇大帝,为总执天道之神;紫薇北极大帝,协助玉皇执掌天地经纬、日月星辰、四时气候;勾陈上官天皇大帝,协助玉皇执掌南北极与天、地、人三才,统御众星,并主持人间兵革之事;后土皇地祇(女神),执掌阴阳生育、万物之美与大地山河之秀。

3. 三官。三官指天官、地官、水官。相传天官、地官、水官为尧、舜、禹。道教徒称,天官主赐福;地官主赦罪;水官主解厄。由于三官职能与民众利益密切相关,因此知名度很高。

三、道教的主要礼仪

（一）称谓

出家的道士，一般应尊称为"道长"。道士又称"黄冠""羽客"。女道士一般应尊称为"道姑"，又可称"女冠"。此外，还可根据其职务尊称法师、宗师、方丈、监院、住持、知客。非宗教人员对道士可尊称"道长"或"法师"，前面也可以冠以姓，例如称"王道长"或"刘法师"等。

（二）交往

道士不论在与同道还是与外客的接触中，习惯于双手抱拳胸前，以拱手作揖（又称稽首）为礼，向对方问好致敬，这是道教传统的礼仪。作揖致礼的形式，是道教相沿迄今的一种古朴、诚挚、相互尊重和表示友谊的礼貌。见面时用语为"无量天尊"或"赦罪天尊"，通用应答语为"慈悲"，也可同语应答。后辈道徒遇到前辈道长，一般可行跪拜礼、半跪礼或鞠躬礼。各派的跪拜礼略有不同，一般以师承为训。非宗教人员遇到道士，过去行拱手礼，现在也可以随俗，用握手问好。

（三）道场

道场是一种为善男信女祈福、禳灾、超度亡灵而设坛祭祷神灵的宗教活动。道教的斋醮道场分为祈祥道场和度亡道场。凡参加道场的信众，均要斋戒沐浴，诚心恳祷，服装整洁，随同跪拜。祈祥时默念"消灾延寿天尊"，度亡时默念"太乙救苦天尊"，求福时默念"福生无量天尊"。

（四）诵经

诵经是道教的主要宗教活动。道士每天要诵经两次，称早晚功课。早诵清净经，晚诵救苦经。

（五）上殿

道士上殿，必须穿戴整洁。道士值殿，禁止谈笑，并要保持殿宇整洁。道士在道观内的饮食、起居和作息，均须按各道观内的清规执行。如饭前念"供养经"，吃饭时不准讲话，碗筷不要有响声，饭后念"结斋经"。

外道进道观，必须先上殿进香和行礼，并且同知客道士对话。非宗教教徒参观道观时，礼拜上香可以随意，如果上香，上香礼为双手持香，过顶，插入香炉，鞠躬后退。一般信徒上香，可以跪拜，通常是三叩首。

四、道教的主要节日

道教信奉的神仙众多，每逢神仙的诞辰日就是道教的节日。三元五腊日，也是道教节日中较重要的，即正月十五上元节，七月十五中元节，十月十五下元节；正月初一天腊,五月初五地腊,七月初七道德腊,十月初一民岁腊,十二月初八王侯腊。也有各地方道观将地方神的诞辰定为节日的。每逢节日,各个道观都要举行比较隆重的仪式,进行设坛、诵经、礼忏等活动。

(一)老君圣诞

老君圣诞是纪念道教所奉教主老子诞生的日子。老子的生卒年月已不可考,道教关于老子的传记书如《犹龙传》《混元》《太上老君年谱要略》等,都说老子生于殷武丁九年二月十五日(大概比孔子早几十年)。后世道观就于每年此日做道场,诵《道德真经》以为纪念。

(二)玉皇圣诞

玉皇圣诞是纪念道教所奉玉皇大帝的诞生日。道教各种典籍称玉皇大帝生于丙午岁正月九日,后世道观遂于每年此日举行祭祀,以纪念玉皇诞辰。

(三)吕祖诞辰

吕祖诞辰是纪念八仙之一的吕洞宾诞生的日子。相传唐德宗贞元十四年(798年)四月十四日巳时,众见一白鹤,自天而降,飞入吕洞宾母之房中。其时吕母正寐,亦梦此情此景,惊觉,遂生吕洞宾。后世道观根据这一传说以四月十四日为吕祖诞辰,并于每年此日举办斋醮以示纪念。

(四)蟠桃会

神话中西王母以蟠桃宴请诸仙的盛会。相传夏历三月三日为西王母诞辰,是日西王母大开蟠桃会,诸仙都来为她上寿。道教每年于此日举行盛会,俗称蟠桃会。

案例分享

某一旅游团在泰国旅游期间,导游告诉游客在芭堤雅西服革履的人并不被认为是有钱人。于是在游览曼谷大皇宫时,有些客人穿着就很随便。其中有一位苏小姐穿着没有后带的拖鞋式凉鞋被拦在外面,还有一位王女士穿着健美裤(贴身的)也被拦在外面不准进去。

思考并分析:
1. 这两位女士为什么被拦在外面?
2. 如何能让这两位女士进去参观?

 本章小结

通过对本章节的学习,我们已经了解世界上三大宗教的最基本的礼仪与禁忌。如:佛教徒中出家的男性称"比丘",简称"僧",俗称"和尚";出家的女性称"比丘尼",简称"尼",俗称"尼姑"。佛教讲究的是来生来世,而道教讲究的是今生今世。洗礼为基督教徒的入教仪式,受洗后就可赦免入教者的"原罪",并能接受上帝的"恩宠"和有权领受其他"圣事"。伊斯兰教的最大禁忌是忌食猪肉等。因此,旅游从业人员将能更好地为客人服务。

 思考与练习

1. 佛教的戒律有哪些?
2. 佛教行礼有哪几种?
3. 佛教有哪些禁忌?试举数例。
4. 基督教的洗礼是什么?
5. 基督教的礼拜是什么?
6. 基督教主要有哪些禁忌?
7. 伊斯兰教的称谓有哪些?
8. 简述穆斯林的五功。
9. 伊斯兰教有哪些主要禁忌?

第十章　一些常见的国际礼宾活动

引言

如果有一天,你作为旅游接待人员要接待一批具有礼宾活动的旅游团,你知道如何献花和安排座位吗?如果有签字仪式,那么举行签字仪式通常要考虑哪些礼节礼仪?国旗悬挂又有什么讲究……本章节将会帮助你了解这些国际礼宾礼仪,并配有插图帮助你理解和操作。

学习目标

1. 了解迎送、会见与会谈、签字仪式的基本内容。
2. 掌握开幕式、授勋、授奖的基本程序。
3. 掌握礼宾次序及国旗悬挂常识。

第一节　迎送、会见与会谈、签字仪式

一、迎送

迎来送往是常见的社交礼节。在国际交往中,对外国来访的客人,通常均视其身份和访问性质,以及两国关系等因素,安排相应的迎送活动。

各国对外国国家元首、政府首脑的正式访问,往往都举行隆重的迎送仪式。对军方领导人的访问,也举行一定的欢迎仪式,如安排检阅仪仗队等。对长期在本国工作的外国人士和外交使节、专家等,到离任时,各国亦由相关部门安排相应人员欢送。

旅游社交礼仪

（一）确定迎送规格

对来宾的迎送规格，各国做法不一致，确定迎送规格主要依据来访者的身份和访问目的，适当考虑两国关系，同时注意国际惯例，综合平衡。主要迎送人通常都要同宾客的身份相当，但由于各种原因，不可能完全对等。遇此情况，可灵活变通，由职位相当的人士或由副职出面。总之，主人身份总要与客人身份相差不大，以对口、对等为宜。当事人不能出面时，无论做何种处理，应从礼貌出发，向对方做出解释。其他迎送人员不宜过多。有时也从发展两国关系或当前政治需要出发，破格接待，安排较大的迎送场面。然而，为避免造成厚此薄彼的印象，非有特殊需要，一般都按常规办理。

（二）掌握抵达和离开的时间

必须准确掌握来宾乘坐的飞机（火车、轮船）抵离时间，及早通知全体迎送人员和有关单位。如有变化，应及时通知。由于天气变化等意外原因，飞机、火车、轮船都可能不准时。一般大城市，机场离市区较远，因此，既要顺利接送客人，又不过多耽误迎送人员的时间，这就需要准确掌握客人的抵离时间。

迎接人员应在飞机（火车、轮船）抵达之前到达机场（车站、码头）；送行则应在客人登机之前抵达（离去时如有欢送仪式，则应在仪式开始之前到达）。如客人乘坐班机离开，应通知其按本国航空公司规定的时间抵达机场办理有关手续（身份高的客人，可由接待人员提前前往代办手续）。

（三）献花

安排献花，必须用鲜花，并注意保持花束整洁、鲜艳，忌用菊花、杜鹃花、石榴花等黄色花朵。有的国家习惯送花环，或者送一两枝名贵的兰花、玫瑰花等。通常由儿童或女青年在参加迎送的主要领导人与客人握手之后，将花献上。有的国家由女主人向女宾献花。

（四）介绍

客人与迎接人员见面时，互相介绍。通常先将前来欢迎的人员介绍给来宾，可由礼宾工作人员或其他接待人员介绍，也可以由欢迎人员身份最高者介绍。客人初到，一般较拘谨，主人宜主动与客人寒暄。

（五）陪车

客人抵达后，从机场到住地，以及访问结束由住地到机场，有的安排主人陪同乘车，也有不陪同乘车的。如果主人陪车，应请客人坐在主人的右侧。如果是三排座的轿车，译员坐在主人前面的加座上；如二排座，译员坐在司机旁边。上车时，最好为客人开右侧门，让客人从右侧门上车，主人从左侧门上车，避免从客人座前穿过。遇客人先上车，坐到了主人的位置上，则不必请客人挪动位置。

（六）迎送人员工作中的几项具体事务

(1) 迎送身份高的客人，事先在机场（车站、码头）安排贵宾休息室，准备饮料。

(2) 安排汽车，预订住房。如有条件，在客人到达之前将住房和乘车号码通知客人。如果做不到，可印好住房、乘车表，或打好卡片，在客人刚到达时，及时发到每个人手中，或通过对方的联络秘书转达。这既可避免混乱，又可以使客人心中有数，主动配合。

(3) 指派专人协助办理入出境手续及机票（车、船票）和行李提取或托运手续等事宜。重要代表团，人数众多，行李也多，应将主要客人的行李先取出（最好请对方派人配合），及时送往住地，以便更衣。

(4) 客人抵达住处后，一般不要马上安排活动，应稍作休息，起码给对方留下更衣时间。

二、会见与会谈

（一）会见

国际上一般称会见为接见或拜会。凡身份高的人士会见身份低的，或是主人会见客人，一般称为接见或召见。凡身份低的人士会见身份高的，或是客人会见主人，一般称为拜会或拜见。拜见君主，又称谒见、觐见。我国不做上述区分，一律统称会见，接见和拜会后的回访称回拜。

会见就其内容来说，有礼节性的、政治性的和事务性的，或兼而有之。礼节性的会见时间较短，话题较为广泛。政治性会见一般涉及双边关系、国际局势等重大问题。事务性会见则有一般外交交涉、业务商谈等。

（二）会谈

会谈是指双方或多方就经济、文化、军事等某些重大问题，以及其他共同关心的问题交换意见。会谈也可以是指洽谈公务，或就某项具体业务进行谈判，一般说来内容较为正式，政治性或专业性较强。

（三）会见座位的安排

会见通常安排在会客室或办公室。有时宾主各坐一边，有的穿插坐在一起。某些国家元首会见还有其独特礼仪程序，如双方简短致辞、赠礼、合影等。我国习惯在会客室会见，客人坐在主人的右边，译员、记录员安排坐在主人和主宾的后面。其他客人按礼宾顺序在主宾一侧就座，主方陪见人在主人一侧就座（图10-1、图10-2），座位不够可在后排加座。

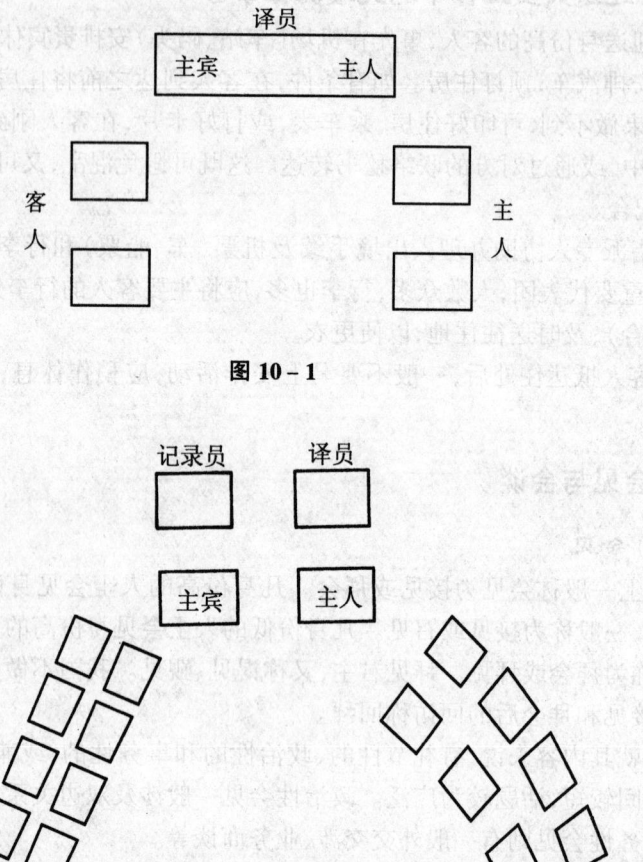

图 10-1

图 10-2

(四)会谈座位的安排

会谈时一般使用长方形桌子,宾主各自坐在桌子的一边。面向正门的为上座,由客人来坐,背向正门的为下座,由主人来坐。主人与主宾应坐在正中间(图 10-3)。我国习惯把译员安排在主谈人右侧,但有的国家让译员坐在后面,一般应尊重主人的安排。其他参加人员按一定顺序坐在左右两侧,记录员可坐在后面。如果会谈桌的一端对着正门,应以进门的方向为准,客人坐在右边,主人坐在左边(图 10-4)。

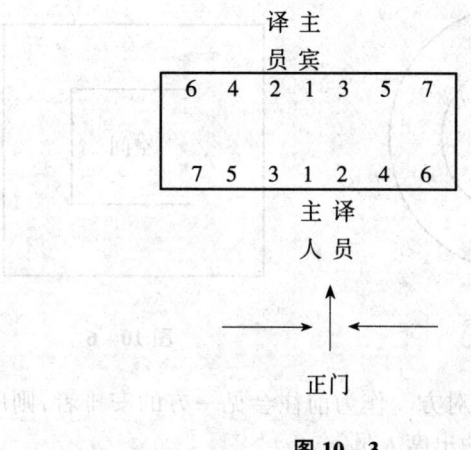

图 10－3

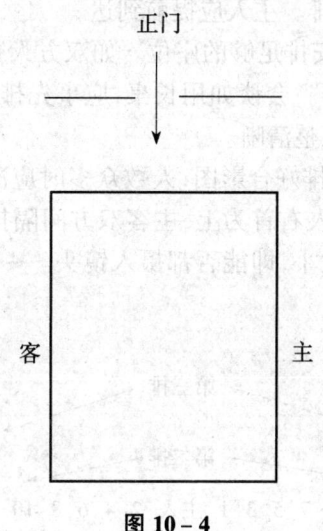

图 10－4

举行多边会谈时,可把座位摆成圆形或正方形,使其无尊卑可言(图 10－5、图 10－6)。

小范围会谈,有时不用长桌,只设沙发,双方座位按会见座位安排。

(五)会见和会谈中的几项具体工作

(1)提出会见要求,应将要求会见人的姓名、职务以及会见什么人,会见的目的告知对方。接见一方应尽早给予回复,约妥时间。如因故不能接见,应婉言解释。

(2)作为接见一方的安排者,应主动将会见(会谈)时间、地点、主方出席人、具

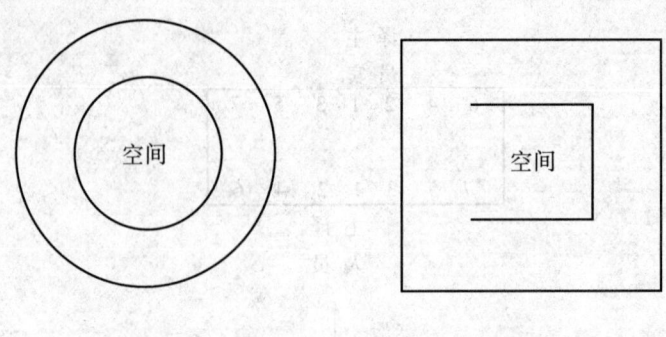

图 10-5　　　　　　　图 10-6

体安排及有关注意事项通知对方。作为前往会见一方的安排者,则应主动向对方了解上述情况,并通知有关的出席人员。

(3) 准确掌握会见(会谈)的时间、地点和双方参加人员的名单,及早通知有关人员和有关单位做好必要安排。主人应提前到达。

(4) 会见(会谈)场所应安排足够的座位。如双方人数较多,厅室面积大,主谈人说话声音低,应安装扩音器。会谈如用长桌,应事先排好座位图,现场放置中外文座位卡,卡片上的字体应工整清晰。

(5) 如有合影,应事先安排好合影图,人数众多时应准备架子。合影图一般由主人居中,按礼宾次序,以主人右首为上,主客双方间隔排列。第一排人员既要考虑人员身份,也要考虑场地大小,即能否都摄入镜头。一般来说,两端均由主方人员把边(图 10-7)。

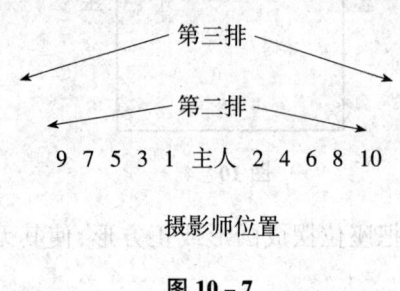

图 10-7

(6) 客人到达时,主人可以在大楼正门,也可以在会客厅门口迎候。如果主人不到大楼门口迎候客,则应由工作人员在大楼门口迎候,并将客人引入会客厅。如有合影,则应安排在宾主握手之后,合影后再入座。会见结束,主人应将客人送至车前或门口握别,待目送客人离去后再退回室内。

(7) 领导人之间的会见或会谈,除陪同人员和必要的译员、记录员之外,其他工作人员待安排就绪后均应退出。如允许记者采访,也只是在正式谈话开始前几分钟,然后统统离开。谈话过程中,旁人不要随意进出。

(8)会见时招待用的饮料,各国不一。我国国内一般只备茶水,夏天加冷饮。如果会谈时间过长,可适当上咖啡或红茶。

一般官员、民间人士的会见,安排大体与上相同,也要事先申明来意,约定时间、地点,通知来人身份和人数,准时赴约。礼节性的会见,一般不要逗留过久,半小时左右即可告辞,除非主人特意挽留。日常性交往,客人来访后相隔一段时间,应予以回访。如果客人为祝贺节日、生日等喜庆日来访,则可不必回访,而在对方节日、生日时前往拜望,表示祝贺。

三、签字仪式

在涉外交往中,有关政府组织、企业或社会团体之间经过协商、谈判,就政治、经济、文化、科技等领域的某些重大问题达成协议后,一般需要举行签字仪式。举行签字仪式通常要考虑以下礼节礼仪:

(一)准备

安排签字仪式,首先应做好文本的准备工作,有关单位应及早做好文本的定稿、翻译、校对、印刷、装订、盖火漆印等项工作,同时准备好签字用的文具、国旗及旗架等物品。与对方商定助签人员,并安排双方助签人员洽谈有关细节。

(二)确定签字人员

确定签字人和参加签字仪式的人员,签字人的身份必须与待签文件的性质相符,同时,双方签字人的身份、职位应该大体相当。通常情况下,参加签字仪式双方人数大体相等,而且,参加签字仪式的人员基本上是双方参加谈判的全部人员。为表示重视,也可派身份更高的人员参加签字仪式。

(三)位置和程序

签字仪式开始前,应排好双方签字人的位置和签字仪式的程序。我国举行的签字仪式,一般在签字厅内设置长方桌一张,作为签字桌。桌面覆盖深绿色台呢,桌后放两把椅子,是双方签字人员的座位,一般按主左客右入座。座前摆的是各自保存的文本,上端分别放置签字文具,中间摆一旗架,悬挂签字双方的国旗(图10-8)。

双方签字人员进入签字厅,签字人员入座时,其他人员分主客各一方按身份顺序排列于各自的签字人员座位之后。双方的助签人员分别站在各自签字人员的外侧,协助翻揭文本,指明签字处。

签字人在本国保存的文本上签毕后,由助签人员相互传递文本,再在对方保存的文本上签字,然后由双方签字人员交换文本,相互握手。有时签字后,备有香槟酒,共同举杯庆贺。

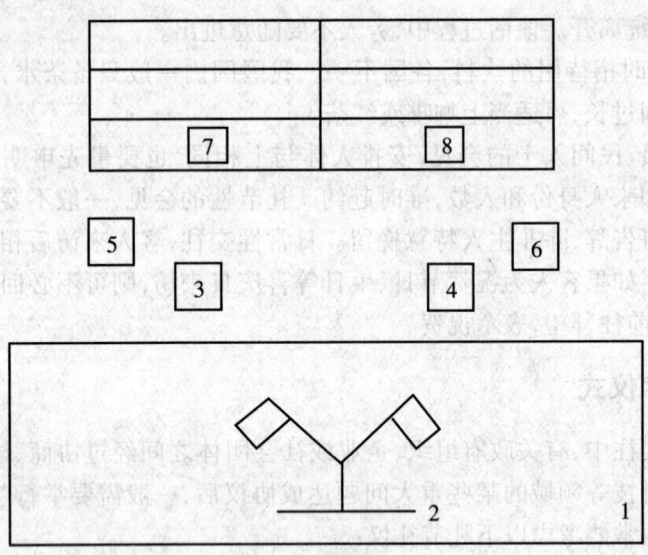

1. 签字桌　　　　　　2. 双方国旗
3. 客方签字人　　　　4. 东道国签字人
5. 客方助签人　　　　6. 东道国助签人
7. 客方参加签字人员　8. 东道国参加签字人员

图 10-8

各国举行签字仪式的安排不尽相同。有的国家安排签字仪式设置两张方桌为签字桌,双方签字人员各坐一桌,双方的小国旗分别悬挂在各自的签字桌上,参加仪式的人员坐在签字桌的对面(图10-9)。

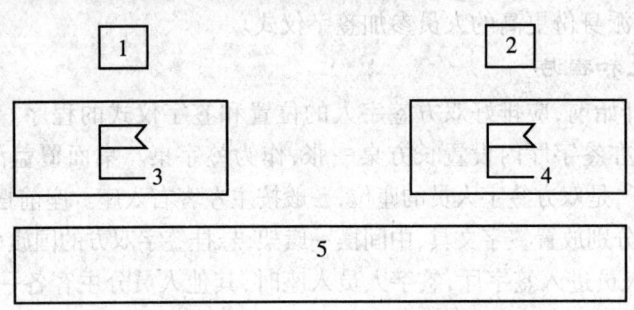

1. 客方签字人席位　　2. 东道国签字人席位
3. 客方国旗　　　　　4. 东道国国旗
5. 参加签字仪式人员席位

图 10-9

有的国家安排一张长方桌为签字桌,但双方参加仪式的人员在签字桌前方两旁,双方国旗挂在签字桌的后面(图10－10)。

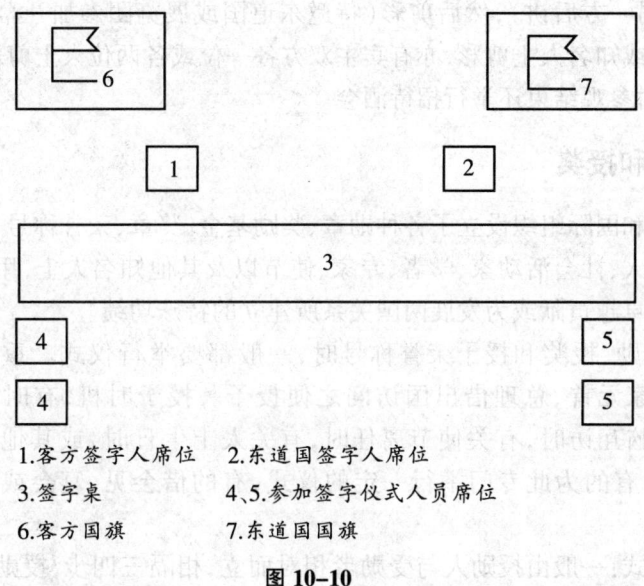

1.客方签字人席位　　2.东道国签字人席位
3.签字桌　　4、5.参加签字仪式人员席位
6.客方国旗　　7.东道国国旗

图10－10

如有三四个国家缔结条约,其签字仪式大体如上所述,只是相应增添签字人员座位、签字用具和国旗等物。至于签订多边公约,通常仅设一个座位,一般由公约保存国代表先签字,然后由各国代表依一定次序轮流在公约上签字。

第二节　开幕式、授勋、授奖

一、开幕式

各种展览会、博览会、交易会,如社会发展成就展览会、科技博览会、进出口商品交易会、文化艺术展览会等,一般都要举行开幕仪式。各类工程项目的开工、竣工典礼,援建项目的交接,纪念物的落成等仪式,均与开幕式类同。

开幕式通常由经办一方主持。如东道国主办,则由东道方面主持,邀请有关国家的代表团、使节参加;如系出展国主办,则由展览团主持,邀请东道国有关官员出席。国际博览会、国际商品交易会,均由东道国一方主持开幕式。重大的展览会开幕式或重要工程项目的奠基、落幕和交接仪式等,往往有东道国国家领导人出席,有时还邀请有关国家派政府代表团参加。

开幕式除双方有关人员参加外,酌情邀请各国驻当地的使节、外国记者等参加。

大型隆重的开幕仪式,会场悬挂两国国旗(有的还奏国歌),双方致辞(主办展览一方先讲,另一方后讲),然后剪彩(特邀东道国或展览团参加开幕式人员中身份最高的官员或知名人士剪彩,亦有宾主双方各一位或各两位人士剪彩的)。接着参观展览,有时参观结束还举行招待酒会。

二、授勋和授奖

许多国家和国际组织设立了各种勋章、奖励基金、奖章、荣誉称号等,授予本国和外国的领导人、社会活动家、学者、专家、使节以及其他知名人士,用以表彰他们在某个方面的卓越贡献或为发展两国关系所建立的特殊功绩。

各国在授勋、授奖和授予荣誉称号时,一般都要举行仪式。重要的授勋仪式,一般由国家元首、总理借出国访问之便授予。授予时机,有时安排在各国元首、政府首脑互访时,有关使节离任时,有关人士生日时,或其他有纪念意义的日子进行。有的为此专门举行一定的仪式,有的借会见、宴会或群众大会等场合授予。

授勋的方式:一般由授勋人与受勋者相对而立,相隔三四步,授勋人先宣读授勋决定,然后将勋章佩戴在受勋人胸前,再将勋章证书递交给受勋人。在专门的授勋仪式上,有时授勋人与受勋人还先后致辞。

有的国家为授勋举行隆重庄严的仪式。授勋大厅设主席台和来宾席,授勋人和受勋人站立在主席台上,授勋国政府高级官员、受勋人随行人员及外国使节在来宾席就座。仪仗队护在军乐声中护卫两国国旗和勋章进入授勋大厅,将两国国旗竖立于主席台两侧;乐队奏两国国歌;授勋人致辞,并将勋章佩挂在受勋人胸前;受勋人致答词。

有些国家对来访的国家领导人、学者授予名誉学位或名誉市民等称号,有的还授予城市的金钥匙,其仪式与授勋大体相同。

第三节 礼宾次序及国旗悬挂

一、礼宾次序

所谓礼宾次序,是指国际交往中对出席活动的国家、团体、各国人士的位次按某些规则和惯例进行排列的先后次序。

一般来说,礼宾次序体现东道主对各国宾客所给予的礼遇,在一些国际性的集会上则表示各国主权平等的地位。礼宾次序安排不当或不符合国际惯例,则会引起不必要的争执与交涉,甚至影响国家关系。因此在组织涉外活动时,对礼宾次序应给予一定的重视。

关于礼宾次序,各国的做法不尽相同,我国在涉外活动中的礼宾次序,一般有按身份与职务、按字母顺序和按时间排列三种方法。

(一) 按身份与职务的高低排列

这是礼宾次序排列的主要根据。一般的官方活动,经常是按身份与职务的高低安排礼宾次序。如按国家元首、副元首、政府总理(首相)、副总理(副首相)、部长、副部长等顺序排列。各国提供的正式名单或正式通知是确定职务的依据。由于各国的国家体制不同,部门之间的职务高低不尽一致,因此要根据各国的规定,按相当的级别和官衔进行安排。在多边活动中,有时按其他方法排列。但无论按何种方法排列,都要考虑身份与职务的高低问题。

(二) 按字母顺序排列

多边活动中的礼宾次序有时按参加国国名字母顺序排列,一般以英文字母排列居多,少数情况也有按其他语种的字母顺序排列。这种排列方法多用于国际会议、体育比赛等。在国际会议上,公布与会者名单、悬挂与会国国旗、安排座位等均按各国国名英文拼写字母的顺序排列。在联合国召开联合国大会、各专门机构的会议和悬挂会员国国旗等,均按此法。联合国大会的席次也按英文字母排列,但为了避免一些国家总是占据前排席位,因此每年抽签一次,决定本年度大会席位从哪个字母打头,以便让各国都有机会排在前列。

在国际体育比赛中,体育代表团名称的排列、开幕式出场的顺序一般也按国名字母顺序排列(东道国一般排在最后),代表团观礼或召开理事会、委员会等,则按出席代表团团长身份的高低排列。

(三) 按时间排列

在一些国家举行的多边活动中,东道国对同等身份的外国代表团,按时间排列礼宾次序分为以下几种情况:

(1)按派遣国给东道国通知中组成代表团的日期排列。

(2)按代表团抵达活动地点的时间先后次序排列。

(3)按派遣国决定应邀派遣代表团,参加该项活动的答复时间先后次序排列。

采取何种方法,东道国在致各国的邀请书中,都加以明确注明。如秘鲁1980年7月举行共和国总统权力移交仪式,在邀请各国派遣代表团的注意事项中指出:"在级别相同的情况下,代表团团长的礼宾次序将按通知代表团组成的日期先后确定。如果同时接到两个或两个以上代表团的组成通知,将按其字母顺序确定先后。"

在实际工作中,遇到的情况往往是复杂的,如:有的国家不管以上种种惯例,把关系密切国家的代表排在最前列。所以礼宾次序的排列常常不能按一种方法排列,而是几种方法的交叉,并考虑其他因素。如在某一多边国际性活动中,对与会代表团礼宾次序的排列,首先是按正式代表团的规格,即代表团团长的身份高低来确定。在同级代表团中则按派遣国确定代表团组成日期的先后来确定。对同级和同时收到通知的代表团,则按国名英文字母顺序排列。

在安排礼宾次序时所考虑的其他因素,包括国家之间的关系、地区所在、活动的性质、内容和对于活动贡献的大小,以及参加活动人的威望、资历等。如:有些国家常把同一国家集团的、同一地区的、同一宗教信仰的或关系特殊国家的代表团排在前面或排在一起;对同一级别的人员,常把威望高、资历深、年龄大者排在前面;有时还考虑业务性质、相互关系、语言交流等因素。如在观礼或观看演出、比赛特别是在大型宴请时,在考虑身份、职务的前提下,将业务性质对口的、语言相通的、宗教信仰一致的、风俗习惯相近的国家代表团安排在一起。

总之,在礼宾次序安排工作中,要全面、周到、细致、耐心、慎重地考虑设计多种方案,以避免因礼宾次序方面的问题引起不必要的误解和麻烦。

二、国旗的悬挂

国旗是国家的标志、国家的象征。人们往往通过悬挂本国国旗,表示对本国的热爱,悬挂他国国旗,表示对他国的尊重。但是,在一个主权国家领土上,一般不得随意悬挂他国国旗。不少国家对悬挂外国国旗都有专门的规定。在国际交往中,还形成了悬挂国旗的一些惯例,为各国所公认。

按国际惯例,外国元首、政府首脑在他国领土访问期间,在外宾通过的重要街道、住所及交通工具上悬挂国旗(有的是元首旗)是一种外交特权。东道国接待来访的外国元首、政府首脑时,在贵宾下榻的宾馆、乘坐的汽车上悬挂对方(或双方)的国旗(或元首旗),这是一种礼遇。此外,国际上还公认,一个国家的外交代表在派驻国境内有权在其办公处、寓邸和馆区以及交通工具上悬挂本国国旗。

在国际会议上,除会场悬挂与会国国旗外,各国政府代表团团长亦按会议组织国有关规定,可在一些场所或车辆上悬挂本国国旗。举行国际会议、展览会、体育比赛,应悬挂所有参加国的国旗;即使没有建立外交关系的国家,只要它是所举办活动的组织成员国,东道主都应悬挂该国国旗。悬挂的次序是从左至右,以国名英文的起首字母为序。

世界上各国国旗的颜色主要有红、白、绿、蓝、黄、黑等色。这些颜色各有一定的含义:红色象征为国家独立和解放而斗争的精神;绿色是吉祥的标志;蓝色代表海洋、河流、天空。这三种颜色在各国国旗中出现得最为频繁。

《中华人民共和国外交部关于涉外升挂和使用国旗的规定》第十四条规定:在中国境内,凡同时悬挂多国国旗时,必须同时悬挂中国国旗。在室外或公共场所,只能升挂与中国建立外交关系国家的国旗。如果升挂未建交国国旗,必须事先征得省、自治区、直辖市人民政府外事办公室批准。

按国际惯例,悬挂国旗亦必须遵守"礼仪右为大"的原则,即右在先、右为上、右居首、右称尊。需要说明的是,国际礼仪的左右概念,是从事物本身的角度来划分的,而不是以观众的观察角度来区分的。例如两国国旗并挂,以旗本身面向为准,客方国旗在右,本国国旗在左。汽车上挂旗,则以汽车行进方向为准,驾驶员右手为客方、左手为主方。所谓主客,不以活动举行所在国为依据,而以举办活动主人为依据。例如,外国代表团来访,东道国举行的欢迎宴会,以东道国为主人;而来宾举办的答谢宴会,则以来宾为主人。

在建筑物上或在室外悬挂国旗,一般是日出升旗、日落降旗。升旗时,护旗人要托起国旗的一角,国旗触地是极不严肃的。重要的时刻,如外宾来访、国际体育比赛、国庆庆典等,升旗之时需以国歌相伴奏。升国旗一定要升至杆顶。司职人员在升降国旗时,要严肃认真、服装整齐,立正行注目礼,表情庄严、肃穆。如需降旗致哀,则先将国旗升至杆顶,再下降至离杆顶约相当于杆长1/3处;日落降旗时,需先将旗杆升至杆顶,然后再降下。国际上有的国家致哀时不降半旗,而是在国旗上方挂黑纱表示哀悼。

悬挂国旗有并挂、竖挂、交叉挂等几种方式。国旗不能够倒挂、反挂;国旗挂在墙壁上应用其正面,而不能用反面。一些国家的国旗因字母和图案原因,不能竖挂,有的国旗竖挂则另外制版。例如朝鲜民主主义人民共和国国旗,在制竖挂旗的时候仍把五角星尖朝上。如果并列悬挂不同规格、尺寸的国旗,应将其中一面放大或缩小,以使国旗的面积相等一致。

各国国旗的颜色、长宽比例均由本国宪法明文规定,国旗图案不能在商品广告、产品宣传等非正式场合乱用,更不允许撕扯、践踏、焚烧国旗。不能使用破损或污损的国旗。

几种挂旗方法:

(1)两面国旗并挂(图10-11)

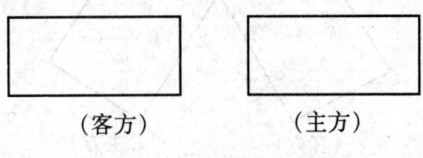

图10-11

(2) 三面以上国旗并挂(图10-12)

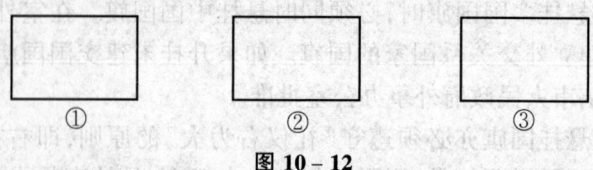

图10-12

多面并列,主方在最后。如系国际会议,无主客之分,则按会议规定之礼宾顺序排列。

(3) 并列悬挂(图10-13)

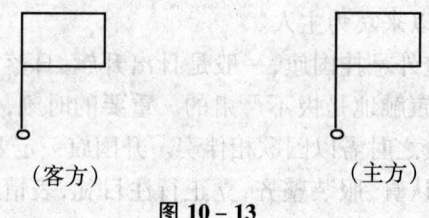

图10-13

(4) 交叉悬挂(图10-14)

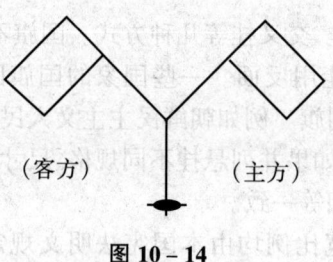

图10-14

(5) 交叉挂(图10-15)

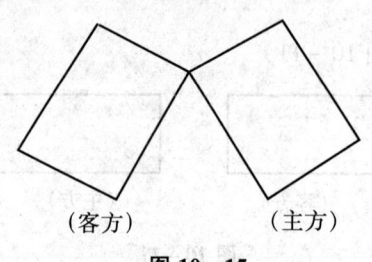

图10-15

(6)竖挂(客方为反面,主方为正面)(图10-16)

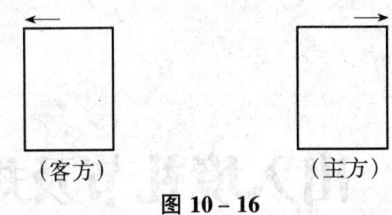

图10-16

(7)竖挂(双方均为正面)(图10-17)

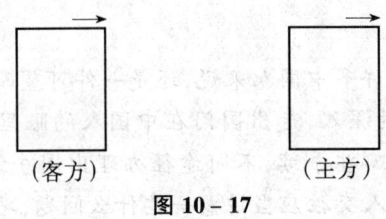

图10-17

 本章小结

通过阅读本章节,我们了解了献花必须用鲜花,并注意花束整洁、鲜艳,通常由儿童或女青年在参加迎送的主要领导人与客人握手之后,将花献上。会见座位安排,有的宾主各坐一边,有的穿插坐在一起。举行签字仪式通常要考虑:准备工作、确定签字人员、双方签字人员的位置及签字仪式程序等礼节礼仪。国旗是一个国家的标志、一个国家的象征,人们往往通过悬挂本国国旗,表示对本国的热爱,悬挂他国国旗,表示对他国的尊重;但是,在一个主权国家领土上,一般不得随意悬挂他国国旗。

 思考与练习

1. 某一国家总统来我国进行参观访问,我国应派什么职位的人进行迎送?
2. 什么是会见与会谈?二者有何区别?
3. 举行多边会谈时,座位如何摆放?请拟画简图。
4. 签订多边公约,通常设几个座位?
5. 开幕式是否允许外国记者参加?
6. 谈谈授勋的方式。

第十一章 出入境礼节及规范

引 言

数十年前,出国对于许多中国人来说,还是一件可望而不可即的事情,而今天,随着中国对外开放政策的深入,走出国门在中国人的眼里已是一件非常平常的事了。但是,出国应当履行哪些手续,不同途径办理出国手续有哪些要求,出国前应当做好哪些准备,与外国人交往应当注意一些什么问题,参加涉外活动应当遵循哪些基本原则等,都需要进行系统的学习与了解。本章将对出国的一般问题,尤其是出国的一些行为规范及要求做一个简单的介绍。想必通过本章的学习,对大家今后出国会有一些帮助。

因我国香港、澳门、台湾公民出入境手续与内地不同,限于篇幅有限,本章只讲解中国内地公民出入境的相关事项。

学习目标

1. 掌握出境手续的办理及途径。
2. 掌握护照、签证的有关常识问题。
3. 掌握出国访问的一般要求。
4. 掌握外事活动规范和纪律。
5. 掌握涉外沟通技巧。
6. 掌握与外国人交往注意事项。

第一节 出境手续的办理及途径

一、公民申请出国的条件

公民因私事申请出国,只要理由正当、符合法律规定的条件,都能够得到批准。

这些条件是：

(1) 申请人在国外有亲友，即在前往国有一名经济担保人。

(2) 出国以后具备生存条件。无论短期探亲还是长期定居，公民到达国外后，生活必须有依靠，经济必须有来源，不会因生活困难发生意外情况。

(3) 能够取得前往国家的入境签证，即申请人有可能得到前往国家的入境许可。只要符合上述条件，又不是具有刑事犯罪或民事纠纷，也不是会对国家安全利益造成损害的人，就完全可以得到批准。

二、公民申请出国的必备证明

公民如欲出国，在向当地市或县公安机关提出申请时，必须具备有关的证明材料。这些证明材料包括两种：一是需要首先履行国内有关手续，二是要具备国外亲友提供的证明材料。其中国内手续主要是：

(1) 提交本人的户口簿或是其他户籍证明。

(2) 出具本人所在工作单位对自己申请出国的具体意见。

在提出上述手续的同时，还必须具备下列国外的有关证明材料：

(1) 申请移居国外的，应当出具外国亲友办理的永久居留许可或是移民入境批准书等材料。比如美国移民局签发的《移民签证申请批准书》、加拿大移民局颁发的《赴加拿大永久居住申请表》等。

(2) 申请探亲访友的，应当提交国外亲友所办理的邀请证明，即前往国家主管部门签发的入境许可证明。

(3) 申请自费留学的，应当出示国外录取学校发给的入学许可证明和经济担保证明材料，以证明学习和生活经费具有可靠的来源。这类证明不同国家叫法不同，如日本称为《入学许可和身份保证书》，美国称为《留学生签证资格证明》和《生活保证书》等。

(4) 申请出国就业的，必须具备前往国雇主办理的雇佣证明或聘请证明。根据外国法律规定，这类入境申请者必须具有劳工部门核准的工作许可或者劳工证明，比如美国和英国的《工作许可证》、瑞士的《雇佣证明》等。

(5) 申请出国旅游观光的，必须交验外国亲友提供的往返旅费或是在外国停留期间所需生活费用的外汇证明，或委托具备境外旅游组团资格的旅行社所组织的旅游团队证明。

总之，公民办理出国申请时，必须提交相应的证明，这既是我国法律的规定，又是外国政府所要求的事项。它已成为国际惯例。在国际间往来，无论哪一国的公民，也无论前往哪一个国家，都应遵循这一规定，这一点是出国申请能够得到批准的必备条件，也是外国政府给予入境许可的前提条件。

三、护照的申请和使用

护照(Passport),从英文直译过来是口岸通行证的意思。

1. 护照的使用

公民在国际间往来,必须持有本国政府颁发的护照。这既是各国法律的普遍规定,也是一项国际惯例,并发展成为国际习惯法的一项内容。

护照,其确切的含义应是一国公民到国外旅行或者居留的主要法律证明,也是一个人国籍和身份的合法证明。例如,持照人在国外居留期间,如果发生意外事情,所在国首先要依据护照,判明其身份和国籍,决定如何处置。而护照颁发国的外交领事机关,也要根据护照来决定是否提供外交保护和其他必要的帮助等。因此,公民从一国到另外一国从事旅游、留学、贸易或者移居等活动时,必须持有本国护照,并需同时具有前往国的入境签证。这样才能离开本国国境进入前往国家。

2. 护照的种类和有效期限

世界各国虽然普遍实行护照制度,但各国所颁发的护照种类不尽相同。多数国家所颁发的护照分为三种类型:①外交护照。②公务护照。③普通护照。少数国家颁发外交和普通护照两种,如印度、巴基斯坦。个别国家只颁发一种护照,如英国。而有的国家颁发的护照有四五种,如美国。有的国家对旅游团体、体育或文艺代表团颁发团体护照。我国内地颁发的护照有三种:即外交、公务、普通护照。普通护照又可分为因公普通护照和因私普通护照两种。外交护照发给我国政府高级官员,外交和领事官员及随行配偶、未成年子女等。公务护照发给我国驻外机构的工作人员和随行配偶及临时因公出国人员。因公普通护照发给国家派出的研究生、进修生、留学生、访问学者和工程技术人员等。因私普通护照发给因私事出国的公民和旅居国外的侨民等。一般来说,由各国外交部或外交部授权的机关颁发外交和公务护照,由内政部移民局或警察局颁发普通护照。也有的国家护照完全由外交机关颁发。在我国,外交护照、公务护照和因公普通护照由外交部和各地的外事机关颁发,因私普通护照由公安部或公安部授权的各地公安机关颁发。

护照不是永久性证明,都有一定的有效期限。在有效期限内即为有效护照,是发生法律效力的证明。有效期限过时后,即属于无效护照,丧失了法律效力。关于护照的有效时限,各国不尽一致,有的规定为一年,有的为三年、五年,或者十年,我国护照最长的有效时限为五年,如逾期需继续在国外停留,可向有关部门申请延长。

3. 申领护照的程序和途径

某些国家的法律规定,本国公民到了一定的年龄,都可以向主管机关申请护照,即普通护照;未到规定年龄的公民可以与父母共同持有一本护照,必要时也可单独持有护照。

我国护照申领程序如下:
(1)向居住地县、市公安局书面申请。
(2)出具户口簿或户籍证明、本人身份证和身份证复印件。
(3)出示所在单位的证明。
(4)提交外国入境的各类证件。
(5)填写公民出国申请表。
(6)缴纳护照工本费,领取出境登记卡。

4. 申领护照须知

申请者在收到公安机关批准出国的通知后,应速到公安机关领取护照,领取护照后,须对护照内填写内容逐一认真核对,如:姓名、出生地、有效日期、发照人签字、发照机关签章、护照颁发日期、护照有效期限等,是否准确无误。如任何一项出现差错,应立即申明,以便更正,避免日后在办理外国入境签证时遇到不应有的麻烦。

申请出国者取得护照,只意味着得到了本国政府的批准,还不能立即起程前往目的地国家。根据国际惯例,一国公民前往另一国家,必须到前往国驻申请人所在国的大使馆或领事馆申请办理该国入境签证。如果路途遥远,中途需转乘飞机或者火车的,还必须办理途经国家的过境签证。

四、外国签证的办理

1. 什么是签证

签证(Visa),是指在出国旅行者的护照上或者其他有效旅行证件上,盖印签注的一种手续,表示准许其出入或者经过该国国境。

一个公民如果想出国旅行、移民、留学、工作等,除必须按照正常途径办理护照外,还必须持有相应的签证。如果说护照是持有者的国籍和身份证明,签证则是主权国家准许本国公民或者外国公民出入境或者经过国境的一种许可证明。

有的国家规定,公民出国必须持有本国和外国的两种签证,才能允许出入境。我国也曾有过类似规定。公民出境和华侨回国必须办理出入境或者入出境签证,这一规定于1986年取消。现在,公民出国只要具有我国有效护照和外国签证,就能够通过国境。

签证一般都签注在护照上,有的也签注在代替护照的其他旅行证件上,有的还颁发另纸签证,如美国的移民签证即是一种申请表。另纸签证必须与护照同时使用才能有效。

作为实施出入境管辖的一种主要手段,各签发国都根据申请者的不同身份和入境目的,发给不同种类的签证。

2. 签证的种类

签证主要分为以下几种类别:

(1)外交签证,主要发给外交护照的持有者。

(2)公务签证,发给公务护照的持有者。

(3)普通签证,发给普通护照的持有者。

依照出入境情况,签证还可分为出境、入境、出入境、过境、再入境签证等类别。如果申请人在签证有效时限内需出入境,还须申明出入境次数。

依照目的,签证又可分为移民签证、非移民签证、旅游签证、工作签证、留学签证、商务签证、家属签证等。总之,根据不同的签证类别,入境检查官对入境者的身份、目的便可以一目了然。

3. 签证的内容和有效期限

签证的内容主要包括以下几个方面:①签证种类;②入境目的;③居留期限;④有效日期;⑤签发机构;⑥签发官员;⑦签发日期;⑧签证费用等。

签证和护照一样,都只能在一定的时限内有效使用,超过了规定的期限,如果要继续停留,必须申办延签手续。另外,签证还对进入的时间有所规定,如果超过规定时间没有入境,签证自动作废。

签证的有效期一般包含两层意思,一个是签证本身的使用期限,即必须在规定的时间内出境或过境;另一个是许可持证人入境后停留的日期。例如,加拿大签发的旅游签证,持证人必须在一个半月内入境,入境后的停留时间为三个月。

签证的有效期一般为一个月或者三个月,最长的一般都是半年或一年。其中就业签证时间较长,通常为半年至一年,过境签证时间最短,为三天至一周。

签证除有效期外,还规定有效次数,分一次、两次或多次有效,即在有效时间内允许一次、两次或不限次数地出入其国境。

4. 外国签证的申办途径

一国公民前往另一个国家,必须到前往国家的国家大使馆或领事馆申请对方国家的入境签证。

目前,公民因私出国申办外国签证,大致有三种途径。一是本人与外国驻华使馆直接联系;二是委托中国旅行社签证代办机构,向外国驻华使领馆申请办理;三是由国外亲友办理。一些在我国未设立使领馆或未建交的国家,或者虽设立有大使馆但还未开办签证业务,需要由国外担保人向前往国家的主管部门申请入境许可书;然后,申请者凭护照和入境许可书入境,或者是凭此种证明在入境口岸办理签证。

5. 办理外国签证的一般程序

我国公民申办外国签证,无论采用哪种方式,是委托代办,还是自己直接办理,一般都需要经过下列几道程序:

(1)提交有效的中国护照。

(2)缴验与申请事由相适应的各种证件,包括前往国的入境许可和经我国公证机关进行过公证的有关证明材料,如学历证书、培训证书等。

(3)填写外国签证申请表格。签证不同,表格也不同,表格一般用外文填写,多用英文。

(4)缴付合乎规格要求的照片(必须是证件照),申请者须备足同底一寸或两寸的照片若干张以备使用。所用照片必须与护照所用照片一致。

(5)同前往国驻华大使馆或领事馆官员见面。有的国家规定,凡移民申请者必须面谈后,才能决定进一步的安排。也有的国家规定,申请非移民签证也必须面谈。如美国,除委托旅行社代办的旅游签证外,其余签证申请者都要经过面谈后方能得到批准。

(6)大使馆或领事馆将填妥的各种签证申请表格和必要的证明材料,呈报国内主管部门审查批准。有少数国家的使领馆有权直接发给签证,但必须转报国内备案。

(7)前往国家的主管部门进行必要的审核后,将审批意见通知驻华使领馆。如果同意,即发给签证;如被拒绝入境,也会通知申请者本人。

(8)获得批准者向有关国家的驻华使领馆缴纳签证费用,一般移民签证费用较高,普通签证费用相对较低。

6. 办理签证所需时间

由于各驻华使馆的权限不同,有的领事馆有权直接发给短期入境签证或过境签证;有的须将申请材料呈报国内主管部门审核批准后,才能向申请者颁发入境签证;有的是完全依照本国政府的有关批准证明发给签证;有的则由于本国政府没有授权,不负责签证业务。不同的程序导致了申请者等候签证时间的差异。一般来说,快则需要一至三个月,慢则半年甚至一年以上。

五、口岸检查

(一)什么是口岸

口岸是一国允许人员、交通工具、货物、动植物和邮件出入境通行的地方。口岸大都分布在国家边境地区,如:对外贸易港口、边境上两国公路的交界地点、国界孔道、国际联运火车站、江河上准许旅客进出的地点,以及国际航班进出国境的国际机场。

口岸是一个国家的门户,是一国与世界各国保持往来的必由之路。在国际交往中,口岸的作用是十分重要的。为了维护国家的主权和利益,防止各种破坏活动和非法出入境活动的发生,各国通常在口岸设立专门的机构,对出入境人员、交通工具进行检查。

(二)口岸检查机构

口岸设置的专门检查机构有:

1. 边防检查

各国执行边防检查的机构称谓不一,有的称边防检查站,有的叫移民局,有的叫入国管理局。我国由边防检查站负责此项工作。

边防检查的对象及内容主要包括三个方面:

(1)对进出国境的中外人员实施护照、证件检查。

(2)对出入国境的交通运输工具及运载的物资实施检查。

(3)依法处理违反边防检查制度的人。

其中护照检查主要包括:

①核实护照与持照人是否一致。

②护照是否在有效期内。

③护照是否有伪造、涂改痕迹。

④是否办妥前往国的入境签证和第三国的过境签证。

如果出境者持用的护照已过期失效或未办妥前往国入境签证,以及持用伪造、涂改或冒用他人护照的,边防检查人员有权阻止入境,并根据情节轻重予以处理。

2. 海关检查

(1)海关。海关是国家设在口岸上对进出国境的货物、物品、运输工具等执行监督管理并征收关税的机关。

(2)海关检查。海关检查又称报关。凡出入国境的公民(外交人员除外)在各国际机场、车站或其他口岸出境或入境前,都要履行海关检查手续。

(3)海关检查的内容。

①检查进出国境的货物、动植物、货币、金银、邮递物品等。

②检查进出国境的运输工具及进出国境人员携带的行李物品。

③对进出口货物、物品征收关税。

④查禁走私、毒品、武器等违章物品。

⑤海关检查的设置。

关检一般设置在对外开放的贸易港口,主要国际联运火车站、国际航空站,以及陆路边境和国界江河上准许货物、旅客通行的地点和国际邮包、邮件交换的地点等。

我国的《海关法》规定,一切进出国境的运输工具、货物和物品,包括各种人员所携带的行李物品,必须在设有海关的口岸出入国境,自觉向海关申报并接受海关人员的检查。

海关检查的目的,主要是确认旅客所携带的行李物品是否符合有关规章、法令,并分别予以免税或纳税。禁止法律规定不许可出境或入境的物品通行,严重的予以没收。出入境人员应当向海关申报,不申报或不如实申报者,都是逃避海关监督的行为。情节严重的,要追究其法律责任。

(4)海关检查的原则。为扩大中外经济交流,我国海关在对进出口物品实行种类和数量限制、超量征税的同时,按照"自用、合理数量"的原则,逐步放宽了对出国人员携带行李物品的种种限制。特别是放宽了对家用电器耐用消费品的进口限制,扩大了可供选择的带进免税物品的范围和征税品种,同时对不同类型出入境旅客所携带的行李物品,规定了不同的免税限量。这里所说的不同类型旅客,是指外交人员、港澳同胞、外籍华人、外国侨民、华侨和国内公民,以及短期出境和长期出境的不同人员等。

(5)海关手续的申报程序。出入国境的公民,申报手续首先应填写《旅客行李申报单》。同行的家庭成员,包括未成年子女,可以填写同一份申报单。如携带金银首饰和货币物品应写明品种、规格、重量、数量和金额。申报单上未列项的物品,如礼品等可以在申报单的空白页上填写。然后,将全部行李物品交给海关工作人员进行查验。工作人员将依照《进出口物品限量表》中所列各种物品、限量和限值的具体规定,对行李物品分别做出免税、收税、放行或禁止出入境的决定。查验合格的,便在申报单上盖章,并将其中一联交由本人保管,待下次回国入境过关时核验。

3. 国境卫生检疫

(1)国境卫生检疫。国境卫生检疫,亦称"口岸卫生检疫",是一国政府为防止危害严重的传染病,通过入出国境的人员、交通工具、行李和货物传入、传出、扩散,所采取的防疫措施。

(2)国境卫生检疫的手续。对入出境旅客来说,国境卫生检疫手续,即检查是否具备了预防接种证书,也称黄皮书。

为防止国际间某些传染病的传播,世界卫生组织要求各国旅客出国时,需要具备必要的接种证书。目前各国对此规定不一,有的要求提供,有的则无此要求。最近,由于艾滋病的蔓延,许多国家纷纷要求外国移民或长期居留者,提供未患有艾滋病的健康检查证明。另外,不同国家在不同时期,对预防接种都有不同的要求。因此,我国公民出国前,应当到所在省、市、自治区卫生防疫站询问,并申请预防接种证书,也就是发给黄皮书。接种的种类不同,有效时间也不一致,因此每次出国前都要注意询问,并提出接种和复种的申请,以便顺利到达前往国。

出国者如果遗忘了申办接种证明书,到达某些国家时,可能会被隔离,采取强制检疫措施。

4. 安全检查

(1)安全检查。安全检查,是为了防范和制止危害民用航空安全的非法行为发生,保障旅客人身安全,而采取的一项防范措施。即对乘飞机出境的旅客和物品实施检查的一种登机手续。

(2)安全检查的方法及程序。对于出国旅行的公民来说,安全检查是口岸几项检查中的最后一项检查。也就是说,是在经过海关和边防检查之后进行的检查。旅客通过安全检查后即可直接登机起程了。

目前安全检查主要采用四种方法:一是电视监视机;二是探测门;三是磁性探测器;四是简易手提式探测装置,可做近身检查。在没有安装前两种设置的机场,往往使用这种手提式安检装置对人和物品进行检查。而第一种电视监视机是专用于检查行李物品的,第二种探测门是专门用来查验旅客身体的。

安全检查程序如下:

①检验证件。被检者将护照、飞机票、登机牌等证件和随身携带的行李、手提物品交给安全检查员,核验后便在登机牌和手提行李标签上加盖安全检查印章。

②将手提包一类随身携带的行李物品放在电视监视机的传送带上,检查人员则通过电视荧光屏进行观察。手提包内有何异样东西都清楚可见,没有异常情况便可到另一端从传送带上取走自己的东西。如有异物可见,还要开箱检查。

③旅客本人要通过探测门进行查验。探测门亦称安全门,在通过之前,需要将自己身上带有的指甲刀、水果刀、钥匙、手表等金属制品全掏出来交给检查员放在一个托盘里,通过安全门再归还。如果通过时探测门发出警示则说明贴身携带物品中还有金属制品,需仔细核查掏出,直到通过时警铃不响为止。

通过口岸时,应当接受的检查顺序如下:

①中国人出境检查。

a. 海关检查

b. 边防检查

c. 安全检查

②外国人入境检查。

a. 卫生检疫

b. 边防检查

c. 海关查验

第二节　出国访问的一般要求

通过边检跨出国门,一个人的行为举止就不仅仅只是代表个人了,而是代表着其所在的单位、部门、城市,乃至中国人的形象。因此,无论是在国外工作、生活、旅游或访问,一经出现在公共场合,就应当时刻注意规范和约束自己的行为、言行、举止不违反外事纪律,符合涉外交际礼仪的规范要求,以维护个人、集体、国家的形象和声誉。

涉外交际礼仪纷繁复杂,常因国家、民族、宗教信仰、风俗习惯、风土人情的不同而表现出较大的差异。其中有些属国际惯例必须遵守;有些是某一国家、地区的特殊要求,在对外交往中亦应懂得并遵守。

一、参加涉外活动必须遵循的基本原则

1. 维护国家利益的原则

中国公民在国外应自觉维护国家、民族的利益,在尊重兄弟国家民族礼仪习俗、宗教信仰的同时,应当自觉维护国家的尊严;与外国人相处,既要坦诚,也应不卑不亢,维护自己的人格、国格,捍卫自己的民族尊严。

2. 严守外事纪律的原则

外事纪律是为维护我国的法律、法令而制定的有关外事政策和规章制度。其具体要求如下:

(1)不随意同外国人谈论我国内部不向外公布的消息,以免泄露党和国家的机密。

(2)不委托外国人转递申诉信件和材料。

(3)在对外交往中,严禁公开示意或暗示对方赠予礼品,或以委托对方代购物品为名,变相敲诈勒索。

(4)在接待外国人参观或洽谈业务时,应从实际出发划清机密与非机密的界限,不得泄露内部掌握的对外援助技术出口和接受外援的具体政策、规划数字、计划措施等机密事项。

(5)在国际通信中,严禁明、密电混用,传真通信不得涉及秘密内容。

(6)严禁用电话传达密电,注意计算机信息保密。

3. 注意特色,尊重民族习惯的原则

各国社会制度不同,政治制度、法律法规、生活水平、文化心理、宗教信仰、语言习惯、礼俗禁忌各异,出国人员应承认并尊重这些民族特色,并自觉维护和遵守。

4. 尊重妇女的原则

在国外,尤其是西方国家,尊重妇女是一种文明的标志。所以,女士优先(Lady first)逐渐成为一种时尚。

女士优先的原则,具体要求如下:

(1)在男女都有的社交场合中,男士要照顾、礼让女士。如:上车下车、上下楼梯、进出电梯时应该让女士先行,并主动予以照顾。

(2)遇到带行李的妇女,应主动帮助提携并放好行李。

(3)与女士同行,男士应走在靠外的一侧,女士则走在贴近建筑物的一侧。

(4)社交介绍时,先把男士介绍给女士。朋友来家里拜访时,先将朋友介绍给母亲。

(5)参加社交集会时,客人见到男女主人在一起时,应先与女主人打招呼。

(6)女士进入聚会场所时,先到的男子要主动站起来迎接。

(7)男女进餐时,男士应先让女士点菜,而结账时,男士应该主动埋单。

(8)男女共同参加各种活动、一同进入衣帽间时,男士应主动帮助女士穿上或脱下外套、风衣、大衣。

(9)乘车时,如身边有女士站着,男士应当主动起身给女士让座。

总之,是否尊重妇女,是检验一个男子教养、风度的很重要的因素。

二、涉外语言交流与沟通的礼仪规范

语言是人际交往与沟通的媒介,在国外与外国人交往的方式,通常也表现在语言方面。所以尤其应注意语言方面的礼仪规范。

1. 谈话话题的选择

(1)尽量选择喜闻乐见的话题。通常,与外国人交往,如果选择文化娱乐、体育比赛、电视电影、名胜风光、社会风尚、民间习俗、饮食习惯、旅游度假等话题,外国人一般都兴趣较浓,而且这类话题不受正式场合或非正式场合的限制,谈起来轻松愉快,普遍容易接受。

(2)选择彼此熟悉的话题。彼此熟悉的话题,包括双方都认识的人,双方都曾经历过的事,都曾去过的旅游景点,共同的兴趣、爱好等。熟悉的话题容易引起彼此沟通、交流的兴趣。

2. 要注意外国人忌讳的话题

(1)初次见面,莫问姓名。按照中国人的习惯,初次见面总喜欢请教对方的尊姓大名。但在国外,一见面就唐突询问对方的姓名,是一种不礼貌的行为。"What is your name?"这一问句欧美人实则很少采用,在社交场合,初次见面一般都是由朋友介绍相识,自己与人打交道即使非常必要,也只能选择"May I know your name"(我可以知道你的名字吗)这样的问句,更不能直接对客人说"Are you English or American"(你是英国人还是美国人)这样没有礼貌的问题。

(2)不要随便打听对方的年龄。中国人将询问年龄看作一件很平常的事,而在国外,尤其是欧美国家,年龄却是一个敏感话题。尤其是对妇女,"How old are you"是一个非常不礼貌的句子。西方人大都希望自己在别人眼中显得年轻,所以对自己的实际年龄讳莫如深。她们一般过了20岁以后,就再也不想告诉他人自己的年龄了。如有时确实想知道对方的年龄,可略微夸张地称赞对方年龄,引诱对方透露实情。

(3)忌问婚姻。西方人认为婚姻状况纯属个人隐私,贸然询问对方婚否是极不礼貌的。尤其是异性之间,如果年龄相仿,极易引起对方的误会和反感。而如果确实需要了解这方面的情况,可以旁敲侧击,通过询问对方家庭成员或询问对方是否和家人住在一起等语言信息来求证。如果对方一味谈父母兄妹,而不谈妻子、丈夫、孩子,则说明对方未婚。谈及以上成员,自然是已婚了。

(4)忌问收入。西方人将收入情况视为个人的脸面,因为它与个人的能力与地位密切相关。所以唐突询问别人工资等与收入有关的问题,是很失礼的。

(5)不随便打听对方的住址。西方人一般不将家庭住址轻易告诉别人,因为西方人不轻易串门,除非接受了对方的邀请。他们自己一般也不欢迎不速之客的造访,除非预约在先。受人邀请,也不必急于问对方"Where do you live"(你住哪儿),因为他一定会在请柬上注示清楚的。

(6)忌问经历。在社交场合,中国人通常喜欢询问对方的学历、经历这些问题,但西方人看来,这属于个人的隐私,如果不是应聘工作自我推荐,西方人一般不愿以这类问题为话题。

(7)欣赏物品莫问价值。中国人在看到别人穿了一件漂亮时装或发现别人家里有自己特别欣赏的物品时,往往会脱口问对方"花多少钱买的",这在西方人看来是很不礼貌的行为。西方人希望别人赞扬自己拥有物品的价值,而不愿意让别人将自己喜欢的东西与金钱等同。

(8)忌问工作。"你在哪里上班?""你是做什么工作的?""你去哪儿?"这类问题,中国人通常喜欢发问。按照我们的习惯,询问这类问题通常只是一种问候,并不需要对方做出实质性的答复。而在外国人看来,这类问题属于个人隐私,别人不需也无权干预。

(9)忌问对方的宗教信仰。个人的宗教信仰与政治见解,西方人看得非常严肃和神圣,不能随便询问这类问题。

另外,不要随便询问别人"你吃饭了吗",中国人这句口头禅往往会搞得那些外国人莫名其妙,以为你想请他吃饭,或暗示他请你吃饭,或者是你想同他(她)约会。而像"天冷了,多穿点衣服",这类关心的话也大可不必对他们说,因为他们不但不领情,反而还会误解你轻视他。

总之,到了国外,应当将规范和约束个人的行为与中国人的国际形象联系在一起。入乡随俗、懂得并尊重别人的风俗习惯,会使你在外国人的生活圈子里一样感到轻松自如。

第三节 与外国人交往注意事项

在自己的国度里,因为个人只不过是成千上万同胞中一名普普通通的公民,所以很少在意自己的行为在别人心目中形成的印象。而一旦到了国外,突然间自己在别人眼里成了一名地地道道的外国人,自己的言谈举止决定着他国人士对你的祖国的评价,这样,你还能够对自己的言行不在意吗?

一、拜访的礼仪

拜访是人际交往中最常见的社交形式,来到一个陌生的国度,要重新建立自己的人际关系网络,拜访朋友总是免不了的。

拜访是指亲自到他人家里或工作单位去拜见某人。拜访可分为正式拜访与非正式拜访两种。

正式拜访是指有正当的拜访原因,通过事先预约,确定时间和地点,并按时赴约当面进行的拜访;非正式拜访一般指朋友之间的往来,原因可能是对朋友表示感谢,也可能是对朋友表示关心,还可能是向朋友求助。

拜访应当遵循一定的礼仪规范,无论是拜访前,还是拜访中,均如此。

1. 拜访前的礼仪

(1)事先预约。在国外,尤其是西方国家,拜访别人事先预约,是最基本的礼貌准则。外国人通常有计划时间的习惯,如果不事先预约贸然造访,打乱了他人的计划安排,会使对方非常生气,同时对不速之客留下缺乏教养的印象。

与美国人预约,最好提前一周,美国人性情开朗,个人计划较多,拜访前最好再用电话联系敲定一下;德国人作风严谨,未经邀请的不速之客,有时会被他们拒之门外;日本约会的规矩较多,事先联系、先约优先和严守时间是日本人约会的三条基本原则。

(2)严格守时。如果事先约好,必须严格守时,因为对方已对这段时间做出了安排。如确因意外情况而不能赴约或需要改期,也要事先通知对方,并表示歉意,因为失约或迟到均属不礼貌行为。

(3)拜访时间要选择恰当。拜访的时间应以不妨碍对方为原则,一定要注意错过吃饭时间,午饭后或临睡前的时间都是不妥当的。一般来说,下午四五点或晚上七八点是最恰当的拜访时间。

2.拜访中的礼仪

(1)敲门或按门铃。不管是到拜访对象家里或者办公室,事先都要敲门或按门铃,等到有人应声允许进入或出来迎接时方可进去。不打招呼就擅自闯入,即使门原来就敞开着,也是非常不礼貌的。

(2)要注意物品的搁放。拜访时如带有物品或礼品,或随身带有外衣和雨具等,应该搁放到主人指定的地方,而不应当乱扔、乱放。

(3)要注意行为礼节规范。进屋随主人招呼入座后,要注意姿势,不要太过随便,即使是十分熟悉的朋友。跷二郎腿、双手抱膝、东倒西歪也都是不礼貌的行为。如主人家有其他人在家,要微笑点头致礼;若主人送上茶水,应从座位上欠身,双手接过,并向主人表示感谢。

(4)要控制好拜访时间,掌握谈话技巧。拜访者一般不宜在主人家待的时间太久,要根据情况控制好逗留的时间,掌握好交谈的技巧;与主人交谈要善于察言观色,选择时机表明拜访的目的。如果主人情绪较好、谈兴较浓,待的时间可长一点;如果发现主人心不在焉,说明主人有厌倦情绪,应该及时收住话题,适时起身告辞。

(5)拜访时,要尊重主人的生活习惯。到别人家拜访,应尽量适应主人的习惯。如果主人客厅里没有摆放烟缸,说明主人没有吸烟习惯,应尽量克制不吸烟。如果主人没有主动邀请,最好不要到主人客厅以外的其他房间去。

二、送礼的讲究

由于各国文化的差异和社会、宗教影响的不同,在国际经济交往中选择适当的礼物、选准赠送礼物的时机,以及让收礼人做出适当的反应,都是送礼时要注意的关键问题。

1.各国的礼俗

(1)日本。日本人有送礼的癖好,但对于毫无用途的礼品,收礼人可以再转送给别人。

(2)欧洲国家。欧洲国家,一般只有在双方关系确立以后才互赠礼物。另外,在旅游中,通常是待到旅途结束时才赠送礼物,同时表达的方式要恰如其分。

法国人喜欢知识性、艺术性的礼物,如画片、艺术册或者小艺术品。

德国人作风比较严谨,故此给德国人送礼,礼品的适当与否应特别注意,而且礼品一定要包装精美。

英国人对生活用品一般都有自己的习惯和偏好,故一般都不选生活用品送人,但食品则另当别论。一盒高级巧克力、一瓶特别好的葡萄酒兴许会令他们喜出望外。

美国人较随意,对礼物的种类并不十分计较;表情达意,只要彼此都能接受对方,送什么礼物都可以。

总之,与外国人交往,馈赠礼物方面,仪式是最重要的,而实质性的内容反而是次要的;初次见面就送礼,不合适,除非对方有意当场回赠礼物;要把送礼的主动权让给对方,以免对方两手空空感到尴尬;同时要记住,在一群人中只送某一人礼物是很不礼貌的,除非你给每个人都准备了礼物,否则就应在同受礼人单独在一起时再送礼物。

2. 选择礼品的原则及礼仪要求

(1)不要送过于贵重的礼物。太贵重的礼物容易使主人不安,甚至会有"重礼之下,必有所求"之嫌。选择礼品时,纪念品、特产、鲜花、小孩子的玩具等,都会受到欢迎。

(2)给外国人送礼品,包装是很重要的,它表示对主人的诚意和送礼人的郑重。

(3)送礼时应该落落大方,不要害羞以至偷偷摸摸把礼品放在某个犄角旮旯里;要注意选择拿出礼物的时机,刚见面或临分手时比较合适。

(4)西方人接受礼物的方式与中国人不同,他们喜欢当场将礼物打开,不管是否喜欢所送礼品,都会称赞和感谢一番。这种情况,并非是对方不礼貌,而是西方的习俗。送礼人可帮助受礼人打开礼品,并做适当介绍。

(5)送礼时不要讲"真不好意思,礼品太薄,实在拿不出手"之类的话,因为外国人的思维习惯不同,如此表达,会使他们误认为你轻视他。不妨反过来说"这件礼物是我专门为你挑选的,希望你能够喜欢"。他们听了一定会非常高兴。

(6)如客人回赠礼物给你,一定要欣喜地接受,并说几句赞美和感谢的话,而不要过于谦虚,用"受之有愧"和"我不能收您的礼物"这样的话予以推辞。

(7)收到客人的礼物之后,最好尽快打开,长时间对礼物无反应,会使人产生你对礼物不感兴趣,或你不喜欢这类礼物的感觉。

对外交往中,馈赠礼仪和回礼都是十分重要的环节,具有强烈的情感色彩,是相互间表达友情、敬重和感激的方式。

三、涉外交往中的穿着及个人卫生

(1)任何服装均应注意清洁、整齐、挺直。

(2)衣服要熨烫平整,裤子要熨出裤线。

(3)领口、袖口要干净,不能有毛边、破损。

(4)穿中山装要扣好领扣、领钩、裤扣。

(5)穿长袖衬衣要将前后摆塞进裤内,不卷衣袖,不卷裤腿。

(6)任何时候都不得穿短裤参加涉外活动。
(7)出席正式活动,进入室内均应摘帽,脱掉大衣、风雨衣、套鞋等。
(8)在室内不得戴墨镜,隆重仪式、礼节性场合在室外也不要戴。
(9)不得在大众场合脱衣、换衣。
(10)不得穿睡衣、内衣在家里接待客人。
(11)过于暴露的服装,不宜在公众场合出现。
西方人虽可在日光浴时以三点式的比基尼示人,但正式场合着装却非常严谨。

四、在国外怎样付小费

来到异国他乡,付小费对中国人来说是一件陌生和不易把握的事,什么样的场合要付小费、怎样付、按照什么标准付,都是不容忽视的问题。付小费虽然是小事,处理不好同样会令人难堪。付少了,别人会觉得你吝啬、缺乏起码的教养;付多了,有时又会搞得自己囊中羞涩。因此,怎样付小费才合情合理,出门在外应当了解。

1. 小费的起源

小费起源于18世纪的英国伦敦。当时酒店饭桌中间摆有写着"保证服务迅速"的碗,顾客将零钱放入碗中,便会得到服务员迅速而周到的服务。以后这种做法不断延续扩大,逐渐演变成一种固定的用来感谢服务人员的报酬形式,并且在世界多数国家,尤其是欧美国家流行开来。

2. 付小费的一般标准

按照什么样的标准支付小费,各国比例不一,但出入也不会很大。计算方式有三种:

(1)按消费金额的15%左右计算,一般不低于消费的10%。在欧洲,所有酒店在结账时都要加收10%~15%的服务费。

(2)按件数计算。国外大多数机构,付给搬运工(力士)的小费是按件计算的,每件行李付50美分。对酒店的行李员,可以按照这个标准支付。

(3)按服务次数计算。在欧洲的影剧院,如果有人递节目单,而你又接受了,应该给服务员25美分的小费。

3. 付小费的方式

在美国、加拿大,饭店服务员替你清扫客房,1人1天付2~4美元;送餐服务则按餐费的15%付给;在理发店理发、乘出租汽车,所付小费一般也是15%。

公共汽车司机、商店售货员、戏院服务员可以不付小费;警察、政府官员、公务员也不必支付小费。

在欧洲乘出租汽车、住旅馆、到餐厅进餐一般都要付小费,标准10%~15%。

但如果酒店、餐厅将小费作为服务费列入账单,结算时一并付清,则不必另付小费。商务活动,如有接待单位提供车辆,不必给司机小费,但最好备点小礼品给司机以示谢意;欧洲的公共汽车、地铁、自助餐厅是不用付小费的。

在英国,付给机场、饭店行李员的小费是每只提箱25~30便士,使用盥洗室10便士。

在法国,付给出租车司机、剧场引座员、博物馆解说员小费,通常是2法郎;用洗手间1法郎。

在德国,除了必须交纳包括账单内的服务费外还要适当给服务员一些零钱。

4. 不付小费的国家

一般说来,亚洲国家和地区均没有付小费的习惯,如:日本、新加坡、中国等。但如果延时服务,如晚上12点以后,通常还是给一点小费。

澳大利亚不流行小费,所以到澳大利亚旅游,没有付小费的麻烦。但服务行业,特殊情况时最好还是给服务人员一点小费。

付小费通常用美元支付;不应张扬,在私下进行即可;所付小费有时放在菜盘、餐盘下;有时放在杯底下;有时放在房间床头;有时放在写字台上;有时以不收找零作为小费付给服务员;有时也可直接交到服务人员手上。

案例分享

阳春三月,一个美国旅游团队从上海入境。通过一家旅行社的安排,该团在一家豪华饭店下榻。一天,该团自行修改了来华旅游的日程安排,允许团员分散活动。其中有两名男青年,坐火车来北京,慕名到一家中外驰名的大饭店。

这家饭店总台接待员热情接待了这两名美国青年,但查验护照时,发现他们没有入境签证。美国青年解释说,他们是持团体签证从上海入境的。他们认为抵达中国后一切活动由旅行社出面安排,所以也没太在意签证问题。

按照我国的出入境管理条例,入境者未持有我国政府主管部门核发的入境签证,办理住宿是违法的。而此时,时至午夜,当班服务员左右为难,美国客人十分尴尬。当然,问题最终得以圆满解决。

思考并分析:

1. 遇到这类问题你将如何处理?按照服务规范模拟一段情景对话。
2. 在这类问题的处理上应怎样把握原则性与服务灵活性的关系?

本章小结

对于旅游接待与服务人员来说,参与各种形式的外事活动已是日常工作的一个重要组成部分,这些时候,接待与服务人员所代表的不仅仅是企业的形象或公司的形象,而是一个国家的形象。因此,除了要了解与掌握一些有关出国的常识性问题以外,还需重点掌握外事活动的一些基本礼节规范、与外国人沟通和交往的禁忌,以避免因工作的失误而造成不良的国际影响。

思考与练习

1. 申请出国要准备哪些证明材料?
2. 什么是护照?中国的护照有哪些种类?
3. 写出办理护照手续的程序。
4. 什么是签证?办理外国签证要准备哪些材料?
5. 出国要经过哪几道口岸检查?
6. 参加涉外活动必须遵循哪些基本原则?
7. 涉外语言交流有哪些规范?
8. 到外国人家里拜访要注意哪些礼仪规范?
9. 西方的"女士优先"具体表现在哪些方面?
10. 什么是小费?在国外付小费要注意哪些事项?

参考文献

1. 何春晖,彭波.现代社交礼仪[M].杭州:浙江大学出版社,1995.
2. 秦启文.现代公关礼仪[M].重庆:西南师范大学出版社,1996.
3. 胡世福.旅游服务接待礼节礼貌常识[M].北京:高等教育出版社,1997.
4. 金正昆.社交礼仪教程[M].北京:中国人民大学出版社,1998.
5. 关彤.商务礼仪手册[M].北京:中国社会出版社,1999.
6. 舒伯阳,刘名检.旅游实用礼貌礼仪[M].天津:南开大学出版社,2000.
7. 陆永庆,王春林.旅游交际礼仪[M].大连:东北财经大学出版社,2001.
8. 钟敬文.中国礼仪全书[M].合肥:安徽科学技术出版社,2000.
9. 朱立安.国际礼仪[M].广州:南方日报出版社,2001.
10. 林晓娴.规范礼仪必读[M].北京:中国商业出版社,2001.
11. 何浩然.中外礼仪[M].大连:东北财经大学出版社,2002.
12. 王希,牟红.旅游实用礼宾礼仪[M].重庆:重庆大学出版社,2002.
13. 刘小清.现代营销礼仪[M].大连:东北财经大学出版社,2002.
14. 张利民.旅游礼仪[M].北京:机械工业出版社,2004.
15. 陆敏,秦志学.现代实用礼仪[M].沈阳:东北大学出版社,2004.
16. 狄保荣.社交礼仪[M].郑州:黄河出版社,2004.
17. 国英.公共关系与现代礼仪案例[M].北京:机械工业出版社,2004.
18. 徐锐.现代社交礼仪必读[M].济南:济南出版社,2004.
20. 薛建红.旅游服务礼仪[M].郑州:河南医科大学出版社,2006.
21. 胡静.实用礼仪教程[M].武汉:武汉大学出版社,2007.

责任编辑:刘彦会

图书在版编目(CIP)数据

旅游社交礼仪/陈刚平,周晓梅主编. —3 版. —北京:旅游教育出版社,2012.1(2019.9)

高等职业教育旅游服务与管理专业教学用书

ISBN 978-7-5637-2205-1

Ⅰ.①旅… Ⅱ.①陈… ②周… Ⅲ.①旅游业—礼仪—高等职业教育—教材 Ⅳ.①F590.63

中国版本图书馆 CIP 数据核字(2011)第 148973 号

高等职业教育旅游服务与管理专业教学用书

旅游社交礼仪
(第4版)

陈刚平　周晓梅　主编

翟向坤　副主编

出版单位	旅游教育出版社
地　　址	北京市朝阳区定福庄南里1号
邮　　编	100024
发行电话	(010)65778403　65728372　65767462(传真)
本社网址	www.tepcb.com
E-mail	tepfx@163.com
印刷单位	北京市泰锐印刷有限责任公司
经销单位	新华书店
开　　本	720 毫米×960 毫米　1/16
印　　张	16.5
字　　数	257 千字
版　　次	2015 年 11 月第 4 版
印　　次	2019 年 9 月第 4 次印刷
定　　价	28.00 元

(图书如有装订差错请与发行部联系)